面向21世纪创新型电子商务专业系列

网络营销实务

主　编　王丽丽

副主编　龙朝晖　程佳聪

中国水利水电出版社
www.waterpub.com.cn

内 容 提 要

本书是电子商务专业学生的必修教材。全书以易教易学为目标，通过项目教学的方式构建教材体系，以完成工作任务来帮助学生获得网络营销知识与应用技能，学会开展网络营销分析、网络营销的手段与实施方法、编写网络营销策划书、对网络营销效果进行评价。全书共分为 12 个任务，深入浅出，易于学习。

本书既可以作为高职高专、成人教育院校、中职电子商务专业的教材，也可以作为职业技能培训和电子商务领域相关从业者的自学读本。

本书配有免费电子教案，读者可以从中国水利水电出版社网站以及万水书苑下载，网址为：http://www.waterpub.com.cn/softdown/或 http://www.wsbookshow.com。

图书在版编目（CIP）数据

网络营销实务 / 王丽丽主编. -- 北京：中国水利水电出版社，2015.8（2018.2重印）
（面向21世纪创新型电子商务专业系列）
ISBN 978-7-5170-3493-3

Ⅰ. ①网… Ⅱ. ①王… Ⅲ. ①网络营销-高等学校-教材 Ⅳ. ①F713.36

中国版本图书馆CIP数据核字(2015)第185890号

策划编辑：石永峰/向辉　　责任编辑：宋俊娥　　加工编辑：夏雪丽　　封面设计：李　佳

书　名	面向 21 世纪创新型电子商务专业系列 网络营销实务
作　者	主　编　王丽丽 副主编　龙朝晖　程佳聪
出版发行	中国水利水电出版社 （北京市海淀区玉渊潭南路 1 号 D 座　100038） 网址：www.waterpub.com.cn E-mail：mchannel@263.net（万水） 　　　　sales@waterpub.com.cn 电话：（010）68367658（营销中心）、82562819（万水）
经　售	北京科水图书销售中心（零售） 电话：（010）88383994、63202643、68545874 全国各地新华书店和相关出版物销售网点
排　版	北京万水电子信息有限公司
印　刷	三河市鑫金马印装有限公司
规　格	184mm×260mm　16 开本　12 印张　293 千字
版　次	2015 年 8 月第 1 版　2018 年 2 月第 4 次印刷
印　数	9001—12000 册
定　价	25.00 元

凡购买我社图书，如有缺页、倒页、脱页的，本社营销中心负责调换

版权所有·侵权必究

面向 21 世纪创新型电子商务专业系列编审委员会成员名单

主任委员：孟西林

副主任委员：樊二刚　张苏丰

委　　　员：（按拼音顺序排列）

白晓强	曹　源	曹振华	方　辉	古春杰
郭卫民	郭子锋	侯冬玲	侯联营	贾　玮
蒋永丛	李　洋	李国英	李海龙	李继锋
李少杰	李万方	刘　丽	鲁锡杰	马　楠
马顺喜	南志光	聂　静	聂卫献	彭显云
齐英兰	邱　鹏	任冬阳	石永峰	宋沛军
苏　勇	孙　勇	仝新顺	汪　泉	王　凯
王　千	王聚仓	王丽丽	王利冬	王庆浩
王铁桩	吴金恒	吴瑞杰	伍　玫	武化岩
夏　鑫	肖丽平	谢瑞红	辛　锋	邢飞红
徐　征	许　燕	许国富	薛　聪	杨　森
杨万杰	姚红超	张滨燕	张钟辉	赵　亮
赵　鹏	周宜游	朱添福	祝　娟	

秘　　　书：郭增茂　向　辉

序　言

电子商务作为基于信息技术和互联网的新型商务活动，近年来在全球范围内以前所未有的速度迅猛发展，并逐步向研发、生产、流通、消费等实体经济活动渗透，成为生产生活方式变革的重要推动力。中国电子商务研究中心统计数据显示，2014年我国电子商务市场交易规模达13.4万亿元，同比增长31.4%，电子商务服务企业直接从业人员超过250万人，间接带动的就业人数超过1800万人。

河南地处中原，是重要的人口大省、经济大省和新兴工业大省，电子商务发展具有明显的区域优势、良好的产业基础和广阔的市场空间。打造中西部区域性电子商务中心，是省委、省政府根据河南经济和社会发展实际作出的重大决策，而人才培育则是实现这一战略目标的关键保障。

为贯彻《国务院关于加快发展现代职业教育的决定》（国发〔2014〕19号）、《河南省人民政府关于印发河南省职业教育校企合作促进办法（试行）的通知》（豫政〔2012〕48号）和《河南省人民政府关于创新机制体制进一步加快职业教育发展的若干意见》（豫政〔2012〕49号）要求，建立政府推动、行业协会协调、企业与职业院校共同参与的多元化校企合作机制，推动课程内容与职业标准对接、教学过程与生产过程对接，由河南省工业和信息化委员会、河南省教育厅、河南省电子商务行业职业教育校企合作指导委员会组织职业院校专家和电子商务行业专家共同编写了面向21世纪创新型电子商务专业系列教材。教材以行业需求为导向，旨在发挥职业院校和行业专家的各自优势，促进电子商务职业教育培养模式优化，加快电子商务专业型、实用型和复合型人才培养，提高服务产业发展的能力。由于时间仓促和学识限制，教材编写难免有所疏漏或不足之处，希望广大读者提出宝贵意见和建议。

最后，谨向教材出版过程中付出辛勤劳动的中国水利水电出版社致以真诚的感谢！

河南省工业和信息化委员会副主任、河南省电子商务
行业职业教育校企合作指导委员会主任　孟西林
2015年6月

前　　言

网络营销是电子商务专业、市场营销专业的必修课程。随着"互联网+"时代的到来，网络营销已然成为现代企业开展电子商务的主要内容、关键环节和主要手段，被企业视为竞争取胜的法宝，已在社会经济生活各个方面得到广泛应用。

高等职业教育作为高等教育中的新生力量，在改革开放不断深入的大环境下，客观上就要求其课程必须突出职业性、社会性、实践性的职教特色。在河南省电子商务行业职业教育校企合作指导委员会的大力支持下，河南省电子商务协会的会员单位积极配合，依托河南经贸职业学院《网络营销实务》课程改革的成果，邀请以河南锐之旗信息技术有限公司为代表的实训基地企业的专家、业务骨干，为《网络营销实务》课程内容的设置诊断把脉，经过与省电商协会多家企业的共同论证，制定出基于项目导向、任务驱动的《网络营销实务》教材体系。

本教材立足于一个全新的职业化视角，搭建了基于工作流程的《网络营销实务》教材框架。在一名从事网络营销工作的新员工走上工作岗位之初，把网络企业的工作流程分解为3个项目、12个任务。这种项目导向、任务驱动的教材体系更有利于学习者从要做的工作内容出发，由浅入深、由简到繁地学习，有利于启发学生思考问题、分析问题、解决问题。每章开篇以引例导入，章节中均附有同步案例、教学互动、小知识等内容，课后有小结、习题与训练、单元实训等，便于拓宽视野，结合企业实际工作内容深入探讨，符合高职学生的特点。

全书具体内容包括：项目一，企业开展网络营销分析，具体包括两项任务，即利用网络为企业寻找目标客户、企业营销型网站的建设与优化；项目二，企业网络营销的手段与方法，具体包括七项任务，即网店运营、搜索引擎营销、利用网络广告推广产品、开展微博营销、开展微信营销、病毒性营销、利用会员制开展营销、跨境电商营销；项目三，编写网络营销策划书与效果评价，具体包括两项任务，即网络营销策划书的编写和评价网络营销的效果。

全书由王丽丽教授统筹策划和总撰，龙朝晖、程佳聪老师担任副主编，刘冬、苏涛老师参加了编写。其中，任务8、任务11由王丽丽编写，任务2、任务7、任务12、任务10第三部分由龙朝晖编写，任务3、任务5、任务10第一部分由程佳聪编写，任务1、任务9由苏涛编写，任务4、任务6、任务10第二部分由刘冬编写。全书的图片由王晓飞、周顺绘制，全书的图表由王丽丽最后校正。

本书的编写工作是在河南省电子商务协会的一批会员单位的大力支持与帮助下完成的，职业性、实践性强，突出能力培养，适用于高职高专电子商务专业的教学，也可作为市场营销专业、成人高等教育《网络营销实务》课程的教材。

在编写过程中，我们借鉴和参考了大量国内外的相关教材和资料。在此，谨向所有相关作者表示诚挚的感谢。由于作者水平有限，书中不足在所难免，敬请读者朋友不吝赐教，以便修正。

编　者
2015年5月

目　　录

序言
前言

项目一　企业开展网络营销分析

任务1　利用网络为企业寻找目标客户 ⋯⋯⋯⋯ 1
 1.1　网络市场调研分析 ⋯⋯⋯⋯⋯⋯⋯⋯⋯⋯ 2
  1.1.1　网络市场调研策略 ⋯⋯⋯⋯⋯⋯⋯ 2
  1.1.2　网络市场调研的步骤 ⋯⋯⋯⋯⋯⋯ 4
 1.2　网络市场调研的实施 ⋯⋯⋯⋯⋯⋯⋯⋯⋯ 7
  1.2.1　通过网络营销信息寻找目标客户 ⋯ 7
  1.2.2　网络市场调研的技巧 ⋯⋯⋯⋯⋯⋯ 10
 本章小结 ⋯⋯⋯⋯⋯⋯⋯⋯⋯⋯⋯⋯⋯⋯⋯⋯ 11
 主要概念和观念 ⋯⋯⋯⋯⋯⋯⋯⋯⋯⋯⋯⋯⋯ 12
 习题与训练1 ⋯⋯⋯⋯⋯⋯⋯⋯⋯⋯⋯⋯⋯⋯ 12
任务2　企业营销型网站的建设与优化 ⋯⋯⋯⋯ 16
 2.1　企业网络营销网站的建设 ⋯⋯⋯⋯⋯⋯⋯ 17
  2.1.1　企业网站的种类与功能 ⋯⋯⋯⋯⋯ 17
  2.1.2　企业网站建设的策划方案 ⋯⋯⋯⋯ 20
  2.1.3　企业营销型网站的建设 ⋯⋯⋯⋯⋯ 21
 2.2　企业营销型网站的优化 ⋯⋯⋯⋯⋯⋯⋯⋯ 24
  2.2.1　网站推广 ⋯⋯⋯⋯⋯⋯⋯⋯⋯⋯⋯ 24
  2.2.2　网站优化 ⋯⋯⋯⋯⋯⋯⋯⋯⋯⋯⋯ 26
 2.3　企业网站营销效果评价 ⋯⋯⋯⋯⋯⋯⋯⋯ 27
  2.3.1　网络营销效果评价方法 ⋯⋯⋯⋯⋯ 27
  2.3.2　网站营销效果评价体系 ⋯⋯⋯⋯⋯ 29
  2.3.3　舆情监控 ⋯⋯⋯⋯⋯⋯⋯⋯⋯⋯⋯ 30
 本章小结 ⋯⋯⋯⋯⋯⋯⋯⋯⋯⋯⋯⋯⋯⋯⋯⋯ 32
 主要概念和观念 ⋯⋯⋯⋯⋯⋯⋯⋯⋯⋯⋯⋯⋯ 33
 习题与训练2 ⋯⋯⋯⋯⋯⋯⋯⋯⋯⋯⋯⋯⋯⋯ 33

项目二　企业网络营销的手段与方法

任务3　网店运营 ⋯⋯⋯⋯⋯⋯⋯⋯⋯⋯⋯⋯⋯ 37
 3.1　网店运营方式 ⋯⋯⋯⋯⋯⋯⋯⋯⋯⋯⋯⋯ 38
  3.1.1　网上商店的定义 ⋯⋯⋯⋯⋯⋯⋯⋯ 38
  3.1.2　网上商店的优势 ⋯⋯⋯⋯⋯⋯⋯⋯ 38
  3.1.3　网上商店的类型 ⋯⋯⋯⋯⋯⋯⋯⋯ 39
 3.2　网店运营策略 ⋯⋯⋯⋯⋯⋯⋯⋯⋯⋯⋯⋯ 42
  3.2.1　网店前期准备 ⋯⋯⋯⋯⋯⋯⋯⋯⋯ 42
  3.2.2　网店创建 ⋯⋯⋯⋯⋯⋯⋯⋯⋯⋯⋯ 43
  3.2.3　网店运营管理 ⋯⋯⋯⋯⋯⋯⋯⋯⋯ 47
  3.2.4　网店推广 ⋯⋯⋯⋯⋯⋯⋯⋯⋯⋯⋯ 52
 本章小结 ⋯⋯⋯⋯⋯⋯⋯⋯⋯⋯⋯⋯⋯⋯⋯⋯ 55
 主要概念和观念 ⋯⋯⋯⋯⋯⋯⋯⋯⋯⋯⋯⋯⋯ 56
 习题与训练3 ⋯⋯⋯⋯⋯⋯⋯⋯⋯⋯⋯⋯⋯⋯ 56
任务4　搜索引擎营销 ⋯⋯⋯⋯⋯⋯⋯⋯⋯⋯⋯ 59
 4.1　搜索引擎营销的基本原理 ⋯⋯⋯⋯⋯⋯⋯ 59
  4.1.1　搜索引擎的简介 ⋯⋯⋯⋯⋯⋯⋯⋯ 59
  4.1.2　搜索引擎营销的含义 ⋯⋯⋯⋯⋯⋯ 61
  4.1.3　搜索引擎营销的主要方法 ⋯⋯⋯⋯ 62
 4.2　搜索引擎营销的模式与方法 ⋯⋯⋯⋯⋯⋯ 63
  4.2.1　搜索引擎广告 ⋯⋯⋯⋯⋯⋯⋯⋯⋯ 63
  4.2.2　搜索引擎优化（SEO） ⋯⋯⋯⋯⋯ 65
 本章小结 ⋯⋯⋯⋯⋯⋯⋯⋯⋯⋯⋯⋯⋯⋯⋯⋯ 67
 主要概念和观念 ⋯⋯⋯⋯⋯⋯⋯⋯⋯⋯⋯⋯⋯ 68
 习题与训练4 ⋯⋯⋯⋯⋯⋯⋯⋯⋯⋯⋯⋯⋯⋯ 68
任务5　利用网络广告推广产品 ⋯⋯⋯⋯⋯⋯⋯ 71
 5.1　网络广告形式 ⋯⋯⋯⋯⋯⋯⋯⋯⋯⋯⋯⋯ 72
  5.1.1　网络广告定义 ⋯⋯⋯⋯⋯⋯⋯⋯⋯ 72
  5.1.2　网络广告特点 ⋯⋯⋯⋯⋯⋯⋯⋯⋯ 72
  5.1.3　网络广告形式 ⋯⋯⋯⋯⋯⋯⋯⋯⋯ 73
 5.2　网络广告投放策略 ⋯⋯⋯⋯⋯⋯⋯⋯⋯⋯ 78

5.2.1 网络广告实施步骤 ······ 78
　　5.2.2 网络广告收费模式 ······ 82
　　5.2.3 网络广告效果评价 ······ 83
　本章小结 ······ 84
　主要概念和观念 ······ 85
　习题与训练5 ······ 85

任务6　开展微博营销 ······ 88
　6.1 微博概述 ······ 89
　　6.1.1 微博概念 ······ 89
　　6.1.2 企业微博 ······ 90
　6.2 微博营销的实施 ······ 92
　　6.2.1 微博营销的优势 ······ 92
　　6.2.2 微博经营诀窍 ······ 93
　　6.2.3 微博写作技巧 ······ 94
　本章小结 ······ 95
　主要概念和观念 ······ 96
　习题与训练6 ······ 96

任务7　开展微信营销 ······ 99
　7.1 微信概述 ······ 100
　　7.1.1 微信基本概念 ······ 100
　　7.1.2 微信公众号 ······ 101
　　7.1.3 微信朋友圈 ······ 102
　　7.1.4 微信支付 ······ 103
　7.2 微信营销实施 ······ 105
　　7.2.1 微信营销优势 ······ 105
　　7.2.2 微信经营诀窍 ······ 106
　　7.2.3 微信写作技巧 ······ 107
　本章小结 ······ 109
　主要概念和观念 ······ 109
　习题与训练7 ······ 110

任务8　病毒性营销 ······ 113
　8.1 病毒性营销概述 ······ 114
　　8.1.1 病毒性营销的工作原理 ······ 114
　　8.1.2 病毒性营销的要素 ······ 115

　8.2 病毒性营销推广 ······ 117
　　8.2.1 企业开展病毒性营销的流程 ······ 117
　　8.2.2 制定病毒性营销推广方案 ······ 118
　本章小结 ······ 118
　主要概念和观念 ······ 119
　习题与训练8 ······ 119

任务9　利用会员制开展营销 ······ 122
　9.1 会员制营销的两种形式 ······ 123
　　9.1.1 传统会员制营销 ······ 123
　　9.1.2 网络会员制营销 ······ 126
　9.2 会员制营销的实施要点 ······ 129
　　9.2.1 网络会员制营销实施应考虑的问题 ······ 129
　　9.2.2 网络会员制的运作步骤 ······ 130
　　9.2.3 网络会员制营销的实施策略 ······ 130
　本章小结 ······ 132
　主要概念和观念 ······ 133
　习题与训练9 ······ 133

任务10　跨境电商营销 ······ 136
　10.1 发展跨境电商的意义 ······ 137
　　10.1.1 跨境电商的定义 ······ 137
　　10.1.2 跨境电商的分类 ······ 137
　　10.1.3 我国跨境电商的发展 ······ 138
　10.2 常见跨境电商第三方平台 ······ 141
　　10.2.1 亚马逊 ······ 141
　　10.2.2 eBay ······ 142
　　10.2.3 速卖通 ······ 143
　　10.2.4 敦煌网 ······ 144
　10.3 跨境电商营销方案 ······ 146
　　10.3.1 跨境电商营销推广思路 ······ 146
　　10.3.2 跨境电商营销推广方案设计 ······ 147
　本章小结 ······ 149
　主要概念和观念 ······ 150
　习题与训练10 ······ 150

项目三　编写网络营销策划书与效果评价

任务11　网络营销策划书的编写 ······ 155
　11.1 网络营销策划的分类 ······ 156
　　11.1.1 网络营销策划的含义 ······ 156
　　11.1.2 网络营销策划的分类 ······ 156
　11.2 网络营销策划书的编写原则与内容 ······ 157
　　11.2.1 网络营销策划书的编写原则 ······ 157

11.2.2　网络营销策划的步骤……………159
　11.3　网络营销策划书的编写……………161
　　11.3.1　网络营销策划文案的编写………161
　　11.3.2　网络营销策划书实例……………162
　本章小结………………………………………164
　主要概念和观念………………………………164
　习题与训练 11…………………………………164
任务 12　评价网络营销的效果………………168
　12.1　网络营销效果的评价步骤……………169
　　12.1.1　网络营销评价的概念……………169
　　12.1.2　网络营销评价的作用……………169
　　12.1.3　网络营销评价的步骤……………169
　　12.1.4　网络营销企业经营能力的指标…171
　　12.1.5　网络营销评价途径………………172
　12.2　网络广告的实施效果评估报告………174
　　12.2.1　网络广告实施效果评估报告格式…174
　　12.2.2　网络广告的评价方法、数据
　　　　　　分析指标………………………176
　本章小结………………………………………178
　主要概念和观念………………………………178
　习题与训练 12…………………………………178
参考文献………………………………………182

项目一 企业开展网络营销分析

任务1 利用网络为企业寻找目标客户

通过本章学习，应该达到以下目标：

理论目标： 了解网络市场调研的步骤，掌握网上市场调研的策略与技巧。

实务目标： 了解网络营销的方式及开展，掌握网上调研的技巧运用，掌握网络市场调研和寻找目标客户的方法。

案例目标： 运用所学网上市场调研的相关案例，培养和提高网上调研获得准确信息、快速寻找目标顾客的能力。

实训目标： 引导学生参加针对网络市场调研各个环节步骤的实践操作，在切实体验网上资料收集、整理、分析、运用、发布和提交《市场调研报告》、找准目标客户等活动中，培养专业能力与职业核心能力；通过践行职业道德规范，促进健全职业人格的塑造。

引例：

试驾的诱惑

在百度上搜索"试驾"，相关检索占比只占到汽车行业整体检索的1%以内。对厂商来说，这1%却有着很高的购买转化率。分析这1%搜索者背后的搜索动机、内容、方式及后续行为，进而对消费者加以影响，将大大地提升销售效率。

根据新华信2013汽车消费者报告的数据，70%以上的购车者决策周期在3个月以上，决策周期内，备选的品牌在2~3个。通常经过购车打算、选定品牌、信息查询、试乘试驾等步骤，消费者才会实行购车行为。41.8%的消费者将试乘试驾看成购车时最重要的官方信息渠道，而互联网恰恰是影响试乘试驾行为的最佳渠道。因此，针对试乘试驾人群进行广告覆盖，将引导购买行为，汽车厂商广告投放决策前，应开展网络营销市场调研。

汽车厂商网络调研数据发展趋势图如图1-1所示。

调研数据显示：试乘试驾的搜索高峰发

图1-1 汽车厂商网络调研数据发展趋势图

生在周末及周一、工作时间及晚间娱乐时间。车型越红，搜索车型试驾的人就越多，新车上市时的试乘试驾需求也多。在搜索试驾信息之后，还要了解试驾过程的注意事项。除了搜索试驾关键词，89%的搜索需求都是直接关于品牌和车型的。百度搜索之后，去汽车类垂直门户了解试驾测评，去视频网站观看试驾视频，去问答平台寻找车型疑惑。通过这些途径覆盖用户进行广告投放，事半功倍。

（资料来源：百度营销研究院创新案例，"Baidu 大数据洞察：汽车行业试乘试驾人群研究"，http://bim.baidu.com/cs_case3.php）

汽车厂商的广告投放决策成功与否取决于它收集到准确的市场数据，网上市场调研为营销工作的顺利开展铺平了道路。网络市场调研不仅速度快、成本低，而且能帮助企业准确找到目标市场。本任务系统阐述了如何利用网络进行市场调研，为指定企业找到目标客户。

1.1　网络市场调研分析

网络市场调研是指利用互联网系统收集、整理、分析和研究各种营销信息，为企业开展营销活动提供依据。

1.1.1　网络市场调研策略

网络市场调研的目的是收集网上的购物者和潜在顾客的信息，充分利用网络调研的优势，加强与消费者的沟通、理解并建立友谊，改善营销并服务于顾客。而要达到这一目的的前提是让更多的顾客访问企业的站点，这样市场营销调研人员可以有针对性地制作网上调研表单，顾客可以发回反馈并参加联机、交互调查和竞赛，或者征询信息，市场营销调研人员才能掌握更多更详实的市场信息。

网络市场调研的策略主要包括如何识别企业站点的访问者，以及如何有效地在企业站点上进行市场调研。

1. 识别访问者并激励其访问企业站点

网络市场调研没有空间和地域范围，一切都是随机的，调研人员既无法预期谁是企业站点的访问者，也无法确定调研对象样本，即使是对于在网上购买企业产品的消费者，确知其身份、职业、性别、年龄等也是一个很复杂的问题。因此，网络市场调研的关键之一是如何鉴别并吸引更多的访问者，使他们有兴趣在企业站点上进行双向的网上交流。

（1）利用电子邮件或来客登记簿获得市场信息

电子邮件和来客登记簿是因特网上企业与顾客交流的重要工具和手段，电子邮件可以附有 HTML 表单，访问者可以在表单界面上点击相关主题并且填写附有收件人电子邮件地址的有关信息，然后发回企业。来客登记簿是让访问者填写并发回给企业的表单。比如，在确定访问者的邮编后，就可以知道访问者所在的国家、地区、省市等地域分布范围；对访问者回复的信息进行分类统计，就可以进一步对市场进行细分，而市场细分是企业制定营销战略的重要依据之一。

（2）科学地设计调研问卷

一个成功的调查问卷应具备两个功能：一是能将所调查的问题明确地传达给访问者；二是设法取得对方的合作，使访问者能给以真实、准确的回复。但在实际的调研中，由于被调查者的差异很大，还有调研人员的专业知识和技术水平的不同会影响调研的结果，因此，调查问卷的设计应遵循一定的原则。

表1-1 调查问卷设计原则

问卷设计原则	原则内容
目的性原则	询问的问题与调查的主题密切相关，重点突出
可接受性原则	被调查者有回复哪一项、是否回复的自由，故问卷设计要让被调查者容易接受
简明性原则	询问内容要简明扼要，使访问者易读、易懂，而且回复内容也简短省时
匹配性原则	要使对访问者回复的问题便于检查、数据处理、统计和分析，以提高市场调研工作的效率

【小知识1-1】

问卷的简明性和可接受性

被访者在阅读问卷时，往往要求简洁明了、省时省力，而且心理上要乐于接受，这对问卷设计时的可接受性和简明性要求很高。关于个人隐私的问题不应该出现在调查问卷中，以免引起访问者的反感。为了简明，调查问卷设计应多采取二项选择法、顺位法、对比法等技巧，对调查问卷中问题答案的选项应给访问者提供相应的信息，以方便访问者回答。在设计调查问卷时，调研人员应在每个问题后设置两个按钮（YES，NO），让访问者直观地表达他们的观点。

（3）给访问者奖励以激发其参与调研的积极性

一般的网络访问者担心个人站点被侵犯而可能发回不准确的信息，为此企业可根据实际情况，给访问者一定的奖品或给访问者购买商品一定的折扣优惠，企业就可获得比较真实的访问者的姓名、住址和电子邮件地址。同时，当访问者按要求回复调查问卷时，企业应对其进行公告，被公告的访问者在一定期间内可进行抽奖。

（4）在网络上建立情感的纽带

在企业站点上不只仅仅展示产品的图片、文字等，而且要针对性地提供公众感兴趣的时装、音乐、电影、家庭乃至幽默等有关话题，以大量有价值的、与企业产品相辅相成的信息和免费软件吸引大量的访问者，促使访问者乐于告诉你有关个人的真实情况。逐步与访问者在网上建立友谊和感情的桥梁，达到网上市场调研的目的。

2. 网站站点上的市场调研

市场调研人员在企业站点上进行网络调研应注意以下问题：

（1）调整调查问卷内容组合以吸引访问者

与传统的市场调研问卷相比，网络调研的最大优势是可以极方便地随时调整、修改调查问卷上的内容，可以实现不同调研内容的组合，例如产品的性能、款式、价格以及网络订购的程序、如何付款、如何配送产品等，使调研主页对访问者更有吸引力。

（2）监控在线服务

所有企业站点的访问者都能利用因特网上的一些软件程序来跟踪在线服务，因此，企业营销调研人员则可通过监控在线服务掌握了解访问者主要浏览哪类企业、哪类产品的主页、挑选和购买何种产品等基本情况，进而经过统计分析，对顾客的地域分布、产品偏好，购买时间以及行业内产品竞争态势做出初步的判断和估价。

(3) 有针对性地跟踪目标顾客

市场调研人员可直接使用顾客或者潜在顾客的电子邮件向他们发出有关产品和服务的询问，请求他们反馈回复。也可以在企业网站设置让顾客自由发表意见和建议的板块，请他们发表对企业、产品、服务等各方面的见解和期望。通过这些信息，调研人员可以把握产品的市场潮流以及消费者的消费心理、消费爱好、消费倾向的变化，根据这些变化来调整企业的产品结构和市场营销策略，以网页内容的差别化赢得访问者，如图1-2所示。

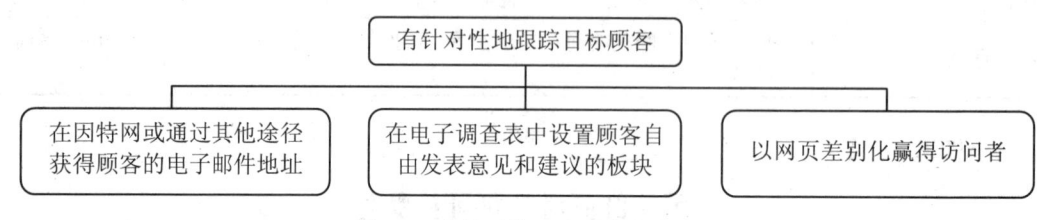

图1-2 有针对性跟踪顾客方法图

(4) 传统市场调研和电子邮件相结合

企业市场调研人员也可以在各种传播媒体（例如报纸、杂志或电视）上刊登、播出相关的调查问卷，并公告企业的电子邮箱和网址，让消费者通过电子邮件回答所要调研的问题，以此收集市场信息。采用这种方法，调研的范围比较广，同时可以减少企业市场调研中相应的人力和物力的消耗。

(5) 通过产品的网上竞卖掌握市场信息

对于企业推出的新产品，可以通过网上竞卖，了解消费者的倾向和心理，掌握市场趋势，从而制定相应的市场营销策略。竞卖活动期间，企业可以每隔5分钟公布一次最新竞价排行榜，并随时通报竞标进展情况。通过网上竞卖，企业市场调研人员可以掌握有关的市场信息，并以此为依据对未来的市场趋势做出理性的分析与判断。

(6) 测试产品不同的性能、款式、价格、名称和广告页

在因特网上，修改调研问卷的内容是很方便的，因此，营销人员可方便地设计不同的调研内容的组合。例如产品的性能、款式、价格、名称和广告页等顾客比较敏感的因素，更是市场调研中重要的内容。通过不同因素组合的测试，营销人员能分析出哪些因素对产品来说是最重要的，哪些因素的组合对顾客来说是最有吸引力的。

1.1.2 网络市场调研的步骤

网络市场调研一般包括以下几个步骤，如图1-3所示。

1. 明确问题与确定调研目标

在开始网上搜索时，头脑里要有一个清晰的目标并留心去寻找，一些可以设定的目标是：

(1) 谁有可能在网上使用你的产品或服务？

(2) 谁是最有可能购买你提供的产品或服务的客户？

(3) 你所在的行业，谁已经通过网络进行营销？他们在干什么？

(4) 你的客户对你的竞争者的印象如何？

(5) 在企业的日常运作中，可能要受哪些法律、法规的约束？如何规避？

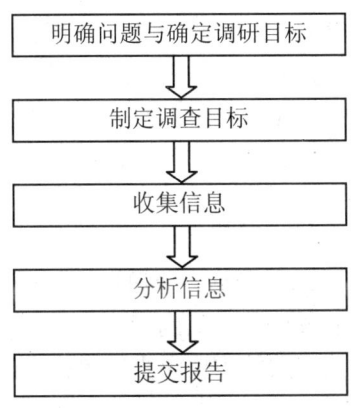

图 1-3 网络市场调研步骤图

2. 制定调查计划

网上市场调研的第二个步骤是制定出最为有效的信息搜索计划。具体来说,要确定资料来源、调查方法、调查手段、抽样方案和联系方法。具体操作方法如表 1-2 所示。

表 1-2 调查计划的内容

计划项目	项目操作方法
资料来源	确定收集的是二手资料还是一手资料（原始资料）
调查方法	网上市场调查可使用专题讨论法、问卷调查法和实验法
调查手段	可使用在线问卷、交互式电脑辅助电话访谈系统、网络调研软件系统
抽样方案	要确定抽样单位、样本规模和抽样程序
联系方法	采取网上交流形式,例如 E-mail 传输问卷、参加网上论坛等

在调查手段中,在线问卷的特点是制作简单、分发迅速、回收方便,但要注意问卷的设计水平。交互式电脑辅助电话访谈系统,是利用一种软件程序在电脑辅助电话访谈系统上设计问卷结构并在网上传输。Internet 服务器直接与数据库连接,对收集到的被访者答案直接进行储存。网络调研软件系统,是专门为网络调研设计的问卷链接及传输软件,它包括整体问卷设计、网络服务器、数据库和数据传输程序。

3. 收集信息

收集信息的方法很简单,直接在网上递交或下载即可,这与传统市场调研的收集资料方式有很大的区别。例如,某企业要了解各国对某一国际品牌的看法,只需在一些著名的全球性广告站点发布广告,把链接指向公司的调查表就行了,而无需像传统的市场调研那样,在各国找不同的代理分别实施。诸如此类的调查,如果利用传统的方法是无法想象的。

在问卷回答中,访问者经常会有意无意地漏掉一些信息,可通过在页面中嵌入脚本或 CGI 程序进行实时监控。如果访问者遗漏了问卷上的一些内容,其程序会拒绝递交调查表或者验证后重发给访问者要求补填。最终,访问者会收到证实问卷已完成的公告,在线问卷的缺点是无法保证问卷上所填信息的真实性。

4. 分析信息

收集信息后要做的是分析信息,这一步非常关键,"答案不在信息中,而在调查人员头脑中"。调查人员如何从数据中提炼出与调查目标相关的信息,直接影响到最终的结果。要使用一些数据分析技术,例如交叉列表分析技术、概括技术、综合指标分析和动态分析等,目前国际上较为通用的分析软件有 SPSS、SAS 等。网上信息的一大特征是即时呈现,而且很多竞争者还可能从一些知名的商业网站上看到同样的信息,因此分析信息的能力相当重要,它能使你在动态的变化中捕捉到商机。

5. 提交报告

调研报告的撰写是整个调研活动的最后一个阶段,报告不是数据和资料的简单堆砌,调研人员不能把大量的数字和复杂的统计技术扔到管理人员面前,否则就失去了调研的价值。正确的做法是把与市场营销关键决策有关的主要调查结果报告出来,并以调查报告所应具备的正规结构写作。

作为对填表者的一种奖励或犒赏,网上调查应尽可能地把调查报告的全部结果反馈给填表者或广大读者,如果限定为填表者,只需分配给填表者一个进入密码。对一些"举手之劳"式的简单调查,可以实施互动的形式公布统计结果,效果更佳。

【同步案例 1-1】

Everbuying——意味无穷的全球免运费策略

主营电子和时尚产品的外贸 B2C 电商 Everbuying 采取的全球免运费(Worldwide Free Shipping)策略值得广大跨境电商思考和探索。

根据 2014 年 6 月由哈里斯互动(Harris Interactive)发起的一项针对美国网购用户的研究报告显示:66%的受访者在网购中对运输花费至少有一次不能容忍,意外地高于"实物与网上展示不符"(38%),而根据性别划分的,超过 70% 的女性网民认为,运费常常使她们恼怒,相比之下,只有 60%的男性受调查者这样认为。从年龄阶段来说,60%的 18~36 岁的受访者表示,运输费用令人恼怒;而 68%的 37~49 岁的受访者和 69%的 50~68 岁的受访者同样讨厌运输费用。总之,年长者和女性对运输费用最为不满,且最不愿意为货物当天和隔夜送达花更多的钱,而当在网上购物时,70%的美国人不会为了立即得到货物而支付费用。

另外,根据 UPS comScore 和 the E-tailing group 2014 年 3 月发起的一项投票显示,运输成本在在线购物车遗弃中发挥了至关重要的作用。大约 60%的美国买家,放弃了购物车是因为运输成本使得购买总额超过预期。类似比例的受访者事实上也添加商品到购物车以查看其带运输成本的订单,然后与其他网站进行比价。而 50%的受访者因为订单总额不够无法获得免费送货资格而抛弃了购物车。

问题: 为什么 Everbuying 电商平台采用全球免运费策略?

分析提示: 跨境电商的主要目标客户都是来自海外,那么洞悉海外市场客户对于"运费"的态度,以及运费与下单和最终购买之间的逻辑关联,则是非常重要的环节。而 Everbuying 的 Worldwide Free Shipping 策略在其邮件营销销售中发挥了重要作用。作为跨境电商者,熟悉各国消费者对于运费的态度,然后以此制定运营的物流方式和规划包含运费因素在内的营销策略,将为跨境电商营销、邮件营销带来新的视角。

【教学互动 1-1】

互动问题:

"互联网+"将重点促进以云计算、物联网、大数据为代表的信息技术与现代制造业、生产性服务业等的融合创新，发展壮大新兴业态，打造新的产业增长点。探讨网络市场调研如何为大众创业、万众创新局面提供服务。

要求：

（1）教师不直接提供上述问题的答案，而引导学生结合本节教学内容就这些问题进行独立思考、自由发表见解，组织课堂讨论。

（2）教师把握好讨论节奏，对学生提出的典型见解进行点评。

1.2 网络市场调研的实施

1.2.1 通过网络营销信息寻找目标客户

1. 寻找网络营销信息的来源

（1）传统意义上的信息的主要来源

非正式的信息交流方式：如面对面交流、打电话、通信等。

半正式的信息交流方式：指一些非正式出版机构的内部工作报告、内部出版物、通讯报道、政府报告的打印件、机构情况介绍、会议论文的油印本、论文清样、学位论文、教师的教案、样本介绍等。

正式信息交流方式：指经过由社会认可的出版机构正式出版发行的各类信息，如图书、期刊、杂志、报纸、政府出版物、技术报告、音像制品等。

（2）网络信息的来源

非正式出版信息：包括电子邮件、新闻组、BBS、电子会议等。

半正式出版信息：包括各学术团体、教育研究机构、企业、政府机构和国际组织、行业协会等各种网站所提供的尚未正式出版的信息。在传统媒介中，由于资源的限制，这一类信息的传播是比较困难的，而在网络中，这类信息的交流却十分便捷与频繁。

正式出版物：指在网上正式发行的电子杂志、电子出版物、新闻网站发布的新闻（如文字、图像、音频、视频新闻）、各种数据库等。

以上三类来源的信息广泛地存在于 E-mail、Usenet、FTP、Gopher、WWW、BBS、Telnet 等各种渠道。

2. 网络营销信息收集

所谓网络营销信息收集是指为了更好地掌握和使用网络营销信息，而对其进行的聚合和集中，其有如下收集方法，如表1-3所示。

表1-3 网络营销信息收集方法

信息收集方法	具体操作	目的
利用检索工具	目录服务、搜索引擎和元搜索引擎	主要利用搜索引擎工具来完成收集信息的任务
网站跟踪法	对一些提供信息的网站定期跟踪，对有价值的信息及时收集记录，对特定的调研项目，在一定时期内对某些领域的信息进行跟踪	能够全面、及时地检索到所有信息

续表

信息收集方法	具体操作	目的
加入邮件列表	将一些有价值的信息以新闻邮件、电子刊物等形式免费向用户发送	为了维持与用户的关系，省去跟踪大量网站所占用的大量时间
利用在线调查表	在线调查表是问卷调查法在互联网上的延伸	利用这个企业网站的主要功能收集相关信息
电子邮件调查	将设计好的调查表直接发送到被调查者的邮箱中，或者在电子邮件正文中给出一个网址链接到在线调查表页面	可以获得较高的问卷回收率，收集较多的有关信息
利用用户收集信息	在与用户的交流中获得其信息，利用网上调查来获得用户的信息	这是积极的信息采集手段，获得的信息带有一定的独家性，可提高网站信息质量和竞争力

网上调查需要注意以下几个问题：选择适合做网上调查的主体、网上调查样本的合理性、网上调查的程序与方法。另外，在通过与用户交流获得信息的方式中，应注意辨别信息的真伪，确保获得真正的用户信息。

3. 网络营销信息检索

网络营销信息检索，就是网络营销调研人员根据网络营销调研目的，按照网络营销调研计划，适应网络营销决策的信息要求，利用计算机网络检索硬件设备、软件程序，在因特网信息中及时、准确、适度、经济地获得所需信息的一种间接的营销调研方法。在网上，完成这种工作的是各种搜索工具——搜索引擎。

4. 网络市场调研信息的整理与分析

收集到的和储存到的信息往往是杂乱零散的，不能反映系统的全貌，甚至收集到的信息中可能还有一些是过时的或无用的信息。信息的整理就是将获取和储存的信息条理化和有序化的工作，其目的在于提高信息的价值和提取效率，发现所储存信息的内部联系，为信息的加工做好准备，一般按照以下几个步骤来完成。

（1）确认信息时效，明确信息来源

通过网上调查得到的信息，特别是通过搜集引擎得到的二手资料，时间范围相差很大，因此，在信息整理过程中要注意确认所搜集到的资料的时效，努力收集最新资料和信息，滤出过时信息。对于重要信息，一定要有准确的信息来源，没有下载信息来源的，一定要重新检索补上，一方面以后还可以再次查询，另一方面也是进一步核实信息真实性、可靠性的需要。

（2）去伪存真，去粗取精，初步筛选

在浏览和分类过程中，对所得到的大量信息有一个初步筛选的任务。对于虚假、错误与过时的信息和完全没有用的信息应当及时删去，对于不十分可靠与可信的信息应该进一步确认和核实，对于各类信息也需要按照可靠程度或真实程度分类管理。

（3）浏览信息内容，添加明确文件名

从互联网上下载的文件，一般都是沿用原有网站提供的文件名，这些文件名基本上都是由数字或字母构成的，以后使用起来很不方便。因此，从网上下载文件后，需要将文件重新浏览一遍，添加一个适合信息分类、储存和查询的文件名。

（4）按专题分类归档，方便检索调用

从互联网上收集到的信息通常杂乱无章、良莠不齐，必须通过整理才能够使用。信息量不大时可以采用专题分类的方法进行管理，如果信息量很大，则应该建立自己的信息检索系统，需要信息时，随时可以检索调用。

（5）网络市场调研信息的分析和应用

网络市场调研信息分析的目的就是针对具体应用，抽取商业数据的有关部分，对它进行加工、运算，得到期望的数据形式。

5. 寻找目标客户

在初步调研掌握一定市场信息的基础上，开始发布指定企业营销信息，寻找目标客户。

（1）网络营销信息发布

作为供应商或客户都会遇到信息发布的问题，那么如何来发布网络营销信息呢？这一问题在互联网上任意一家商业网站都能解决，例如在阿里巴巴网站发布求购信息和供应信息。

1）发布商业信息

企业发布商业信息有以下三点好处：一是在网上发布信息是做生意的途径；二是80%的客户通过搜索商业信息寻找客户，并且发布商业信息可以让更多的客户找到你；三是提高产品的曝光率，增加产品成交的机会。

可以通过以下方式发布商业信息：进入阿里巴巴网站，在首页点击"阿里助手"，输入会员登录名和密码。点击"商业信息/发布商业信息"，填写产品相关资料并上传图片，预览信息，确认无误后点击"我要发布"即可。

2）商业信息管理

商业信息管理就是对发布的商业信息进行查看、重发、修改、撤销和删除的管理操作，如图1-4所示。

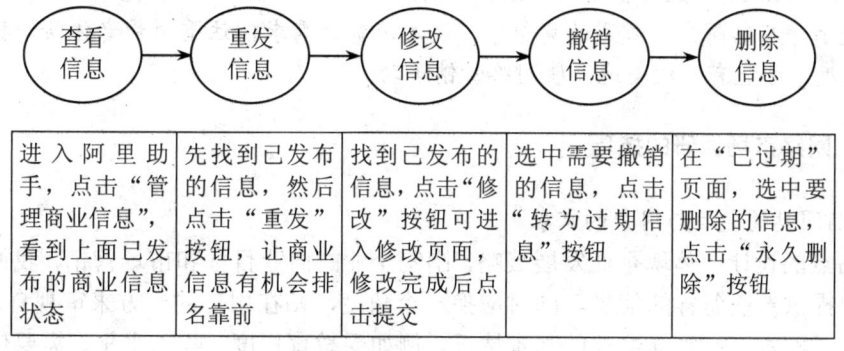

图1-4 商业信息管理方法及步骤

（2）发布企业介绍

1）发布企业介绍的好处

发布企业介绍能使客户在网站上找到企业信息，更多地了解企业情况，翔实的企业介绍可以赢得忠诚的客户和潜在客户的信任。

2）如何发布企业介绍

发布企业介绍与发布商业信息的操作方法相同，即在首页点击"阿里助手"，输入会员登录名和密码，打开阿里助手后点击"企业介绍"，填写好企业资料，点击"全部完成，提交"按钮即可。

除发布企业介绍外，还可发布企业图片，具体操作步骤是：在"阿里助手"首页，点击"发布图片"，点击"上传企业图片"，选择要上传的企业图片并编辑说明，确认无误后点击"提交"即可。

3）修改企业介绍

修改企业介绍与发布企业介绍的步骤相似，唯一不同的是要点击链接"点击这里"才能进入修改企业介绍的页面，在已完成的企业介绍的基础上进行修改。

4）如何订阅商机快递

订阅商机快递的步骤是：在"阿里助手"页面，点击"我关注的商机"，再点击"订阅最新商机"，确认订阅即可。

【同步案例 1-2】

消费体验最受关注

2015大数据营销趋势报告揭示，Econsultancy 和 Adobe 采访了全球6000多名营销、数字和电子商务营销人员，调查显示消费者体验越来越受到重视。22%的受访者将"消费者体验"作为2015年最令人振奋的机遇，和去年的调查比增长20%。但是将"移动"作为最令人振奋的机遇的受访者的比例则有所下降，从去年的18%下降至13%。通过调查发现，营销人员十分关注消费者体验：20%的受访者将其作为未来5年内最令人兴奋的机遇。受访者对内容营销和移动的热情有所衰减，将内容营销作为最令人兴奋的机遇比例维持15%。未来五年企业寻求从竞争对手中脱颖而出的首要方法，44%的受访者选择"消费者服务、消费体验，即让消费过程容易、有趣、愉快或有价值"。

问题： 通过2015大数据营销趋势报告电商企业应该在哪方面开展竞争？

分析提示： 在电商企业激烈的竞争中，满足消费者需求，注重消费者体验，提升电商消费体验满意度，才能有的放矢地开展网络营销活动。

1.2.2 网络市场调研的技巧

1. 明确网站的定位与用户的需求

Web 站点的设计应体现企业发展战略，围绕企业的商业目标和市场营销，我们应给用户和潜在客户提供一些怎样的信息。同时应换一个角度，站在用户的一方来审视自己的工作。必须清楚地了解本网站受众群体的基本情况，例如受教育程度、收入水平、需要信息的范围与深度。

2. 信息内容永远是网站的生命线

只把主页设计得尽量漂亮，以此让网站吸引住浏览者，这种观点的片面性越来越清楚地被人们认识，因为吸引力太短暂了。信息内容的详实与时效性是网站的生命力所在，而且一定要在首级主页中显示出最新的网页目录，以便浏览。

3. 网站内容检索结构合理是好用的保证

用遍历法可很好地查询只有十几页的网站，但若一个网站的信息页面层次结构较多时，为提高网站使用的实用性，有一定规模的网站应提供全中文检索能力，以便用户查找本网站的信息。

4. 美工是网站的门面

好的首页是一件艺术作品，网站的整体风格和特色应做到主题鲜明，版面设计通过文字图形的空间组合表达和谐美。同时可采用多媒体表现手法，提供华丽的图像、闪烁的灯光、复杂的页面布景，甚至可下载声音与录像片等，使整个网页生辉。色彩是艺术表现的要素之一，根据色彩对人们的心理影响与使用习惯，可组合搭配出和谐、均衡和重点突出的视觉表现效果。

5. 注重网站信息的交互能力

尽量让浏览者参与网站信息内容的建设与经营，只要当浏览者能够方便地和信息发布者交流时，网站的魅力就能充分地发挥出来，游戏网站的成功就是一个很好的例子。因此在企业的 Web 站点上，要认真回复用户的电子邮件，最好将用户的用意进行分类，由相关部门处理，使网站访问者感受到企业的真实存在并由此产生信任感。

6. 宣传推广网站地址

像对待商标一样利用传统媒体宣传企业的网址，与其他网站交换链接或购买其他网站的图标广告，在 Internet 的导航台提交本站点的网址和关键词，在网站上开展各项有奖活动等。

7. 借助市场调研公司

通过专业的市场调研公司可提高调研成功率和专业水平，一些专业的调研公司有：央视市场调研、上海尼尔森市场研究有限公司、北京特恩斯市场研究咨询有限公司、北京益普索市场咨询有限公司、新华信国际信息咨询（北京）有限公司、零点研究咨询集团等。

【教学互动 1-2】

互动问题：

最早提出互联网思维的是360公司董事长周鸿祎。周鸿祎用互联网思维颠覆了传统的杀毒行业，提倡用户至上、体验为王、单点突破、颠覆创新这16字箴言。结合本章内容谈谈对这16字的认识。

要求：

同教学互动 1-1。

本章小结

网络营销的前提是通过网络市场调研进行准确定位，制定合适的营销策略。要在网上做好市场调研，首先要选择合适的网络调研策略。网络市场调研策略有如下几种：识别访问者并激励其访问企业站点，包括利用电子邮件或来客登记簿获得市场信息，科学地设计调研问卷，给访问者奖励以激发其参与调研的积极性，在网络上建立情感的纽带；网站站点上的市场调研，包括调整调查问卷内容组合以吸引访问者，监控在线服务，有针对性地跟踪目标顾客，传统市场调研和电子邮件相结合，通过产品的网上竞卖掌握市场信息，测试产品不同的性能、款式、价格、名称和广告页。

网络市场调研与传统的市场调研一样，应遵循一定的方法与步骤，以保证调研过程的质量。网络市场调研一般包括以下几个步骤：明确问题与确定调研目标、制定调查计划、收集信息、分析信息、提交报告。

成功实施网络市场调研是利用网络为企业寻找目标客户的关键一步，寻找网络营销信息的来源，网络营销信息收集，网络营销信息检索，网络市场调研信息的整理与分析，寻找目标客户是调研工作的核心环节。

在网络市场调研中还要注意一些技巧，比如：明确网站的定位与用户的需求，信息内容永远是网站的生命线，网站内容检索结构合理是好用的保证，美工是网站的门面，注重网站信息的交互能力，宣传推广网站地址，用专门的市场调研公司保证调研专业化水平等。

主要概念和观念

□ 主要概念

网络市场调研　网络信息收集　网络营销信息检索　商业信息管理

□ 主要观念

网络市场调研分析　网络市场调研策略　网络市场调研步骤　网络市场调研实施
网络市场调研技巧

习题与训练 1

一、理论自测题

1. 名词解释

网络市场调研　网络信息收集　网络营销信息检索　搜索引擎　商业信息管理

2. 单项选择题

（1）（　　）是网络营销的综合性工具。
　　A. 搜索引擎　　　　　　B. 电子邮件
　　C. 网络日志　　　　　　D. 企业网站

（2）交换链接、交换广告等形式属于企业网站的哪种功能（　　）。
　　A. 品牌形象　　　　　　B. 顾客关系
　　C. 资源合作　　　　　　D. 顾客服务

（3）调查计划的内容包括确定资料来源、调查方法、调查手段、（　　）和联系方法。
　　A. 抽样方案　　　　　　B. 广告赞助
　　C. 营销策略　　　　　　D. 调查人员

3. 多项选择题

（1）以下属于企业网站特点的是（　　）。
　　A. 自主性和灵活性　　　B. 主动性与被动性同在
　　C. 相对稳定性　　　　　D. 是其他网络营销手段和方法的基础

（2）调查问卷设计原则包括（　　）。
　　A. 目的性原则　　　　　B. 可接受性原则

C．简明性原则　　　　　　　　D．匹配性原则
（3）网络信息的来源包括（　　）。
　　A．非正式出版信息　　　　　　B．半正式出版信息
　　C．正式出版物　　　　　　　　D．电子邮件
4．判断题
（1）网络市场调研的目的是收集网上的购物者和潜在顾客的信息，加强与消费者的沟通、理解并建立友谊，改善营销并服务于顾客。　　　　　　　　　　　　　　　　　（　　）
（2）网络市场调研的策略主要包括如何识别企业站点的访问者，以及如何有效地在企业站点上进行市场调研。　　　　　　　　　　　　　　　　　　　　　　　　　　（　　）
（3）一个成功的调查问卷应具备两个功能：一是能将所调查的问题明确地传达给访问者；二是设法取得对方的合作，使访问者能给以真实、准确的回复。　　　　　　　　（　　）
（4）商业信息管理就是对发布的商业信息进行修改、撤销和删除的管理操作。
　　　　　　　　　　　　　　　　　　　　　　　　　　　　　　　　　　　　（　　）
（5）企业发布商业信息可以让更多的客户找到你，提高产品的曝光率，增加产品成交的机会。　　　　　　　　　　　　　　　　　　　　　　　　　　　　　　　　　（　　）

5．简答题
（1）网络市场调研的策略与技巧有哪些？
（2）网络市场调研应该按照哪些步骤进行？
（3）网络营销信息搜集方法有哪些？

二、实务自测题

1．单项业务

使用网上的免费调研系统，发布调查问卷，并填写、查看调查结果。请提交问卷发布页面和调查结果显示页面。

2．复合业务

请列出企业开展网络营销的方式。假定你是一家手机生产商，请阐述如何在网上收集相关竞争对手的信息，并确定自己的网络营销方式整合方案。

三、案例分析题

中国线上消费者日臻成熟

　　根据尼尔森2014年9月的中国网购者调查报告，与去年相比，在四类线上消费群体中，价格敏感型消费者（他们大多数年龄在40岁以上，收入相对较低）的比例保持在16%。潜力消费型（他们大多数20岁出头，对网购表现出了极大的热情，但收入有限）和网购依赖型（他们的年龄主要在30岁到40岁之间，有较高的教育背景和收入）的比例有略微下滑，分别达到32%（下降了2%）和26%（下降了3%）。

　　然而，网购理性型（有时被称为谨慎的消费者）的比例从2013年的24%增长到2014年

的29%，同比增长五个百分点。这些网购者大多数是男性，年龄在26~30岁之间，收入较高，通常对产品质量有着较高的要求。虽然他们有充足的资金和强烈的愿望来购买最好的商品，但对商家和产品质量不信任，因而网购频率较低。

相比其他三类网购者，理性型网购者经常会更加关注多样且安全的付款方式（34%），有品质保证的产品（16%）和可靠的购物评价和晒单（13%）。同时，网购者在选择商家时，通常都会考虑的零售商是"可信赖的"，拥有"合理的价格"和"高品质的产品"，然而，对消费者来说哪个因素最重要，就需视商品的品类不同而异。

中国网购者的复杂性也在他们整个网购过程中显露无遗。网购前，他们会仔细搜集产品信息，并且在实际支付前对产品进行线上和线下的对比。同时，40%的受访者表示，他们愿意通过微信或其他即时通讯工具分享他们的购物经验和产品评论。中国互联网络信息中心的一项调查显示，良好的购物体验（66%）以及合理的价格和促销活动（66%） 对于驱使消费进行重复购买同样重要。

以上迹象表明，中国线上消费者日趋成熟，中国电子商务正在从"价格导向型"向"服务导向型"转变。

（资料来源：http://www.nielsen.com/cn/zh/press-room/2014/how-technological-innovation-creates-value-cn2.html）

问题： 分析中国线上消费行为有什么作用？

分析要求： 学生分析案例提出的问题，拟出分析意见，并结合身边实例对结论进行运用检验；小组讨论，形成小组《案例分析观点小结》；班级交流，教师对各小组《案例分析观点小结》进行点评，并对各小组运用策略进行评价；在班级展出附有"教师点评"的各小组《案例分析观点小结》，供学生比较研究。

四、单元实训

网络市场调研能力及基本网络营销方式运用训练

【实训目标】

引导学生参加"网络市场调研"的实践训练；在实际的网络市场调研活动中，让学生熟知市场调研的步骤，掌握网络市场调研的技巧；并根据调研的结果判定该选用何种网络营销方式，促进学生全面掌握网络营销的各种方式。

【实训内容】

假如你是一家手机生产商，进入百度输入"手机生产商"词条。检索竞争者小米、华为、三星、苹果手机的网站。尝试收集竞争者的相关信息。对收集到的信息进行整理、分析，对本企业进行恰当定位，然后针对调研情况，为本手机生产商选择合适的网络营销方式。

【实训时间】

在讲授本章时选择课下上机时间。

【操作步骤】

（1）将班级每4~6位同学分成一组，每组确定1人负责。

（2）学生按组在网上收集资料，进入调查，并将调查情况详细记录。

（3）对调查的资料进行整理分析。
（4）各组对调查资料进行分析、讨论，找出本企业的市场优劣势。
（5）依据企业开展网络营销的方式，根据调研分析情况确定本次的营销方式。
（6）各组在班级进行交流、讨论。

【成果形式】

实训课业：撰写《网络市场调研报告》及《网络营销方式选择标准》。

任务 2　企业营销型网站的建设与优化

通过本章学习，应该达到以下目标：

理论目标：了解企业网站的类型和功能，掌握企业网站建设的整体规划；掌握企业网站建设的流程与推广、优化的方法；熟悉企业网站营销效果评价方法。

实务目标：具有根据企业网络营销的实际需要，制定企业网站建设规划方案及对网站进行运营、推广的能力；具有对网站营销效果开展系统评价的能力。

案例目标：运用所学的企业网站建设的系统知识研究相关案例，培养和提高对企业网站建设的方式和推广运营方法的分析与设计能力；提高网络营销评价的操作能力。

实训目标：引导学生学会分析企业网站建设的实际需要，结合本章所学理论内容，撰写完整网站建设规划书，培养学生将所学知识灵活用于专业实战的能力。

引例：

宝洁公司的网站建设

作为全球最大的日用消费品生产商之一的宝洁公司，开展的是深度、综合性的网络营销，注重打造企业网站集群，并综合多渠道网络推广手段的应用进行网站推广。宝洁中国，是以 www.pg.com.cn 为公司主站。在主站之外，几乎每个主要产品都有一个独立的分站。这样由各个站点形成一个站点群来详细地表达宝洁公司的产品特点。

宝洁公司的主站首页是门户式的，美工风格十分清新自然。特别要强调的是，宝洁的主站已经摒弃了 Flash 的引导页，开门见山地进入门户主页。首页标题栏目有关于我们、品牌产品、宝洁创新、企业责任、新闻与观点、宝洁招聘、联系宝洁、新闻会客室等，如图 2-1 所示。

图 2-1　宝洁公司网站首页

从宝洁公司主页的布局可以看出，宝洁的网站是重在内容和提供信息，而不是片面地注重视觉形象。

宝洁具体产品的网站和主站相比，突出个性诉求。像海飞丝的站点突出去屑，潘婷的站点突出滋养，飘柔的站点突出柔顺，就是由产品的特性决定的。每个产品网站的风格都是各具特色的。

宝洁公司的网站建设体现了网站优化的思想，充分考虑了搜索引擎的友好性问题和对浏览者使用网站的友好性体验。在网站推广方面更综合了搜索引擎优化、竞价排名、论坛推广等各种网络推广手段，致力于打造一个真正意义上的网络营销导向型网站。

企业应该如何开始网络营销？这是很多企业在网络营销初期阶段感觉比较迷茫的地方。本章将围绕网络营销导向型的企业网站该如何建设与推广的问题和营销效果评价展开阐述。

2.1 企业网络营销网站的建设

企业营销型网站是指以现代网络营销理念为核心，基于企业营销目标进行站点规划，具有良好搜索引擎表现和用户体验、完备的效果评估体系，能够有效利用多种手段获得商业机会，提高产品销售业绩和品牌知名度的企业网站。

企业网站建设既可以外包给专业的网站建设服务公司，也可以自行设计，无论哪种方式，都需要明确对网站的要求。一个成功的网站需要市场、销售、公关、顾客服务等相关部门人员协同专业技术人员共同完成或者将对网站功能的需求清晰地转达给专业服务公司进行制作。

目前，市面上普通的企业定制网站的价格从几百元到上万元不等，如果是品牌网站，要融入动画等效果则更贵。现在网上有很多免费的自助建站系统，如 NITC、建站之星等。这些自助建站系统一般都符合搜索引擎优化标准，有利于网站收录和排名。但缺点就是不容易做到完全的个性化。

2.1.1 企业网站的种类与功能

1. 企业网站建设的特征

企业网站与搜索引擎和电子邮件等网络营销工具相比，企业网站具有下列四个方面的特点：

（1）企业网站具有自主性和灵活性

企业网站的建立是完全根据企业本身需要量身设计和制作的，因此在功能上有较大的自主性和灵活性，企业网站应适应企业的经营需要。

（2）企业网站是主动性与被动性的矛盾同一体

企业通过自己的网站可以主动发布信息，发送什么信息、什么时候发送，都是营销人员自己可以决定的，这是企业网站主动性的一面，但是发布在网站上的信息不会自动传递给用户，只能"被动地"等待用户自己来获取信息，这又表现出企业网站具有被动性的一面。

（3）企业网站的功能需要借助其他网络营销手段来体现

在实际应用中，一些企业由于缺乏专业人员维护管理，于是呈现给浏览者的网站内容往往数年如一日，甚至用户的咨询邮件也不给予回复，这样的企业网站是不可能发挥其作用的。

（4）企业网站的功能具有相对稳定性

企业网站的功能具有相对稳定性，有两方面的含义：一方面，一旦网站的结构和功能被设计完成并正式开始运作，在一定时期内将基本稳定；另一方面，如果存在某些功能方面的缺陷，在下次升级之前的一段时间内，将影响网络营销效果的发挥。因此，在企业网站策划过程中，尽量做到在一定阶段内功能适用并具有一定的前瞻性。

2. 企业网站的五种基本形式

（1）信息发布型网站

信息发布型网站，是以推广企业产品（服务）为目的的网站形式，多用于品牌推广以及沟通，是企业的产品"展示框"。

信息发布型属于初级形态的企业网站，不需要太复杂的技术，而是将网站作为一种信息载体，主要功能定位于企业信息发布，包括公司新闻、产品信息、采购信息等用户、销售商和供应商所关心的内容，多用于品牌推广以及沟通，网站本身并不具备完善的网上订单跟踪处理功能。

（2）品牌宣传型网站

品牌宣传型网站，是以宣传企业的核心品牌形象或者主要产品（服务）为主的网站形式。网站利用多媒体交互技术、动态网页技术并配合广告设计，将企业品牌在互联网上发挥得淋漓尽致。本类型网站着重展示企业 CI、传播品牌文化、提高品牌知名度。对于产品品牌众多的企业，可以单独建立各个品牌的独立网站，以便市场营销策略与网站宣传统一。

（3）企业涉外商务服务型网站

企业涉外商务服务型网站，是利用互联网为企业各种涉外工作提供远程、及时、准确的服务。本类型网站可实现渠道分销、终端客户销售、合作伙伴管理、网上采购、实时在线服务、物流管理、售后服务管理等，实现公司对分公司、经销商、售后服务商、消费者的有效管理，加速企业的信息流、资金流、物流的运转效率，降低企业经营成本。

（4）网络销售型网站

网络销售型网站，是在网上直接实现商品交易的网站类型。它是在发布企业产品信息的同时，具有网上接受订单和支付的功能。该类网站有产品管理、订购管理、订单管理、支付管理、送发货管理、会员管理等基本系统功能。本类型网站还可建立积分管理系统、VIP 管理系统、客户服务交流管理系统、商品销售分析系统，以及与内部进销存数据管理系统等。产品结构丰富的综合性网络销售型网站称为网上商城。

（5）企业综合型门户网站

企业综合型门户网站，是将企业的日常涉外工作上网，其中包括营销、技术支持、售后服务、物料采购、社会公共关系处理等。它是所有各类型企业网站的综合，是企业面向新老客户、业界人士及全社会的窗口，是目前最普遍的形式之一。企业综合门户型网站不仅可以将信息发布在互联网上，更多的是集成了包括供应链管理在内的、整个企业业务流程一体化的信息处理系统。

【同步案例 2-1】

21cake 营销型网站建设

21cake 于 2004 年 5 月在上海创建的蛋糕品牌，目前拥有乳酪蛋糕、慕斯蛋糕、巧克力蛋糕、乳脂奶油蛋糕和冰淇淋蛋糕五个系列共29款主题蛋糕。21cake是纯电商品牌，形成了前端无店铺直营、中端集中冷链配送、后端中央工厂规模化生产的商业模式。已在北京、上海、天津、杭州、苏州、无锡、广州、深圳八大城市开通服务。独立拥有一万五千平米的厂房、六百名资深师傅、四百余人的自有配送团队和百余位客户服务人员。

21cake的中央工厂没有产品库存，蛋糕从制作到送至消费者手上，要保证在5小时之内，对其冷链保质系统是一个极高的挑战。21cake营销型网站可结合商品、订单属性，默认可支持近200种促销规则实例，可支持订单重量、商品类型、商品数量等数百种条件组合；面向全网用户，进行客户资产运营和管理：管理线上已有客户，抓取线下全渠道新客户，捕获潜在客户脚印；全渠道模式下，每个平台有不同的数据格式，进行统一的格式转换，成为统一的数据信息；利用21cake线下庞大的会员基数，引流到线上，后期将线上其他渠道引流到官方B2C商城，充分利用微博、微信、二维码实现社会化营销。21cake网站在营销活动期间日均超过20000单的承载量毫无压力。

从最初的生产加工转纯电商线上官网、淘宝、天猫布局，作为国内领先的高端品牌蛋糕供应商，21cake致力于为广大消费者提供更安全、更健康、更优质的产品及服务。

（资料来源：http://www.shopex.cn/case-defaults-1.html）

问题：21cake营销型网站（http://www.21cake.com/）建设的特色有哪些？

分析提示：21cake营销型网站属于企业网络销售型网站，在其网站上设置的栏目主要有蛋糕名录、产品推荐、品牌故事和购物车，营销目的明确，图片精美，信息表达清晰完整，流程简化，访问体验良好，开设邮箱、微博和微信互动途径，从而使企业的核心竞争力得到提升。

3. 企业网站的基本功能

企业网站的建立，主要为了给外界提供一个了解企业自身、树立良好企业形象，并适当提供一定服务的平台。建设一个企业网站，让网站成为有效的网络营销工具和网络销售渠道。网站的功能，主要表现如下：

（1）树立品牌形象

网站的形象直接代表着企业的网络品牌形象，人们在网上了解一个企业的主要方式就是访问该公司的网站。网站建设的专业化与否对企业树立网络品牌形象有着重要影响，同时也对网站的其他功能产生直接影响。

（2）展示产品或服务

顾客访问网站的主要目的是为了对公司的产品或服务进行深入的了解，企业网站的主要价值也就在于灵活地向用户展示产品或服务信息。即使一个功能简单的网站，也相当于一本可以随时更新的产品宣传资料。

（3）信息发布

网站是一个信息载体，在法律许可的范围内，可以发布一切有利于企业形象、顾客服务，以及促进销售的企业新闻、产品信息、各种促销信息、招标信息、合作信息、人员招聘信息等。因此，拥有一个网站就相当于拥有一个强有力的宣传工具。

（4）顾客服务

通过网站可以为顾客提供各种在线服务和帮助信息，如常见问题解答（FAQ）、在线填写寻求帮助的表单、通过聊天实时回答顾客的咨询等。

(5) 顾客关系

交互性是网络的重要特点之一。企业在网站上，可以通过网络社区等方式吸引顾客参与，不仅可以开展顾客服务，同时也有助于增进顾客关系。

(6) 网络调查

通过网站上的在线调查表，可以获得用户的反馈信息，用于产品调查、消费者行为调查、品牌形象调查等，是获得第一手市场资料的有效调查工具。

(7) 网络联盟

为了获得更好的网上推广效果，需要与供应商、经销商、客户网站及其他内容互补或者相关的企业建立合作关系，组成网络联盟，没有网站，合作就无从谈起。

(8) 网络销售

建立网站及开展网络营销活动的目的之一，就是为了增加销售。一个功能完善的网站，可以完成订单确认、网上支付等电子商务功能，即网站本身就是一个销售渠道。

【教学互动 2-1】

互动问题：

京东、1号店等网上商城，发展势头良好，市场占有率逐步提升。为什么苏宁、国美等家电企业的网站都开展综合性网上商城业务呢？

要求：

(1) 教师不直接提供上述问题的答案，而引导学生结合本节教学内容就这些问题进行独立思考、自由发表见解，组织课堂讨论。

(2) 教师把握好讨论节奏，对学生提出的典型见解进行点评。

2.1.2 企业网站建设的策划方案

企业网站建设的规划，是指在网站建设前对市场进行分析、确定网站的目的和功能，并根据需要对网站建设中的技术、内容、费用、测试、维护等做出规划。网站规划对网站建设具有计划和指导的作用，对网站的内容和维护具有定位作用。

1. 建设网站前的市场分析

相关行业的市场现状、市场的特点、是否能够在互联网上开展公司业务。市场主要竞争者分析，竞争对手上网情况及其网站规划、功能作用。公司自身条件分析、公司概况、市场优势，可以利用网站提升哪些竞争力，建设网站的能力（费用、技术、人力）等。

2. 网站建设目的及功能定位

企业要明确为什么要建立网站，是为了宣传产品进行电子商务，还是建立行业性网站；是企业的需要还是市场开拓的延伸；以便整合公司资源，确定网站功能。根据公司的需要和计划，确定网站的功能，是产品宣传型、网上销售型、客户服务型等。根据网站功能，确定网站应达到的目的作用，以及企业内部网（Intranet）的建设情况和网站的可扩展性。

3. 网站技术解决方案

根据网站的功能确定网站技术解决方案。采用自建服务器，还是租用虚拟主机。选择操作系统，分析投入成本、功能、开发、稳定性和安全性等。采用系统性的解决方案（如 IBM、HP）等公司提供的企业上网方案、电子商务解决方案，还是自己开发。网站安全性措施，防黑、防病毒方案。网站相关程序开发，前端用 AJAX、HTML5、CSS3、JS，后端用 PHP、ASP，封装用 JQUERY 等技术。

4. 网站内容规划

根据网站的目的和功能规划网站内容，一般企业网站应包括：公司简介、产品介绍、服务内容、价格信息、联系方式、网上订单等基本内容。电子商务类网站要提供会员注册、详细的商品服务信息、信息搜索查询、订单确认、付款、个人信息保密措施、相关帮助等。

5. 网页设计

网页美术设计要与企业整体形象一致，要符合 CI 规范。要注意网页色彩、图片的应用及版面规划，保持网页的整体一致性。在技术的采用上要考虑主要目标访问群体的地域分布、年龄阶层、网络速度、阅读习惯等。

6. 网站维护

加强服务器及相关软硬件的维护，对可能出现的问题进行评估，制定响应时间，并重视网站内容的不断更新、调整等。

7. 网站测试

网站发布前要进行细致周密的测试，以保证正常浏览和使用。主要测试服务器稳定性、安全性；程序及数据库测试；网页兼容性测试，如浏览器、显示器；根据需要的其他测试。

8. 网站发布与推广

网站测试后进行发布的公关、广告活动、搜索引擎登记等。

9. 网站建设日程表

各项规划任务的开始完成时间、负责人等。

10. 费用明细

各项事宜所需费用清单。

以上为网站建设规划书中应该体现的主要内容，根据不同的需求和建站目的，内容也会有所增加或减少。在建设网站之初，一定要进行细致的规划，才能达到预期建站目的。

2.1.3 企业营销型网站的建设

1. 企业网站建设原则

（1）信息内容是网站的核心与灵魂

信息内容是网站最根本的要素。网站内容要新鲜、精练、专业、准确、真实。此外，经常维护更新，给用户提供前沿信息，是网站增加吸引力的重要手段。要想保持网站的访问量，吸引更多的"回头客"，必然要定期更新网站内容。

（2）体现企业特色服务的差异化

企业特色服务的差异化是规划网站内容的出发点。除了实体商品可差异化外，企业也可以将其提供的服务加以差异化，并通过网站的形式表现出来，如在线咨询、顾客沟通、企业论坛及其他特色服务等。

（3）保证安全快速的访问

网站会一天 24 小时不停息地运转，这就要求企业在建立网站时，软硬件环境都要具备良好的稳定性。为了提高浏览者的访问速度，还需要注意服务器的接入方式和接入带宽、摆放地点、硬件性能和页面数据量、网络拥堵程度以及网页中的诸元素（如图片和多媒体等）等多方面的因素。

（4）良好的交互性

好的网站网页必须与使用者有良好的交互功能，包括整体设计呈现、使用界面引导、网络交互式应用项目等，都应该掌握交互的原则，让使用者感觉自己操作的每一步都确实得到了适当的回应，这需要一些设计上的技巧与软硬件的支持。

（5）寻求艺术的表现形式

网站设计过程中，版式设计通过文字图形的空间组合，表达出和谐与美；站点设计简单有序，主次关系分明；整体风格设计保持统一。让空间、文字、图形之间建立整体的均衡状态，产生和谐的美感，使浏览者有一个流畅的视觉体验。

2. 网站结构设置

一个结构清晰的企业网站，必须便于用户及时地发现目标信息。网站结构是企业网站建设的基本指导方针。只有确定了网站结构，才能开始技术开发和网页设计工作。

（1）网站栏目（菜单）结构

网站栏目的规划，其实也是对网站内容的高度提炼。网站的栏目规划首先要做到"提纲挈领、点题明义"，用最简练的语言提炼出网站中每一个部分的内容，清晰地告诉浏览者该企业的主要信息和服务。因此，可根据业务性质、类型或表现形式划分为几个部分，每个部分称为一个栏目，每个栏目可以根据需要，继续划分为二级、三级、四级栏目。

一般来说，一个企业网站的一级栏目不应该超过 8 个，而栏目层次在三级以内比较合适。这样，对于大多数信息，用户可以在不超过三次单击的情况下，即可浏览到该内容页面，过多的栏目数量或者栏目层次，都会为浏览者带来麻烦的感受。

（2）网页布局

网站栏目结构确定之后，为了满足栏目设置的要求，需要进行网页模板规划。网页布局主要包括：网页结构定位方式、网页信息的排放位置等。

网页布局的基本思想，是充分适应用户通过网页浏览获取信息的习惯，兼顾移动端用户浏览习惯，并且符合搜索引擎抓取网页内容的一般规律，从而为用户通过网站以及通过搜索引擎检索获取信息，提供最大的方便。

1）网页结构定位

在传统的基于 HTML 的网站设计中，网页结构定位通常有两种，表格定位和框架结构（帧结构）。虽然框架结构的使用便于网页的打开，但由于其结构复杂，容易产生一些意想不到的情况，同时，不便于搜索引擎检索，因而一般情况下，建议网站选择表格定位。

目前，企业网站中，表格定位仍是主流。即在同一个页面中，将一个表格（或者被拆分几个表格）划分为若干板块，分别放置不同的信息内容。

2）网站菜单和导航的设置

网站菜单设置一般指各级栏目，一级栏目组成的菜单称为主菜单，其下设的细分菜单称为栏目菜单，或辅菜单。

网站导航设置是在网站栏目结构的基础上，进一步为用户浏览网站提供的提示系统。企业网站打开网页的方式不尽相同，有的是在同一窗口打开新网页，有的是新打开一个浏览器窗口，用户可能会迷失方向，无法回到首页或上一个页面，需要辅助性的导航来帮助。如果网站内容较多，设置一个网站地图是非常有必要的。

3）网页信息的排放位置

将最重要的信息放在首页显著位置，一般包括产品促销信息、新产品信息等。企业网站不同于大型门户网站，页面内容不宜太复杂，与网络营销无关的信息尽量不要放置在主要页面。在页面左上角放置企业 LOGO，这是网络品牌展示的一种表现方式。

【小知识 2-1】

用户眼球视线跟踪研究

美国研究组织 The Poynter Institute 发布的视线跟踪报告中发现一个共同的眼球运动模式：视线通常固定在网页左上角，然后在这个区域巡视一阵后，开始右移，在顶部位置仔细停留阅读后，开始往下扫描。即用户对网页的浏览视线呈"F"型。

启发：对于任何一个网页，用户往往首先关注某些重点区域，在这个区域中应该放置最希望让用户接受的信息。如果一个网页中最重要的位置被设计为用户不关心的内容，甚至对获取信息起干扰作用的内容（用户注册/登陆框），这样的设计对用户的友好性就大为降低，也影响了用户对网站的信任程度，不能体现出网络营销导向网站的专业水平。

3. 企业网站的信息内容

（1）企业信息要素模块

在这一模块中应包括三方面的内容，企业概况、人事信息和企业动态，其中，企业概况应包含企业背景、发展历史、经营理念、主要业绩、组织结构、经营目标等内容。通过这一模块展示企业的完整形象。如有可能，最好提供中英文两种语言或多种语言的版本，让用户通过网络对企业有所了解，形成良好的第一形象。

（2）产品信息模块

这一模块主要有四部分内容，一是产品目录，提供公司产品和服务的目录，方便用户在网上查看；二是产品价格表，用户浏览网站的部分目的是希望了解产品的价格信息，对于一些通用产品及可以定价的产品，应该列出产品价格；三是产品搜索，为产品设计分类目录或增加关键词搜索功能等，让用户能够方便地找到所需要的产品。

（3）客户信息模块

在这一模块中，可放置企业的典型用户信息、与用户合作的成功案例等，可以起到展示产品和扩大宣传的作用。

（4）服务信息模块

这一模块要有四项基本内容，一是营销网络信息，很多企业除总部外还有其他分支机构，企业应充分发挥电子商务网站的作用，尽可能详尽列出全国乃至全球范围内所有办公场所的联系方式，包括电话、传真及电子邮件等，为用户所用；二是售后服务信息，提供有关的质量保证条款，售后服务措施以及各地售后服务的联系方式等信息；三是技术支持信息，这主要是针对一些高科技产品的，如某品牌电脑的各种驱动程序等；四是联系信息，尽可能多地提供各种各样的联系方式。

（5）互动模块

在企业网站上设置客户反馈表单、论坛、微博和微信等互动的模块，用于收集客户和普通访问者对企业改进产品和服务的意见、建议。网络管理员也应该经常检查提交上来的内容，及时转交给企业相关部门。

（6）其他信息

在企业网站上，这一部分内容可根据企业的特点自行设立，还可包括财务信息，对于股份制尤其是上市企业，应该将重要的财务报告放到网上，让投资者能够方便地查询到这些信息，包括中报、年报、各种配股计划等。人才招聘信息、友情链接等内容，也可以放置在其他信息中。

4. 设置网站的服务功能

（1）产品选购和保养知识

对于生产商和销售商来说，用户的产品知识是比较欠缺的，利用网站为用户提供更多的产品知识，是市场培育的有效方法之一。

（2）产品说明书

除了随产品附送说明书外，在网上发布详细的产品说明，对用户了解产品具有现实意义。

（3）常见问题解答

把用户在使用网站服务、选购和使用产品过程中，可能遇到的问题整理成一个列表，并根据用户提出的新问题，不断增加和完善，这样不仅方便了用户，也节省了企业的顾客服务率和服务成本。

（4）在线问题咨询

在线问题咨询能更直接、灵活地与用户沟通，特别是当用户的问题比较特殊时，需要专门给予回答，开设这种服务是很有必要的，这样不仅解决了顾客的问题，也可以从中了解到一些顾客对产品的看法。

（5）会员通信

定期向注册用户发送有价值的信息，是顾客关系和顾客服务的有效手段之一。

（6）会员社区服务

为用户提供了发表自己观点、与其他用户相互交流的空间。

【教学互动2-2】

互动问题：

浏览两家同类型的电子商务网站，比较网站功能、网站栏目、服务项目等，印象深刻的网站具有什么特点？可从哪些方面改进？

要求：

同教学互动1-1。

2.2 企业营销型网站的优化

2.2.1 网站推广

网站推广是为了把企业的信息推广到目标受众，让更多的网民知道网站的存在，以提高网站的知名度，争夺有限的注意力资源，尽可能提高网站的访问量，吸引并创造商业机会。

1. 传统媒体推广方法

传统媒体包括电视、广播、报纸、杂志、商家所有的印刷品、户外的各类广告等。现阶段，我国民众对电子商务的认知水平逐渐提高，对电子商务的接受程度逐渐加深，互联网的普及程度提高，利用传统媒体仍然能够为网站推广发挥作用。

2. 搜索引擎推广方法

在诸多的网站推广方法中，搜索引擎营销是最行之有效的方法。通过搜索引擎营销推广网站，主要方式可以分为自然检索优化、免费向各大搜索引擎网站提交网站、搜索引擎竞价广告等。

3. 网络广告和 E-mail 营销

新网站建设成功之后，可以通过对潜在用户影响比较大的门户网站，或企业网站做相应的网络广告宣传活动，或者通过 E-mail 营销的方式，直接向潜在客户推荐企业网站。

4. 论坛和微博营销

目前，相关行业论坛或企业微博、微信用户中，有相当多的潜在客户，因而通过行业论坛或某些知名企业微博、微信公众账号开展营销，是一种不错的选择。可以在行业论坛或企业微博、微信公众账号上发布软文的形式开展，也可以通过论坛、微博留言、微信推送、微博和微信签名档、微博广告来实现。

5. 病毒性营销方法

病毒性营销是在为用户提供有价值的免费服务的同时，附加一定的推广信息，常用的工具包括免费电子书、免费软件、免费 Flash 作品、免费贺卡、免费邮箱、免费即时聊天工具等可以为用户获取信息、使用网络服务、娱乐等带来方便的工具和内容。如果应用得当，这种病毒性营销手段，往往能以极低的代价取得非常显著的效果。

6. 资源合作推广方法

资源合作推广是指通过网站交换链接、交换广告、内容合作、用户资源合作等方式，在具有类似目标网站之间实现互相推广的目的，其中最常用的资源合作方式为网站链接策略，利用合作伙伴之间网站访问量资源合作互为推广。

7. 快捷网址推广方法

快捷网址推广是指合理利用网络实名、通用网址及其他类似的关键词网站快捷访问方式，来实现网站推广的方法。快捷网址使用自然语言和网站 URL 建立其对应关系，这给习惯于使用中文的用户提供了极大的方便，用户只需输入比英文网址更加容易记忆的快捷网址，就可以访问网站，用自己的母语或者其他简单的词汇，为网站"更换"一个更便于记忆、更容易体现品牌形象的网址。

8. 综合网站推广方法

除了常用的网站推广方法之外，还有许多专用性、临时性的网站推广方法，如有奖竞猜、在线优惠券、有奖调查、针对在线购物网站推广的比较购物和购物搜索引擎等，有些甚至采用建立辅助网站进行推广。

【同步案例 2-2】

悦禾田商城网站的网络推广方法

河南悦禾田是专业从事健康食品和有机食品的生产、销售及配送的现代农业企业。悦禾田商城网站，通过搜索引擎推广、友情链接推广、BBS、B2B、分类推广、微信推广、QQ 群推广等方法推广企业网站。

根据网站的数据分析，网站整体流量较多的是来自于搜索引擎。首先，网站建设好了，就会被百度、360等搜索引擎收录网站的内容页面，广大的用户通过搜索引擎就能找到企业。其次，关键词排名来于友情链接相互传递权重，也是网站推广重要的一个部分，在相关行业的网站进行友情链接交换，这样在网站相互宣传的同时也在相互传递着权重。传递的越高，关键词排名就越好，网站曝光的几率就越大。BBS、B2B、分类推广就是利用论坛贴吧人气聚集最多的地方，利用与用户常互动的平台进行推广是必然的，建立博客、微博、微信，通过链接交互传递宣传着自己企业的产品和信息，通过分类信息网和B2B发布产品信息，让自己的关键词达到一定的排名垄断，从而从中挖掘出潜在的客户。加入相关的朋友圈、QQ群进行聊天讨论挖掘潜在客户，利用群邮件、群共享、群相册等发布企业要推广的产品或者品牌。

问题： 网站推广如何能够成功？

分析提示： 不仅要充分利用各种手段和方法推广网站，而且要依据方案分配有执行力的团队去执行，对推广活动进行详细罗列并跟进工作的进度，安排具体的人员来负责落实，确保方案得到有效的执行。同时，安装一些监控代码工具，对网站的数据来源进行检测和追进观察，发现有任何的变化可及时调整推广的策略，并对每一阶段进行效果评估。

2.2.2 网站优化

网站优化就是通过对网站功能、结构、布局、内容等关键要素的合理设计、使得网站的功能和表现形式达到最优，可以充分表现出网站的网络营销功能。网站优化包括三个层面，对用户优化、对网络环境（搜索引擎等）优化，以及对网站运营维护的优化。

1. 网站优化的作用

（1）从用户的角度来说，经过网站的优化设计，用户可以方便地浏览网站的信息、使用网站的服务。

（2）从基于搜索引擎的推广网站角度来说，优化设计的网站使得搜索引擎可以顺利获得网站的基本信息，当用户通过搜索引擎检索时，企业期望的网站摘要信息可以出现在理想的位置，使得用户能够发现有关信息并对其感兴趣，从而点击搜索结果并达到网站获取进一步的信息服务，直至成为真正的顾客。

（3）从网站运营维护的角度来说，网站运营人员可以对网站方便地进行管理维护，有利于各种网络营销方法的使用，并且可以积累有价值的网络营销资源。只有经过优化设计的企业网站，才能真正具有网络营销导向，才能与网络营销策略相一致。

2. 网站优化的表现

（1）网站设计对用户优化的具体表现

以用户需求为导向，设计方便的网站导航，网页下载速度尽可能快，网页布局合理并且适合保存、打印、转发，网站信息丰富、有效，有助于用户产生信任。

（2）网站设计对网络环境优化的表现形式

适合搜索引擎检索（搜索引擎优化），便于积累网络营销网站资源（如互动链接、互换广告等）。

（3）网站设计对运营维护优化的作用

充分体现网站的网络营销功能，使得各种网络营销方法可以发挥最大作用，使网站便于日常信息更新、维护、改版升级，便于获得和管理注册用户资源等。

【小知识 2-2】

网站优化与搜索引擎排名 SEO 的区别

网站优化与搜索引擎排名 SEO 服务的本质区别在于，网站优化是用网络营销导向的网站建设思想来指导网站基本要素的专业化设计，是一项系统性和全局性的工作，从而让网站更好地实地向用户传递网络营销信息的目的；搜索引擎排名 SEO 只是以局部的观点，对有限的关键词实现在搜索引擎检索结果中排名的靠前，出发点在于适应搜索引擎的检索，而不是为了向用户传递有价值的信息。在采用的方法上，针对搜索引擎排名的服务通常注重一些外部的要素，如堆砌用户不可见的关键词、增加外部链接等手段，而不是对网站内部要素进行合理设计。

网站优化是个大的概念，通常我们把一个网站的设计看作是企业的一次通过网络进行的营销行为，通过网站以提升企业整体形象，获得更多潜在客户的关注和认同，从而获得更多的合作机会。网站优化行为，其实是企业营销在网上的一种行为，既然是网络营销，必然与网下有所区别，企业要面对数十万、上百万的同行竞争，要与同行中顶尖的同行站在同一水平线上，那么，企业如何获得关注、从竞争对手那里抢回客户？任何一个客户都是具有很强的择优意识，谁好就选谁。在网络上有个前提，就是需要先选择谁，也就是先要选择一部分准服务商，然后再从中选择主要和其次的服务商。此时，就是企业的网站如何从访问转化为合作机会之时，而很多企业就"倒"在了这里。道理很简单，虽然网站排在前面了，也被客户所选择，但是，在进一步的比较中被淘汰了，这就是网站本身的设计、规划有问题。所以，简单的优化排名，能带来访问客户，但不一定能留住客户，也就无法达成合作，不能达到网站优化的最终目的。

（资料来源：中国网站推广，《网站优化与 SEO 排名的区别》）

2.3 企业网站营销效果评价

2.3.1 网络营销效果评价方法

1. 通过网站工具评价网站

（1）网站 PR 值

网站的 PR 值（全称 PageRank），是 Google 搜索排名算法中的一个组成部分，级别从 1 到 10 级，10 级为满分，PR 值越高说明该网页在搜索排名中的地位越重要，也就是说，在其他条件相同的情况下，PR 值高的网站在 Google 搜索结果的排名中有优先权，PR 值最高为 10，一般 PR 值达到 4，就算是一个不错的网站了。

（2）网站访问量指标的评价

独立访问者数量（Unique Visitors，独立 IP）：描述了网站访问者的总体状况，指在一定统计周期内访问网站的数量（例如每天、每月），每一个固定的访问者只代表一个唯一的用户，无论他访问这个网站多少次。

页面浏览数（Page Views）：在一定统计周期内所有访问者浏览的网页数量。页面浏览数也就是通常所说的网站流量，或者网站访问量。

（3）网站排名分析系统 Alexa

Alexa 网站排名是由美国网站 Alexa.com 所提供的全球网站访问量排名系统，只要网站被该系统收录，输入网址即可看到该网站访问量在全球网站中的排名情况，一个行业网站，如果能够排在15000位以内，已经是挺不错的了。

（4）搜索引擎收录：也可以通过各大搜索引擎收录了某网站多少信息来做判断。

2. 通过指标评价网络营销效果

网络营销效果评价指标分为三大类，分别用以衡量企业网络营销网站建设和产品的品牌形象、网络营销网站的经营效果、网站的技术水平。

（1）衡量企业网络营销网站建设和产品的品牌形象的指标

1）网站出现在媒介中的次数和频率。

2）网站的口碑情况。

3）根据网站访问者的停留时间来测定网站的水平，停留时间是指访问者关注某一网站的持续时间。该指标的意义是很明显的，停留时间越长，网站对其影响越大，反过来说，对企业越有利。

4）网站的注册用户数量，注册用户数量是指通过提供个人信息登录来获得网站提供的某种服务的用户数量，它直接反映用户对网络营销企业网站的兴趣程度。

5）网站的访问量，访问量就是网站访问者的数量，它直接反映了网络营销企业网站在公众心目中的地位。访问量可以通过点击率来衡量。

6）企业的产品、服务等被大众接受的程度。例如，对于一个零售货物的网站，显而易见的衡量标准是网站的交易量，即有多少用户在网站上购买了商品，有多少的销售额产生，单位客户的购买额度是多少，有多少投诉情况在提供服务过程中发生，顾客的满意情况怎么样，当然，最重要的是，有多少利润产生。

（2）衡量网络营销企业经营效果的指标

1）确定保持顾客和重复购买顾客的数量

这需要企业具备良好的客户关系管理水平。一个完整的客户关系管理解决方案包括：获取精确的完整的客户数据；整理并存储这些数据；对数据进行分析；将分析得到的结果分配给处理客户关系的工作人员，解决相关问题。

2）销售额

这是衡量网络营销企业经营状况的直接指标，它可以反映出网站经营的状况以及规模大小。

3）衡量各种情况的指标比率

常用指标比率有客户转化率、长期客户率、长期客户销售额比率。客户转化率是指一定时期内客户数与浏览数的比率；长期客户率是指一定时期内长期客户数与客户总数的比率；长期客户销售额比率是指一定时期内长期客户销售额与总销售额的比率。这些比率都是网站访问数量相互比较或者将其与销售额进行比较的结果，它反映网站定位的准确度与网站对顾客的促销力度。

4）市场渗透水平

市场渗透水平一般是用市场渗透率来反映，是一种以百分比的形式来表达衡量标准，主要描述赢得了多少潜在的客户或者市场、进行了多少次交易。

5）利润额

利润额大小决定了一家网络营销企业的发展基础和发展潜力，是进行再发展的动力所在。

6)争取和维护用户成本

成本控制的观点在网络营销中也是适用的,在网络营销经营过程中,应考虑争取一个客户的成本与该客户将要消费的金额之间的比例,也会调查维持一个客户以及把该新客户转化成老客户所花费的成本。

(3)衡量网站技术水平的评价指标

网站专业性评价分析是一项专业性很强的工作,涉及到很多技术方面的专业知识。

1)对网站考核的五个指标

表2-1 网站考核指标

序号	网站考核指标	指标内容
1	网站信息质量高低	网站提供的信息质量和信息呈现方式,企业业务的介绍情况,是否有关于产品和服务的信息,是否有产品说明或评估工具等
2	网站导航的便利性	网站的页面结构是否清晰,网站是否有提供搜索引擎服务及搜索引擎的效果,网站是否有针对顾客提问进行解答的部分等
3	网站设计美观性	网站设计的美观及愉悦程度,文本是否容易阅读,图片是否使用适当,是否采用音频与视频手段等
4	网站的营销功能	在线订购与支付是否方便,支付之后是否提供对于产品发货的时间及去向信息,并向买家确定到货时间
5	网站的功能建设	网站是否建有论坛或社区,是否有计算器或者其他可以增强用户体验的工具,网站是否有通往相关信息的互补性资源的链接等

2)对网络营销人员工作绩效的评价

表2-2 网络营销人员工作绩效的评价表

序号	营销人员工作绩效评价方向	评价指标
1	网站设计方面	主页下载时间;有无无效链接和拼写错误;不同浏览器的适应性;对搜索引擎的友好程度;网络安全性
2	网站推广方面	使用搜索引擎的数量和排名;在其他网站链接的数量;注册用户数量
3	网站流量方面	访问者数量;网页总浏览数和平均浏览数;用户在网站的停留总时间和平均停留时间

2.3.2 网站营销效果评价体系

从实用的角度出发,对企业网站营销效果的评价体系主要包括下列三个方面的内容:对网站建设专业性的评价,对网站推广的评价,网站访问量指标的评价。

1. 对网站建设专业性的评价

对企业网站的评价包括四个方面的内容,网站的内容和功能的完整性、网站服务的有效性、网站具有可信性、网站优化设计合理等。由于对企业网站专业性难以通过量化来评价,因此,只能在一定程度上加以定性评估。

(1)网站内容和功能的主要评价内容

网站基本信息完整,如公司介绍、联系方式、服务承诺等;网站信息及时、有效;产品信息详尽；查找产品信息方便；网站功能运行正常；用户注册/退出方便；体现出网站的促销功能。

（2）关于网站服务有效性的主要评价内容

详尽的帮助系统；网站公布多渠道顾客咨询方式；提供会员通信；建立会员社区。

（3）关于网站可信性的主要评价内容

网站 ICP 证书齐全，网站介绍明确说明了企业的基本状况，网站信息及时、有效公布服务承诺。

2. 关于网站推广的评价

网站推广的力度在一定程度上说明了网络营销人员为之付出努力的多少，可以通过一些指标进行量化。

（1）搜索引擎的收录和排名状况

搜索引擎是大多数用户（尤其是不了解企业站点的）登录企业网站的第一站，因此一般来说如果企业网站越多地被搜索引擎收录，那么网站的访问量就会越大。另外，搜索引擎的排名也很重要，一些网站虽然在搜索引擎上注册，但排名在前两页之外，这时候的作用就不大了。在进行这项评价时，应对网站在主要搜索引擎的表现情况进行评估，并与主要竞争者进行对比分析。

（2）获得其他网站链接的数量

其他网站链接的数量越多，表明有越多的网站肯定本网站的价值，这不仅有利于提升企业的网络形象，同时，还可以直接从合作伙伴的网站获得访问量。因此，网站链接数量也反映了网站推广所做的努力，对网站链接情况的分析也是网站效果分析必要的一个部分。

（3）注册用户量

对于有用户注册功能的网站，网站访问量是网络营销取得效果的基础，也在一定程度上反映了获得顾客的潜在能力，其中最重要的指标之一是注册用户数量，因此注册用户资源是重要的网络营销资源，是开展内部列表 E-mail 营销的重要基础之一，拥有尽可能多的注册用户数量并合理应用这些资源已经成为企业重要的竞争手段。

3. 网站排名及访问量的统计分析

在网站营销评价方法中，网站访问流量统计分析是重要的方法之一，通过网站访问统计报告，不仅可以了解网络营销所取得的效果，而且可以从统计数字中发现许多有说服力的问题。网站访问量分析，无论对于某项具体的网络营销活动还是总体效果，都有参考价值，也是网络营销评价体系中最具说服力的量化指标。网站访问量指标可以根据网站流量统计报告获得。目前，比较常用的几种参考数据有网站 PR 值、独立访问者数量、页面浏览数、网站排名等。

2.3.3 舆情监控

网络舆情是由于各种事件的刺激而产生的通过互联网传播的人们对于该事件的所有认知、态度、情感和行为倾向的集合。[①] 舆情监控是通过对互联网传播的公众对现实生活中某些热点、焦点问题所持的有较强影响力、倾向性的言论和观点的一种监视和预测行为。

此外，还需要强调的是，舆论是人们的认知、态度、情感和行为倾向的集聚表现，是多

[①] 曾润喜. 网络舆情管控工作机制研究[J]. 图书情报工作，2009（18）：79-82.

数人形成的一致的共同意见,是单种意见的集合,即需要持有某种认知、态度、情感和行为倾向的人数达到一定的量,否则不能认为是一种舆论。而舆情是人们的认知、态度、情感和行为倾向的原初表露,可以是一种零散的、非体系化的东西,也不需要得到多数人认同,是多种不同意见的简单集合,这也是最容易将二者混淆的地方。当舆情产生聚集时就可以向舆论转化,因而对舆情的管控就是要使舆情不转化为舆论或转化为良性舆论。

随着互联网的快速发展,网友言论活跃已达到前所未有的程度,不论是国内还是国际重大事件,都能马上形成网上舆论,通过这种网络来表达观点、传播思想,进而产生巨大的舆论压力,达到任何部门、机构都无法忽视的地步。可以说,互联网已成为思想文化信息的集散地和社会舆论的放大器。

1. 网络舆情的特点

网络舆情形成迅速,对社会影响巨大,网络媒体已被公认为是继报纸、广播、电视之后的"第四媒体",网络成为反映社会舆情的主要载体之一。网络环境下的舆情信息的主要来源有:新闻评论、微博、微信、BBS、博客、聚合新闻(RSS),网络舆情表达快捷、信息多元、方式互动,具备传统媒体无法比拟的优势。

网络的开放性和虚拟性,决定了网络舆情具有以下特点:①直接性,通过微博、微信、BBS、新闻点评和博客网站,网民可以立即发表意见,下情直接上达,民意表达更加畅通;②突发性,网络舆论的形成往往非常迅速,一个热点事件的存在加上一种情绪化的意见,就可以成为点燃一片舆论的导火索;③偏差性,由于发言者身份隐蔽,并且缺少规则限制和有效监督,网络自然成为一些网民发泄情绪的空间。在现实生活中遇到挫折,对社会问题片面认识等,都会利用网络得以宣泄,因此在网络上更容易出现庸俗、灰色的言论。

2. 舆情监控的流程

网络舆情监控系统是指通过对网络各类信息汇集、分类、整合、筛选等技术处理,再形成对网络热点、动态、网民意见等实时统计报表的软件工具。

舆情监控系统通过对热点问题和重点领域比较集中的网站信息(如:论坛、微博、博客、新闻评论等)进行 24 小时监控,随时下载最新的消息和意见,下载后完成对数据格式的转换及元数据的标引。对下载本地的信息,进行初步的过滤和预处理,对热点问题和重要领域实施监控,前提是必须通过人际交互建立舆情监控的知识库,用来指导智能分析的过程。对热点问题的智能分析,首先基于传统基于向量空间的特征分析技术上,对抓取的内容做分类、聚类和摘要分析,对信息完成初步的再组织。然后在监控知识库的指导下进行基于舆情的语义分析,使管理者看到的民情民意更有效,更符合现实。最后将监控的结果,分别推送到不同的职能部门,供制定对策使用。

(1)建立网络舆情监测体系

网络舆情监测体系的建立主要依靠两方面保障:一是人力、资金等物质方面的保障,二是计算机软件系统等技术方面的保障。

就物质保障而言,成立专门负责网络舆情分析的机构,由专人组成若干小组,24 小时不间断对重点网站的舆情、重点论坛进行监控。此外,对网络舆情较集中的如各高校的 BBS,通过聘用"网络调研助管"等方式,密切关注学校 BBS 和校外主要网站动态。通过各层次、各领域建立起来的组织机构,从物质、制度、资金、人力等方面,保证了网络舆情监测体系的日常运作。

就技术保障而言，要监测网络舆情，少不了及时有效的信息搜集、信息处理、信息研判、信息反馈、信息决策系统。对舆情信息的监测与分析必须要浏览和查找海量的网络信息，包括网络新闻报道、相关评论、网络论坛等，从这些信息中提取与事件相关的舆情信息，然后分析舆情信息的时间与空间分布情况，再通过多种手段和渠道做正确的舆论方向引导。随着互联网技术的不断更新，网络舆情监测和舆情分析有必要通过与之相匹配的科技手段来进行。

从类型上看，网络舆情监测分为日常监测和突发事件监测两种。

（2）舆情监控的流程

具体到不同的企业网络舆情监测的流程可能不一样，但大致都是如下三个部分。

1）制定危机预警方案，针对各种类型的危机事件，制定比较详尽的判断标准和预警方案，以做到有所准备，一旦危机出现便有章可循、对症下药，此步骤主要是确定好监测的目标网站和过滤关键词。

2）密切关注事态发展，保持对事态的第一时间获知权，加强监测力度。这个可以通过例如乐思舆情监控系统之类的技术，在第一时间大量来采集、汇总各种互联网上的信息。

3）及时传递和沟通信息，即与舆论危机涉及的相关部门保持紧密沟通，建立和运用这种信息沟通机制，已经成为网络舆情管理部门的重要经验。无论在女教师情怀辞职信、鸟巢飙车车祸事件、还是双十一话题等"网络热点舆情"处理上，各部门协同作战、相互配合、共同商议，判断危机走向，对预案进行适当修正和调整，以符合实际所需是危机应对的重要措施。

3. 舆情监控的主要服务机构

（1）人民网舆情监测室

人民网舆情监测室是国内最早从事互联网舆情监测、研究的专业机构之一，在舆情监测和分析研究领域处于国内领先地位。

人民日报社所属的有关机构和企业自 2006 年起就开始逐步探索网络舆情研究，并于 2008 年正式组建人民网舆情监测室（人民日报社网络中心舆情监测室）。目前，舆情监测室在有关部门领导和人民日报、中国社科院、北京大学、清华大学等单位的专家、学者的指导下，经过不断的探索和实践，已初步形成了一套较完整的网络舆情监测理论体系、工作方法、作业流程和应用技术，可以对传统媒体网络版（含中央媒体、地方媒体、市场化媒体、部分海外媒体）、网站新闻跟帖、网络社区/论坛/BBS、微博、网络"意见领袖"的个人博客、网站时评、微信等网络舆情主要载体进行 24 小时监测，并进行专业的统计和分析，形成监测分析研究报告等成果。

（2）乐思舆情监测系统

乐思舆情监测系统是国内最早从事互联网舆情监测、网络信息采集研究的专业机构之一，在舆情监测和网络信息采集技术处于国内领先地位。

乐思网络舆情监测系统通过对海量网络舆论信息进行实时的自动采集、分析、汇总、监视，并识别其中的关键信息，及时通知到相关人员，从而第一时间应急响应，为正确舆论导向及收集群众意见提供帮助的一套信息化系统。

本章小结

网站是进行网络营销的基础，是网络营销理论实施的平台。通过网站，可以让访问者了解企业及其产品与服务，帮助企业发布信息、提供产品和服务，促成交易的达成。企业网站主要有五种类型：信息发布型、品牌宣传型、企业涉外商务服务型、网络销售型、企业综合门户网站。

所以企业进行网络营销时，要熟悉企业网站设计应遵循的原则，根据网站建设的基本流程进行网站建设。如合理地进行网站设置，包括对网站栏目结构和页面布局等的设置；合理选择企业网站的信息内容；设置网站的服务功能等。

网站建设完成后，需要策划企业网站推广运营；学会进行网站优化；分析网站排名及访问量指标。从实用的角度出发，对企业网站营销效果进行评价，包括对网站建设专业性的评价；对网站推广的评价和对网站访问量指标的评价。从而使得企业网站能够达到企业网络营销的目标，在网络市场上占有一席之地。

网络舆情是由于各种事件的刺激而产生的通过互联网传播的人们对于该事件的所有认知、态度、情感和行为倾向的集合，网络舆情具有以下特点：直接性、突发性、偏差性。网络舆情监控的流程是第一步制定危机预警方案，第二步是密切关注事态发展，第三步是及时传递和沟通信息。

主要概念和观念

□主要概念

　　企业营销型网站　客户转化率　网络舆情

□主要观念

　　企业网站建设　企业网站推广　企业网站优化　舆情监控

习题与训练 2

一、理论自测题

1．单项选择题

（1）一个企业网站的一级栏目一般不应该超过（　　）个。
　　A．5　　　　　　B．6　　　　　　C．8　　　　　　D．3

（2）网站的（　　）是其具有生命力的源泉之一。
　　A．设备投入　　　　　　　B．不断更新
　　C．多发广告　　　　　　　D．加强力量

（3）网络舆情监控最突出的优点是什么（　　）。
　　A．直接性　　　B．突发性　　　C．偏差性　　　D．诱导性

2．多项选择题

（1）企业网站的信息内容包括（　　）。
　　A．企业基本信息模块　　　　B．产品信息模块
　　C．客户信息　　　　　　　　D．售后服务及互动模块

(2) 企业网站建设的原则是（　　）。
　　A. 信息内容的及时性及表现形式的艺术性
　　B. 体现出企业特色服务的差异化
　　C. 保证安全快速的访问
　　D. 良好的交互性
(3) 网站优化包括对（　　）优化。
　　A. 网络环境　　　　　　　　B. 网络连接方式
　　C. 用户　　　　　　　　　　D. 网站运营维护

3. 判断题

(1) 网站 PR 值是评价网站的工具之一。　　　　　　　　　　　　（　　）
(2) 页面下载速度是网站留住访问者的关键因素，如果 20~30 秒还不能打开一个网页，一般人就会没有耐心。　　　　　　　　　　　　　　　　　　　　　　　（　　）
(3) 网络舆情是网上舆论的传播。　　　　　　　　　　　　　　　（　　）

4. 简答题

(1) 简述网络营销导向的企业网站有哪几种类型。
(2) 简述企业网站营销效果评价体系的构成。
(3) 网络舆情监控的流程是什么？

二、实务自测题

1. 单项业务

网络营销导向型企业网站有多种类型，请就每种类型举出一个实例。

2. 复合业务

分析某个利用网络营销进行网站推广的企业，看看它都运用了哪些推广方法。

三、案例分析题

深圳市新舟速运营销型网站项目策划方案

1. 深圳市新舟速运营销型网站项目背景介绍

总目标：选择最佳的方式和路径，以最低的费用和最小的风险，保质、保量、适时地将货物从某国的供方运到另一国的需求方；网站建设要解决目标客户选择物流商的核心："安全、时速、可靠、价格、服务"。

2. 深圳市新舟速运营销型网站项目策划思路

第一，盈利模式分析。

（1）服务商：主要经营货物快件香港进口清关、国际空运快递货物运输、全球上门取货及仓储服务、网购海淘转运等业务；

（2）专业为客户提供国外上门取货、运输、清关一条龙服务到国内。

第二，目标客户。

（1）重点开发客户：国外生产商、贸易商、批发商、中国进口贸易商/进口批发商；

（2）比较稳定客户：电子商务，有门户网站专业的 B2C 和淘宝专职卖家；做大了就是贸易批发商；

（3）商超卖场；

（4）市场很大，重心开发：专业代购，送礼物品或海淘自用的群体；

（5）国内工厂生产商所需的原料，物料配件。

第三，新舟自身优势

安全；诚信；快捷；专业。

3. 深圳市新舟速运营销型网站项目首页策划思路展示

第一，首页策划思路之广告展示

告诉客户新舟是做什么的，让客户对新舟有个清晰的认知；打消客户对货运安全性的顾虑；解决客户对货运处理速度效率的顾虑；展示新舟速运的强大服务覆盖面，让客户彻底选择无忧。

第二，首页策划思路之优势展示

解决安全疑虑；解决办事效率疑虑；解决价格疑虑；解决服务疑虑。

第三，首页策划思路综合展示

首页紧紧围绕解决货运中的"安全、诚信、快捷、专业"；展示企业能为客户解决的困难、新舟核心业务；核心业务介绍完之后，马上从"安全、诚信、快捷、专业"进一步让客户深入了解信任新舟，树立专业形象；自我陈述优势之后，借助第三方口吻，彻底让客户信任新舟；解决完目标客户的疑问之后，解决搜索引擎问题。

4. 关键词选取

选取行业主推关键词：进口清关、进口报关、海淘物流、海淘清关、海外转运、清关公司、转运公司、报关公司、快件清关、快件报关、代购清关、货物清关等。

（资料来源：深度网，深圳市深度网络有限公司：深圳市新舟速运营销型网站建设案例，http://www.shenduwang.com/Article/shenshixinzhousuyuny_1.html，2014-11-25）

问题：

（1）分组讨论，深圳新舟速运的首页是如何布局的？分别表达了哪些诉求？

（2）请你上网浏览深圳新舟速运网站主页（http://www.newshipex.com/），总结网站设计风格和网站编辑特色。

分析要求： 学生分析案例提出的问题，拟出《案例分析提纲》；小组讨论，形成小组《案例分析报告》；班级交流，教师对各小组《案例分析报告》进行点评；在班级展出附有"教师点评"的各小组《案例分析报告》，供学生比较研究。

四、单元实训

网站建设规划能力训练

【实训目标】

引导学生学会分析企业网站建设的实际需要，结合本章所学理论内容，撰写完整网站建设规划书，培养学生将所学知识灵活用于专业实战的能力。

【实训内容】

搜集相关资料，为××企业拟定网站建设规划书，要求包括网络建设的整个规划方案。

【实训时间】

在讲授本章时选择两个课时的上机时间。

【操作步骤】

（1）将班级每4~6位同学分成一组，每组确定1人负责。

（2）由各小组选定某个企业，确定网站规划对象。

（3）按照网站建设规划书的主要内容，结合课本知识与企业实际，按顺序进行分析和写作。

（4）提交完整的网站建设规划书。

（5）各组在班级进行交流、讨论。

【成果形式】

实训作业：撰写《××企业网站建设规划书》。

项目二　企业网络营销的手段与方法

任务 3　网店运营

通过本章学习，应该达到以下目标：

理论目标：了解网上商店的定义与特点；熟悉网上商店的各种经营方式；掌握网上商店的创建与运营方法。

实务目标：具备根据网上商店的创建流程，建立网络店铺的能力；具备根据网上商店的运营和管理方法，完成网店运营和推广等方面工作的能力。

案例目标：运用所学的网上商店运营与管理的方法研究相关案例，培养和提高对网店管理与推广方面的分析与设计能力。

实训目标：通过网上商店创建、运营与推广的实训使学生掌握网上商店创建的一般流程，学会去运营和管理自己的网上商店，熟悉网上商店推广与营销的常用策略，培养专业实战能力。

引例：

"果真了得"的网络之路

"果真了得"是第一个出售深山百年老树核桃的电商品牌。从 2009 年创业，经过 6 年的发展，"果真了得"现已自有山林 2000 余亩，并成立了多家农民专业合作社，主打河南本土特色农产品。

"果真了得"的成功之处在于：

一是产品少而精。"果真了得"上新品的频率不高，通常 1 年不到 10 款新品，力求突出差异化，零加工或浅加工，最大化地保持原生态。

二是注重会员管理和老顾客的维护。"果真了得"的包裹都会要求快递在上午 11:30 到下午 1:30 之间送达。在这个时间，大家更愿意把包裹拿出来进行分享，自然也为"果真了得"进行了二次传播。"果真了得"产品的重购率一般高于行业其他品牌 10%~20%。

三是重视家庭消费和商务礼品市场。"果真了得"的目标顾客在年轻群体的基础上，还兼顾了"50 后""60 后""70 后"，这些更有消费实力同时也是实际家庭采购决策者和购买者的广大成熟人群。同时，"果真了得"还尤其重视礼品市场，在产品规格、包装设计、礼盒定制等方面都给予匹配。

四是品类的深挖和细化。"果真了得"将会越来越多地根据某个单品去做深入延展，使产品更显专业和丰满。如已经在做的核桃分心木、原生核桃仁、琥珀核桃仁等。

五是平台化。销售渠道一方面继续沿用淘宝系（包括天猫），还在全网的各大电商平台都开设了店铺，实行全网覆盖，天猫店首页如图 3-1 所示。

图 3-1 "果真了得"天猫店首页

产品是维系企业和拉动用户的根基，但对于淘品牌的"果真了得"来说，网销渠道也是不得不考量的问题。从最初在淘宝开店到后来的天猫商城再到现在的全网渠道，可以看出，"果真了得"已然开创了全网营销的未来规划。随着网络购物用户规模的剧增，网上商店、网上支付等商务类应用的重要性进一步提升，更多的传统经济活动已经步入了互联网时代。如何创建网店并进行适当的运营和推广，是本章主要解决的问题。

3.1 网店运营方式

3.1.1 网上商店的定义

网上商店又称"虚拟商店""网上商场""电子空间商店"或"电子商场"。网上商店，是在网上开设的一种商品店铺交易平台，卖家通过网络展示和宣传其产品或者服务，让买家在浏览的同时进行实际购买，并且通过各种在线支付手段进行支付完成交易全过程。网上商店是电子零售商业的典型组织形式，是建立在因特网上的商场。它可以让顾客轻松地在家实现网络购物，商家也可以通过网店销售产品或服务，缩减了维护实际店面的运营成本。

3.1.2 网上商店的优势

随着大众消费群体对于网络购物的热情不断高涨，许多商家都开始建立自己的网络店铺，以吸引喜爱网上购物的消费者。网络店铺不仅给消费者带来了方便，也为商家创造了许多不同于传统实体店铺的优势。

1. 成本少、风险低

与传统的店铺相比，网上开店不用租赁门面，不用缴纳高额的租金、税金、水电费等，只收取很少的商品上架费与交易费，有的甚至免费。而且按需进货，不用担心货物积压，也不会因为进货占用大量资金。

2. 不受时空限制

网上开店不受营业时间和空间的限制，经营者可以在任何一个地方开设网店，而且不受经营地点和经营面积的影响。网络店铺可以 24 小时营业，消费者可以在任何时间登录网络店铺进行购物，经营者只要能够及时回复浏览者的提问就不会影响经营。

3. 经营方式灵活

网络经营者可以全职也可以兼职经营。网店在商品销售之前只需要少量存货，甚至可以不存货，因此可以随时转换经营商品的类型，进退自如。网店开在网络上，网络覆盖面广，网店销售的商品数量也没有上限，网络店铺中还可以摆放成千上万种商品。

4. 消费者范围广泛

全球任何人都可以通过网络访问商店，就是说，在网上开店，只要是上网的人群都有可能成为商品的浏览者与购买者。只要网络店铺的商品有特色、宣传得当、价格合理、经营得法，每天都会有相当数量的访问流量，从而极大地增加了销售机会，取得良好的销售收入。

5. 宣传价格低廉

对于开设实体店铺的商家来说，一般需要在广告方面付出大量的金钱来对店铺进行宣传，以吸引消费者。而网络店铺的宣传价格相对较低，只要网店的商品有特色，宣传得当，价格合理，经营得法，网店就会有不错的访问量，从而大大增加你的销售机会，取得更多的销售收益。

【教学互动 3-1】

互动问题：

网络的方便快捷、覆盖面广等优点为网店的创建提供了诸多优于实体店的优势，但另一方面，网络是个虚拟的平台，买卖双方在不见面的情况下进行交易，网络店铺的劣势有哪些？

要求：

同教学互动 1-1。

3.1.3 网上商店的类型

网上商店按照开店时选择的平台不同，可以分为自助式网上商店和自建式独立网上商店。网上开店选择什么样的方式，与企业或个人的实际情况有关，同时也会对销售结果产生一定的影响，要对各种不同的网上开店方式进行分析和比较，这样才能选择合适的平台。

1. 自助式网上商店

自助式网上商店，它是指采用网上开店平台提供的模板自助建立的网络店铺，也就是平台店铺的形式。自助式网店通常表现为 C2C 的形式，但也出现了像天猫平台这类的 B2C 形式的网店。虽然自助式网店也是一种独立的网上商店，但此类网店大多由平台提供模块化的网店结构，通常还会带有该平台的标识。网店所有的注册会员和数据库等资料，自己都无权拥有。由于是挂靠在较为知名的平台上，所以，在网店推广方面相对而言就省力一些。对大多数中小企业和个人而言，可考虑这种投资少、见效快的网上销售方式。

目前，淘宝网、拍拍网、当当网、天猫网等大型专业平台都提供网上开店服务。企业或个人利用网络平台开设网上商店，如同在大型商场中租用场地开设专卖店一样，它既可以满足网上销售的需要，又不必一次性投入大量的资金，避免了复杂的技术开发。这种形式不仅适合中小企业及个人的网上销售需要，对大型企业也是一个很好的销售和宣传的渠道。在人气较高的网站上注册建立网店是目前国内最火的开店方式。淘宝、易趣、拍拍三大交易平台的对比如表 3-1 所示。

表 3-1 三大电子交易平台对比

	淘宝	易趣	拍拍
提供服务商家	阿里巴巴	美国 eBay	腾讯
网址	www.taobao.com	www.ebay.com.cn	www.paipai.com
注册账户类型	电子邮箱	电子邮箱	QQ 号码
即时通讯工具	阿里旺旺	Skype	QQ
支持服务名称	支付宝	贝宝	财付通

【小知识 3-1】

天猫店铺与个人店铺的区别

天猫是由原淘宝商城更名而来,它是目前亚洲最大的 B2C 购物平台,汇集众多知名品牌和优质商品。在天猫购物就如同我们在线下的大型购物商城购物,代表着更高的品味、品质和服务。而类似于淘宝、拍拍这种个人开设的店铺,我们俗称"C 店"。天猫店铺与 C 店之间的区别如表 3-2 所示。

表 3-2 天猫商城与 C 店的对比

	天猫商城	个人网店
类型	B2C	C2C
开设条件	需要资质认证,要求必须是品牌、厂商或者是代理商	只要通过个人身份认证,其他没有任何限制
店铺类型	1. 旗舰店(品牌必须为企业自有,经营同一品牌,同一个一级目录下的所有商品); 2. 专卖店(企业须取得品牌持有者的正式授权,经营授权品牌下同——级类目内的所有商品); 3. 专营店(企业须具有自有品牌或他人品牌的品牌资质,在天猫经营同——级类目下经营的多个(至少两个)品牌)	C 店都是个人开设的店铺,可以经营任何商品(违禁商品除外)
收费标准	天猫会收取一定的费用,如天猫商城的年费和服务费。 1. 年费分为 3 万和 6 万两档,天猫将对年费有条件地向商家返还,返还方式上参照店铺评分和年销售额两项指标,返还的比例为 50%和 100%两档; 2. 服务费=扣点*交易额。不同类目有不同的扣点标准,服务费只在商家产生交易后才收取服务费	大部分 C 店都是免费的,有的会收取一些商品上架费,其他费用如网店宣传推广费则由掌柜根据网店实际情况考虑是否投入资金参与这些项目

由于开设天猫店除了投入大量的资金外,还对企业资质、商品质量、品牌知名度等有较高要求,所以天猫店铺更适合品牌的企业化运作。而 C 店的开设没有这么多限制,更适合个人卖家的小规模运作。

2. 自建式独立网上商店

自建式独立网上商店，是指经营者根据自己经营的商品情况，自行或委托他人设计一个独立的网站进行在线销售。独立的网上商店类似于在线下开一家实体店。通常都有自己的域名，完全依靠经营者通过网上或网下的宣传，吸引浏览者进入自己的网站，完成最终的销售。

自建网站开网店，顾名思义，实际上就是建立一个新网站，这包括五个方面的工作：域名注册、空间租用、网页设计、程序开发、网站推广。因为是完全独立开发的个性化网店，其风格、内容完全可以根据经营者的思路来进行设计，商品上传与经营完全由经营者自己安排，除了支付网站设计与推广费用，不需要支付网上交易费、商品登录费等。

企业建立独立网上商店，需要投入较大的资金，拥有一批专业技术人员，要涉及网上支付、网上安全、商品配送等一系列复杂的问题。这种类型的网上商店一般由实力雄厚的大型企业或专业电子商务公司开设。当然，自己建设网站所建立的网店只有通过各种网站推广方式，才有可能取得浏览者的关注，实现最终的商品交易，可谓有利有弊。

这种方式与第一种方式有一个明显的不同点，那就是卖家拥有独立的域名，独立的空间。这种方式，现在也有两种形式：一种是传统企业建立具有销售功能的网站，在网站上主要销售自己的产品，如海尔的网上商城；另一种是专业的网上零售商，在网上销售别人的产品，如著名的网上零售商亚马逊、当当网上商城、京东商城等。

【同步案例 3-1】

海尔的电商平台

海尔集团于 2000 年 3 月 10 日投资成立海尔电子商务有限公司，这是中国国内家电企业第一个成立电子商务公司的企业。目前强调了国际化、平台化、集团化的特点，将海尔集团网站、海尔分公司网站、海尔电子商城网站的进一步提升、海尔物流等网站集合于一体，形成海尔网站集群。

海尔的网上商城（www.ehaier.com）是其开展电商的主阵地，采用在线直销（B2C）形式，该平台完全由海尔集团公司负责建设、维护与经营。它利用海尔现有的销售、配送与服务体系，为广大用户提供优质的产品销售服务。海尔集团直接对用户订单负责。全国每个地区包括农村的消费者都可以从海尔网上商城购物，海尔利用与顾客最近的海尔经销商和售后机构给用户提供服务。

同时，海尔还推出了网上定制服务的 B2C 服务，使客户可以在任何地方通过互联网享受海尔的网上定制服务，随意组合自己需要的组件，满足不同消费者的个性化需求。

作为家电品牌电商的翘楚，海尔充分利用自身的综合优势，整合其他电商资源，走出一条快速跃进的康庄大道。目前，海尔商城已经形成了自主经营（海尔商城）、平台型经营（淘系）以及采销型（京东、苏宁、国美等）的全网态势，对消费者的黏性和影响力正与日剧增。

问题： 海尔集团的电商平台属于哪一种类型的网上商店？

分析提示： 海尔集团形成了一个网站集群，以 B2C 商城为主阵地，既有自主建设的商城，也利用其他第三方平台进行销售，形成了全网销售的态势。在网站上还采用了较有特色的销售手段，如在线进行个性定制等，使其在家电领域成为中国最为典型的电商龙头企业。

3.2 网店运营策略

3.2.1 网店前期准备

1. 网上开店的软、硬件要求

（1）硬件要求

网店需要配备联网的电脑、扫描仪、数码相机、联系电话、打印机等，不一定非要全部配置，但是尽量配齐，方便经营。

（2）软件要求

开设网络店铺还需要准备一些必要的软件：

1）电子邮件

作为开设网络店铺的卖家，应该注册自己的电子邮箱，以方便与潜在的买家交流。常见的免费电子邮箱有雅虎、126、163 和 Hotmail 电子邮箱。

2）即时通信工具

对于开设网络店铺的卖家来说，即时通信工具非常重要。因为打字聊天是与买家交流的最直接的方式，大多数交易就是通过这种聊天谈成的。淘宝的阿里旺旺就是一个典型的用于买卖双方通信的工具。

3）作图软件

当前市面上有许多作图软件，比较常见的有 Photoshop 和光影魔术手。这些作图软件比较容易上手，通过它们可以对拍摄出来的商品照片进行适当地修饰，使照片更加美观，从而更能吸引买家的注意。

4）文本编辑软件

在各种文本编辑软件中，Microsoft Word 是目前最常见的一款软件。对于开设网络店铺的卖家来说，使用 Word 可以方便地编写店铺公告、宝贝描述、卖家资料等数据。文本编辑的效果会直接影响网络店铺中商品的销售情况。因此，应该尽可能熟练地使用文本编辑软件。

5）网银

网银是银行借助网络向客户提供金融服务的业务处理系统，买卖双方开通网银后，可以足不出户完成交易时的资金流转，享受到时间空间上的便捷。

6）第三方支付工具

第三方支付工具也就是中介网站的银行，以方便顾客付款。使用第三方支付工具，可使买卖双方的资金得到保证。

2. 了解网络零售平台的规则

为了防止各种不诚信的欺诈行为，杜绝不正当竞争的商业弊端，网络零售平台都会制定各自的规则和措施，来约束和规范用户的行为。随着平台的变化和升级，规则也在不断地增补和完善，这是网站制定的游戏规则，如果想在这里立足，就必须遵守相关的规则条款。在网络零售平台的帮助页面一般都会对这些规则和条款进行详细说明，需要大家在操作中不断学习，这样才能保证自己在平台上如鱼得水，买卖行为不会受到处罚。

3. 商品资料的学习

在创建网店前要提前对自己选择经营的商品进行基本知识的学习，包括商品的规格、商品特性、使用方法、商品保养及售后服务等方面的学习。这样才能确定网店创建时的风格、提供哪些服务，在与买家交流时才能游刃有余，提供更好的客户体验。

3.2.2 网店创建

一般来说，网上开店需要选择合适的电子商务平台入驻。目前，既可以在天猫等 B2C 平台开店，也可以在淘宝网等 C2C 平台开店。个人开店多选择在 C2C 平台，公司网店则大多选择 B2C 平台的服务。

1. 店铺设置

店铺的基本设置包括店标、店铺名称、店铺的经营类目、店铺简介和店铺介绍等内容。

一般的平台提供的都是可视化操作，方便商家进行店铺的日常维护和管理。同时，建议卖家在设置 PC 端店铺的同时还应设置好手机网店，对 PC 端店铺是一个非常好的补充，只要开通了手机网店，卖家就可以通过手机进行浏览和购买。

（1）店铺取名

开好店铺不仅要注重产品质量与服务水平，还应该让自己的店名具有一定的文化内涵与广告宣传效果，以达到不"名"则已，一"名"惊人的目的。

1）朗朗上口，通俗易懂

网络店铺的名称一定要响亮、上口、易记，这样才便于顾客记忆并方便查询。要做到这一点，不仅要讲究语言的韵味与通畅，还要抓住消费者的心理需求与精神需求，凡是能与顾客心理产生共鸣、比较幽默、具有深厚内涵的名称，顾客一般都容易记住，乐于传播。

2）具有消费特征，避免雷同

店名要体现网店的消费特征，包括经营项目、经营风格等方面。名称一定要结合所经营服务的项目和消费群体，不能随意称呼。如服装店的名称就要让顾客一看到店名就知道你是卖服装的。

3）富有文化内涵

一个产品名称一定要具有丰富、深厚的文化内涵。这样才能体现店铺老板的素质水平，顾客也容易接受。

4）名实相符

店铺的名称讲究名实相符，即要与经营项目实际相符；与经营实力相符，并结合当地消费市场的实际情况去考虑店铺名称，不能太过夸张。

（2）设计一个独特的店标

每个成功的企业都有自己的标识，它是企业视觉识别系统（VIS）的主要组成部分。店标是自己店铺的标志，一个好的店标图片能够给顾客留下深刻的印象，可以提高网店的人气与点击量。店标图片可以是 gif、jpg、png 等格式，在设计过程中要注意开店平台要求的店标尺寸，否则上传后图片会变形而影响视觉效果。

2. 店铺装修

网店的装修主要包括商铺外观的装饰、公告栏的设计、友情链接的添加等。装修效果直接影响着商铺形象和企业的营销效果。目前，第三方平台都提供了简单的模板供卖家选择，但这些免费的模板没有特色、结构单一，无法突出网店的个性化。于是一些第三方平台推出了付费式的装修服务，按月或按年收取装修费用。还有很多卖家愿意在平台上找寻一些提供装修服务的网络店铺，根据自身商品特点代为装修，或买一些装修模板自行装修。

3. 商品的发布

（1）网络商品的名称

商品名称应尽可能突出商品的特质，力求规范，让人一看就能大致了解商品的基本信息，而且便于从搜索引擎中找到。如在淘宝网上，商品名称控制在 30 个汉字、60 个字节，根据顾客的消费需求和定位的区别，应尽可能地选用更多的关键字，扩大消费者搜索的范围，提高商品被搜索到的几率。商品的关键字主要包括：

- 品牌关键字，是指商品属于哪个品牌。
- 商品名，是该商品的名称或俗称。
- 属性关键字，是指商品的类别、规格、功能等方面的介绍商品基本情况的字或词。
- 促销关键字，是指与促销相关的能吸引顾客眼球的字和词，如清仓、折扣、特价、甩卖等。

根据上面为关键字做出的四种分类，在商品发布的时候，常见的组合方式是：

品牌名＋商品名＋属性关键字＋促销关键字

当然，在给具体某个商品取名的时候不一定每种关键词都必须出现，可以根据具体商品特点，选择其中的某两种或两种以上的关键字来进行组合。很多时候，卖家为了凸显自身特点，还会在商品名中加入自己的信誉等级、限量销售、包邮等字眼以吸引流量。但是，不管这些组合怎样变化，永远不变的是任何时候都不能丢了属性关键字，否则就会本末倒置，效果适得其反。

同时，在商品名称中应避免出现各种各样所谓"个性化"的符号，比如【】●★▲■之类。这样的符号给人感觉不够专业，大大降低了信任度。甚至可能导致商品名不能正常显示。

【教学互动 3-2】

课堂实训：

商品名称的选取要充分利用 30 个字的空间，既要突出商品的特色，又要符合平台的搜索规律。请同学们从今天的随身物品中选出一件商品，为这件商品拟一个在网店销售的名字。

要求：

同教学互动 1-1。

（2）网络商品的图片处理

在上传宝贝之前，最好先对图片进行适当的处理。如果你有批发商提供的图片，就可以直接进行花样编辑。如果没有，先用数码相机拍照，在拍摄过程中要注意商品如何摆放，灯光的颜色和明暗，四周的格调与环境，是否需要有漂亮的真人模特等，都是需要考虑的范畴。准备好了图片后，要对图片进行花样编辑，如给图片加上漂亮的边框、水印、印章等，现在有很多专业的图片处理软件可以很方便地进行图片处理。但在进行图片处理的过程中，一定不要改变商品的本来面目，只是做一些修饰使其看上去更美观。如果在图片的处理过程中加一些有创意的小点子，将会带来意想不到的效果。

下图中商品是淘宝网上发生的一个奇迹，这一款男鞋卖出了数万双，这个记录至今无人打破。在商品图片的处理上，卖家为了突出鞋子的透气性，很巧妙地加入了鞋子喷气的状态，形象地展示了商品的功能亮点，如图 3-2 所示。

图 3-2　Mr.ing 品牌爆款单品鞋图片

【同步案例 3-2】

创意视觉带来的惊喜

一家名为"螃蟹秘密"的网店在宣传内裤产品时，居然把内裤穿在脸上拍照。问题是，这照片还火了！从开店首日的 55 元销售额，到单日 47000 元的销售额，螃蟹秘密仅用了一年多的时间跻身于淘品牌行列。

图片并不是一个店铺的关键，但是一张好的图绝对能够让店铺更上一层楼。内裤的舒适度对买家而言非常重要，将内裤的透气性转化为内裤的呼吸，而什么东西最能诠释呼吸？鼻子！于是，一张极具表现力和震撼力的图片就这样诞生了，如图 3-3 所示。

图 3-3　"螃蟹秘密"内裤的网络宣传图片

（3）网络商品的描述

在线商品描述要突出特色和卖点，介绍质量、功能、售后等信息。一个好的商品描述不仅可以吸引到买家，增加自己的成交量，更可以避免一些不必要的误解。如在淘宝店铺要求商品描述的容量是 25000 字节，足以添加更为详细的商品介绍和相关说明，通常一件商品的描述由以下几部分内容组成：

1）商品的基本资料

商品品牌、名称、尺寸、材质、颜色、功能、价格等。

2）交易说明

交易说明可以用"买家必读""购物须知"等方式来体现，相当于交易双方的君子协定，顾客一旦拍下，代表对该条款的认同。同时，把合作条件放进交易说明也是一种有效的纠纷规避方式。

3）配送说明

通常配送说明中包括邮资说明和物流说明。邮费由"邮寄费用"和"包装费用"组成，尽量订出合理的价钱。一般采用的物流方式有邮局的普通包裹、快递包裹、EMS、物流公司等。

4）支付方式

目前，网络交易平台提供的第三方支付工具，如淘宝提供的支付宝、易趣的贝宝和拍拍的财付通是网络交易时最常采用的支付工具。同时，几乎所有的银行都开通了网上银行业务，通过开通网上银行及电话银行业务也可以进行网络在线支付。特别偏远的地区可以用邮局汇款。

5）服务保障

服务保障包括质量承诺、售后维修、会员优惠等信息，这些信息一定程度上给了顾客安全感，现在的很多卖家还喜欢用返利、VIP特惠等方式来增加店铺的黏性。

6）常见问题

可以把买家常问的一些问题放上来，不仅可以节省买家和自己的时间，更可以让买家发现卖家的细心周到。

7）其他描述项目

为了让商品的描述内容更加丰富，更有说服力，还可以加入一些描述项目：

- 视频短片

为了更加直观生动地展现商品特点，可以拍摄一段小视频放入到商品主图和商品描述中，视频的内容主要是以各种形式拍摄的商品使用说明。

- 往期评价

用户的口碑是最好的广告，把往期用户的评价内容进行截图展示到商品描述中可以让浏览商品的买家更有信心进行购买。

- 真假对比

将商品真假辨别的方法以对比的形式放在商品描述中，也不失为一个很好的自我宣传的方式。

- 网店其他商品推荐

大部分商品浏览者是通过商品的关键词搜索而进入到了单个商品的购买页面，为了增加网店内其他单品的销售，可以在商品描述中加入其他商品的图片和链接，以扩大网店的销量，这种方法也被称为"关联营销"。也可以将这个单品与网店内其他商品搭配，进行套餐式的"捆绑销售"，也是一个扩大销量的好方法。

总之，商品描述要详细、准确、真实，不说假话、不过分夸大商品的功能，描述得越具体、越动人，就会越受买家的青睐。

4. 合理的商品搭配与分类

买家购买商品时，一般会根据商品分类来搜索商品，选择正确的商品分类对卖家很重要。为了便于管理和统计，一般网络平台都不允许卖家胡乱选择商品分类，轻则移动、重则删掉商品，所以选择正确的商品分类对提高交易成功率起着很重要的作用。

一般来说，商品分为下列几种：

（1）主打商品

它是指主营特色商品或销售量、销售金额占最大比例的商品。

（2）辅助商品

辅助商品是与主打商品具有相关性的商品，可以弥补主打商品的不足，从不同方面树立自己店铺的形象。

（3）附属品

它是辅助商品的一部分，只要被顾客看到，就容易接受而且会被立即购买的商品。

（4）刺激性商品

该类商品可以是打折力度比较大、近期比较热销的商品，主要是为了刺激顾客的购买欲望，挑选出来并以主要系列的方式在显眼的地方陈列出来，借以带动整个销售。

5. 提供多种沟通渠道

良好的信息沟通与交流是经营好网上商店必不可少的条件，可以通过网上各种渠道的沟通与交流建立自己的人际圈，提高网络知名度和影响力。还有一点需要注意的是，不管用何种交流与联系方式，都要让网友们查到自己的实名，这是将虚幻的网络信任变成现实交易的技巧之一。建立网上与网下联系的方式主要有：

（1）利用各大网络交易平台提供的即时通信工具，如阿里旺旺、Skype 等。

（2）使用电子邮件主动派发商品以及店铺活动信息。

（3）利用其他即时聊天工具联系，如利用 QQ 交流，并根据不同的客户特征建立多个 QQ 群，此类工具还有 UC、MSN、聊天室、某某空间或沙龙等。

（4）建立自己的微博（或微信）来展示或宣传自己的产品及网店。

（5）在相关的论坛上多发自己署名的帖子，并在帖子中加上网店的链接。

（6）在网下，电话、手机要经常处于正常通话的状态，不要经常更换号码。

3.2.3 网店运营管理

1. 网上商品的选择

网店货源的选择是网店经营的重点之一，而选择适合的经营产品是确定货源的前提。在选择网店经营商品时，最好能找到该货源的最上层供应商，如果从代理商、批发商手中拿货，会削弱掉大量利润。货源选择过程中，一般遵循以下原则：

（1）选择适合网上交易的产品

适合在网上交易的产品首先就是虚拟类产品，这类产品不需要运输，快捷方便，成交迅速，资金回流快。虚拟类产品包括：网络游戏账号、软件下载、手机充值卡、一些虚拟货币等。

（2）选择具有地区优势的产品

网上的交易面向全国甚至海外的用户，所以具有地区优势的产品能够成为热门产品，因其具有资源优势、价格优势等,所以常常被当地的卖家所青睐。这种产品主要是指具有一定知名度,但只有本地区出产,其他地区没有的产品,例如各地的特产、风味小吃等。

(3) 选择热销的产品

热销产品在网上的交易量大,消费人群庞大。选择热销产品,意味着潜在的客户群体庞大。热销地产品包括化妆品、服装、饰品、电子类商品、零食特产等,但这种产品的市场竞争比较激烈,很难找到卖点。

(4) 寻找新、奇、特的产品

想别人想不到的,做别人不可以做的,总有一些潜在的产品没有被挖掘出来。如某些带有新功能的玩具类产品,或奇特的服饰等。这样的商品反而更容易形成独特的卖点。虽然有可能针对的是一些小众群体,但在网络上一旦聚集起来的是全球、全国各地的小众群体,销售数量也是惊人的。但如果市场对这类产品缺乏了解,就会存在销售的风险。

(5) 选择自己熟悉的产品

选择自己熟悉和喜欢的产品,优势在于能够详细地了解该产品的特点,无需更多的时间来学习专业知识,与客户交流起来也得心应手。

【小知识 3-2】

网上禁止销售的商品

网上开店要注意遵守国家法律法规,违反法律法规的商品不能销售。

淘宝网《禁发商品及信息名录》包括:

(一) 仿真枪、军警用品、危险武器类

①枪支、弹药、军火及仿制品;②可致使他人暂时失去反抗能力,对他人身体造成重大伤害的管制器具;③枪支、弹药、军火的相关器材、配件、附属产品,及仿制品的衍生工艺品等;④管制类刀具、弓弩配件及甩棍、飞镖等可能用于危害他人人身安全的管制器具;⑤警用、军用制服、标志、设备及制品;⑥带有宗教、种族歧视的相关商品或信息。

(二) 易燃易爆,有毒化学品、毒品类

①易燃、易爆物品(烟花爆竹除外);②剧毒化学品;③毒品、制毒原料、制毒化学品及致瘾性药物;④烟花爆竹;⑤国家名录中禁止出售的危险化学品(剧毒化学品除外);⑥毒品吸食工具及配件;⑦介绍制作易燃易爆品方法的相关教程、书籍。

(三) 反动等破坏性信息类

①含有反动、破坏国家统一、破坏主权及领土完整、破坏社会稳定、涉及国家机密、扰乱社会秩序,宣扬邪教迷信,宣扬宗教、种族歧视等信息,或法律法规禁止出版发行的书籍、音像制品、视频、文件资料;②破网、翻墙软件及 vpn 代理服务;③不适宜在国内发行的涉政书刊及收藏性的涉密书籍、音像制品、视频、文件资料;④国家禁止的集邮票品以及未经邮政行业管理部门批准制作的集邮品,以及一九四九年之后发行的包含"中华民国"字样的邮品。

(四) 色情低俗、催情用品类

①含有色情淫秽内容的音像制品及视频;色情陪聊服务;成人网站论坛的账号及邀请码;②可致使他人暂时失去反抗能力、意识模糊的口服或外用的催情类商品及人造处女膜;③用于传播色情信息的软件及图片;含有情色、暴力、低俗内容的音像制品;原味内衣及相关产品;④含有情色、暴力、低俗内容的动漫、读物、游戏和图片;⑤网络低俗产物。

（五）涉及人身安全，隐私类

①用于监听、窃取隐私或机密的软件及设备；②用于非法摄像、录音、取证等用途的设备；③身份证及身份证验证、阅读设备；④盗取或破解账号密码的软件、工具、教程及产物；⑤个人隐私信息及企业内部数据；提供个人手机定位、电话清单查询、银行账户查询等服务；⑥已报废、达到国家强制报废标准、非法拼装或非法所得国家法律法规明令禁止经营的车辆及其"五大总成"；⑦汽车安全带扣等具有交通安全隐患的汽车配件类商品。

（六）药品、医疗器械类

①精神类、麻醉类、有毒类、放射类、兴奋剂类、计生类药品；非药品添加药品成分；国家公示已查处、药品监督管理局认定禁止生产、使用的药品（用于预防、治疗人体疾病的药物及未经药品监督管理部门批准生产、进口，或未经检验即销售的药品除外）；②用于预防、治疗人体疾病的药品、血液制品或医疗器械；未经药品监督管理部门批准生产、进口，或未经检验即销售的药品；国家公示已查处、农业部认定禁止生产、使用的兽药；③注射类美白针剂、溶脂针剂、填充针剂、瘦身针剂等用于人体注射的美容针剂类商品。

（七）非法服务、票证类

①伪造变造国家机关或特定机构颁发的文件、证书、公章、防伪标签等，非法或仅限国家机关或特定机构方可提供的服务；②抽奖类商品；③尚可使用或用于报销的票据（及服务），尚可使用的外贸单证以及代理报关、清单、商检、单证手续的服务；④未公开发行的国家级正式考试答案；⑤算命、超度、风水、做法事、人骨法器等违背公序良俗的宗教、封建迷信类商品及服务；⑥汽车类违规代办服务；⑦代写论文、代考试类相关服务；⑧炒作博客人气、炒作网站人气、代投票类商品或信息；⑨法律咨询、心理咨询、金融咨询、医生在线咨询及相关服务。

（八）动植物、动植物器官及动物捕杀工具类

①人体器官、遗体；②国家重点保护类动物、濒危动物的活体、内脏、任何肢体、皮毛、标本或其他制成品，已灭绝动物与现有国家二级以上保护动物的化石；③国家保护类植物活体（树苗除外）；④国家保护的有益的或者有重要经济、科学研究价值的陆生野生动物的活体、内脏、任何肢体、皮毛、标本或其他制成品；⑤捕鱼器相关设备及配件；⑥其他动物捕杀工具；⑦猫狗肉、猫狗皮毛、鱼翅、熊胆及其制品。

（九）涉及盗取等非法所得及非法用途的软件、工具或设备类

①走私、盗窃、抢劫等非法所得；②赌博用具、考试作弊工具、汽车跑表器材等非法用途工具；③卫星信号收发装置及软件；用于无线电信号屏蔽的仪器或设备；④撬锁工具、开锁服务及其相关教程、书籍；⑤一卡多号；有蹭网功能的无线网卡，以及描述信息中有告知会员能用于蹭网的设备；⑥涉嫌欺诈等非法用途的软件；⑦可能用于逃避交通管理的商品；⑧利用电话线路上的直流馈电发光的灯；⑨各类短信、邮件、旺旺群发设备、软件及服务。

（十）未经允许违反国家行政法规或不适合交易的商品

①伪造变造的货币以及印制设备；②正在流通的人民币及仿制人民币；③涉嫌违反《中华人民共和国文物保护法》相关规定的文物；④烟草专卖品及烟草专用机械；⑤未经许可的募捐类商品；⑥已激活的手机卡、上网卡等违反国家实名制规定的商品；⑦未经许可发布的奥林匹克运动会、世界博览会、亚洲运动会等特许商品；⑧淘金币、阿里巴巴及旗下公司提供的各项服务账号及服务、仿阿里巴巴及旗下公司产品的软件及服务；⑨烟标、烟壳、烟卡、烟盒类商品；⑩大量流通中的外币及外币兑换服务；⑪邮局包裹、EMS专递、快递等物流单据凭证

及单号；⑫国家补助或无偿发放的不得私自转让的商品；⑬军需、国家机关专供、特供等商品；⑭食用盐；⑮淘玩偶。

（十一）虚拟类

①比特币、莱特币等互联网虚拟币以及相关商品②未经国家备案的网络游戏、游戏点卡、货币等相关服务类商品；③外挂、私服相关的网游类商品；④官方已停止经营的游戏点卡或平台卡商品；⑤时间不可查询的虚拟服务类商品；⑥未带有平台代充标识的QQ增值业务商品；⑦网络账户死保账号、腾讯QQ账号以及iTunes账号；⑧不可查询的分期返还话费类商品；⑨不限时间与流量的、时间不可查询的以及被称为漏洞卡、集团卡、内部卡、测试卡的上网资费卡或资费套餐及SIM卡；⑩慢充卡等实际无法在七十二小时内到账的虚拟商品；⑪SP业务自消费类商品。

（十二）其他类

①非法传销类商品；②由不具备生产资质的生产商生产的或不符合国家、地方、行业、企业强制性标准或不符合淘宝公布的规则、淘宝与卖家签订的协议中采用的推荐性标准的商品，经权威质检部门或生产商认定、公布或召回的商品；③国家明令淘汰或停止销售的商品，过期、失效、变质的商品，以及含有罂粟籽的食品、调味品、护肤品等制成品；④秒杀器以及用于提高秒杀成功概率的相关软件等干扰淘宝正常秩序的软件或服务；⑤实际不存在类商品；⑥商品本身或外包装上所注明的产品标准、认证标志、成份及含量不符合国家规定的商品；⑦手机直拨卡与直拨业务、电话回拨卡与回拨业务；⑧涉嫌侵犯其他公司或个人利益的手机破解类商品或服务。

2. 网店工具的运用

网店的管理要学会使用一系列的工具，如在线沟通工具、支付工具、店铺管理工具、店内营销工具以及第三方平台提供的推广工具。卖家团队要熟练地使用并合理利用这些工具，可以有效地提高工作效率，更充分地利用网络资源。

3. 网店日常管理

（1）留言管理

在平台内的留言一般包括店铺留言、即时通信工具留言和站内信留言三种，客户会选择他们最便利的方式来与商家联系。因此，是否在第一时间准确热情地回复客户的留言是决定客户是否进一步达成交易的重要环节。

（2）商品管理

定期选择合适的商品进行推荐，为不同的商品设置相应的运费模板，根据需要随时对商品名称、图片、描述和价格等进行编辑，考虑是否选择某些商品进行促销引流，都是网店日常管理中要重点专注的内容。

（3）交易管理

在交易过程中的每个环节，都有需要卖家操作的部分，有时还会需要对新手卖家进行操作上的指导。卖家必须熟悉交易流程，在每一步准确高效地完成操作步骤，促使交易顺利完成。

（4）评价管理

根据淘宝网的评价规则规定，一个好评记一分，中评不计分，差评扣一分，而交易平台的信用累积对顾客的消费行为有积极的推动和影响。在收到买家评价后，要对给予好评的顾客进行认真的回评。对于收到的中评和差评，要及时与买家沟通，分析原因，找出最好的解决方案，避免此类问题再次发生。淘宝卖家信誉级别如图3-4所示。

分值	级别
4分-10分	❤
11分-40分	❤❤
41分-90分	❤❤❤
91分-150分	❤❤❤❤
151分-250分	❤❤❤❤❤
251分-500分	💎
501分-1000分	💎💎
1001分-2000分	💎💎💎
2001分-5000分	💎💎💎💎
5001分-10000分	💎💎💎💎💎
10001分-20000分	👑
20001分-50000分	👑👑
50001分-100000分	👑👑👑
100001分-200000分	👑👑👑👑
200001分-500000分	👑👑👑👑👑
500001分-1000000分	👑
1000001分-2000000分	👑👑
2000001分-5000000分	👑👑👑
5000001分-10000000分	👑👑👑👑
10000001分以上	👑👑👑👑👑

图 3-4 淘宝网卖家信誉级别

（5）纠纷管理

一旦有人对店铺提出交易投诉或者侵权、违规的举报，淘宝系统都会将纠纷处理进程及时通知给双方，卖家要查出问题的原因。如果是被冤枉了，要赶紧收集相关证据，及时进行申述处理。

（6）客户管理

客户管理分为建立客户档案和客户管理维护。卖家要对在店铺产生过购买行为的消费者进行客户管理，将他们的个人信息和消费情况整理成表格，作为客户档案登记在册。通过对客户购买行为的分析，来找到商品自身的优势和劣势，分析出热销商品和滞销商品；分析客户群的消费行为，找出主要客户群的特征，分析客户的购买心理，取长补短，进一步促进店铺的良性发展。

（7）售后服务

售后服务在销售中占有极其重要的位置，售后服务和商品的质量、信誉同等重要，在某种程度上售后服务的重要性直接超过信誉度的高低，所以不但要提供顾客所需的产品，还要设身处地地考虑顾客的感受，在第一时间解决客户的问题，才能获得顾客的好感。

1）售后服务的物流问题

要实现为顾客提供优质的售后服务这一战略性目标，物流是关键的因素。在物流运送之前需要选择一家快速、有信誉的物流公司，尽量减少商品延迟到达和商品被损坏的几率。出现由于物流产生的这一类问题，要与物流公司、买家进行协商，争取以维护买家利益为前提，解决问题。

2）售后服务的商品问题

货品寄出前最好认真检查一遍，千万不要发出残次品，也不要发错货。如果因运输而造成货物损坏或其他确定是产品本身问题买家要求退换货时，也应该痛快地答应买家要求，以促成交易。

3）售后服务的技术支持

卖家对商品的了解程度一定要高过买家，买家不知道的，你一定要知道。很多时候，买家买你的货，不是因为你的商品便宜，而是相信你的技术，你对商品的了解。所以现在要转换思想，用为用户提供有价值的资源来促进商品的销售。

4）售后服务的跟踪客户

货到后及时联系对方，首先询问对货品是否满意、有没有破损。售后服务的品牌化能够为卖家积累客户，自然也就带来了效益，在售后服务的过程中必须注意细节。保证畅通的电话联系、及时的资讯传达、周到的咨询服务、快速的系统维护服务、贴心的问候释疑和意外的惊喜礼物。

3.2.4 网店推广

决定网店成败的关键是流量和转化率，而这两个数据由推广和营销来决定的。虽然推广可以带来大量的流量，但还要辅以有效的营销策略和方法，这些流量才能提高店铺的转化率，成为真正有效的流量。

1. 店内活动

店内活动是运营网店必不可少的一个营销活动，但店内的推广和促销信息只有当别人进入店铺后才能接收到，属于利用自身流量的方式。店内活动一般以时间段维度分成3种，短期活动、中期活动、长期活动。

短期活动可以是1天或3天，最多不超过1周的时间；中期活动可以是半个月到1个月或者最多3个月的时间；长期活动可以是常年在店铺进行的一些活动，比如VIP活动等。

在做店内活动前要先了解，平台提供了哪些营销工具，是否参与平台所组织的大型促销活动，如每年的双十一、各个节假日的活动等。

目前，网店内活动采用比较多的是满就送、限时打折、搭配套餐、店铺优惠券、好评返现、包邮、团购等活动。

2. 站内推广

网络平台站内的推广主要分为付费和免费两种，以淘宝为例，在淘宝平台上就提供了淘宝运营活动、直通车、钻石展位、自然流量、站内SNS等。

（1）淘宝站内的活动分为3个类型
- 平台型：淘宝促销平台的活动很多，如聚划算、天天特价、淘金币等；
- 类目型：淘宝不同类目定期组织相应类目的活动，例如超级卖霸、主题活动等；
- 全站型：淘宝的全站式大型促销活动都是声势浩大的，例如双十一、双十二、年终大促、年货等。

【教学互动3-2】

互动问题：

第三方平台为卖家提供了越来越多的站内活动。有些网店为了提高活动报名成功的概率，在店铺设专人专岗负责定期申报活动。请问参加平台的活动事先要做哪些准备？有些什么注意事项？

要求：

同教学互动1-1。

（2）淘宝站内的促销工具

1）硬广

硬性广告是直接投放在淘宝网页最关键的地方，是淘宝网最具竞争力的核心推广资源之一。例如首页焦点图，首页一屏Banner，阿里旺旺每日焦点大Banner等，淘宝的硬广按照季节分为四种刊例报价，每季不同。

硬广的优点是可以通过图片展示来获得大量曝光，适合于做品牌推广的商家。它的缺点是不可以做定向推广，不管买家是否喜欢，广告图就摆在那里，这对于广告图素材的要求是很高的。

2）直通车

直通车是为淘宝卖家量身定制的，按点击付费的营销工具，实现宝贝的精准推广。淘宝直通车推广，用一个点击，让买家进入你的店铺，产生一次甚至多次的店铺内跳转流量，这种以点带面的关联效应可以降低整体推广的成本和提高整店的关联营销效果。

用直通车推广一件宝贝，就需要给该宝贝设置相应的关键词、类目出价及宝贝推广标题。参加直通车竞价的商品以"图片+文字"的形式充分展示。当买家在淘宝网通过输入关键词搜索或按照宝贝分类进行搜索时，推广中的宝贝就会出现在直通车的展示位，买家点击才收费，不点击不收费。

3）钻石展位

钻石展位是淘宝网图片类广告位竞价投放平台，精选了淘宝最优质的展示位置，通过竞价排序，按照展现计费。钻石展位依靠图片创意吸引买家点击，获取巨大流量。

钻石展位是按照流量竞价售卖的广告位。计费单位为CPM（每千次浏览单价），按照出价从高到低进行展现。卖家可以根据群体（地域和人群）、访客、兴趣点三个维度设置定向展现。

钻石展位为卖家提供近200多个淘宝网内最优质展位，包括淘宝首页、内页频道页、门户、帮派、画报等多个淘宝站内广告位，每天拥有超过8亿的展现量，还可以帮助客户把广告投向站外，涵盖大型门户、垂直媒体、视频站、搜索引擎、中小媒体等各类媒体展位。

4）淘宝客

淘宝客的推广是一种按成交计费的推广模式，淘宝客只要从淘宝客推广专区获取商品代码，任何买家（包括您自己）经过您的推广（链接、个人网站、博客或者社区发的帖子）进入淘宝卖家店铺完成购买后，就可得到由卖家支付的佣金。简单地说，淘宝客就是指帮助卖家推广商品并获取佣金的人，这个购买必须是有效购买，即指确认收货。淘宝客的推广有两大类：拥有独立平台的专业淘宝客和利用其他平台工具的自由淘宝客。

5）超级卖霸

超级卖霸是淘宝网根据不同价值的推广资源，针对不同类型的卖家推广需求，制定不同的主题活动，以促进卖家所参与活动商品的推广销售服务。

6）阿里妈妈

阿里妈妈是阿里巴巴公司旗下的互联网广告交易平台。主要是针对网站广告的发布和购买平台。它把广告作为商品呈现在交易市场里，让买家（广告主）和卖家（网站主）在该平台上轻松找寻广告投放的伙伴。

7）淘代码

淘代码，被誉为电商全新营销工具。淘代码由一个字母加若干数字组成（如：D8793679）

D 开头是店铺代码,B 和 T 一般就是宝贝代码,买家通过淘代码搜索可以直达店铺或商品页面。商家为买家提供淘代码专属折扣。

上述几种推广形式的对比如表 3-3 所示。

表 3-3 淘宝站内推广一览表

广告形式	排期	灵活性	适用范围	适合主题
硬广	按月	低	店铺/单品	大型活动
钻石展位	按天	高	店铺/单品	小型活动
直通车	按天	高	单品	高转化率单品
淘宝客	按天	高	单品	爆款口碑单品
超级卖霸	按天	中	单品	热销单品
阿里妈妈	按天	高	店铺/单品	促销活动/单品
淘代码	按期	中	店铺/单品	单品

3. 外部推广

引入站外免费流量有很多方法,比如博客、论坛、IM 在线聊天工具、微博、微信、电子杂志、邮件群发等各种推广方式。但是建议不要在站外流量上花费太多时间,因为站外流量和淘宝站内流量的转化率相差极大,除非自己店铺在淘宝站内流量无法扩展或者自己的产品利润很大又急于扩大流量和销量。

目前常用且效果较好的站外流量引入主要有以下几种:

(1)友情链接

卖家的店铺一般都会有几个友情链接位。店铺创立之后,可以和其他店铺主联系,交换友情链接。通过交换店铺链接,可以形成一个小的网络,可以增进彼此的影响力。由于每个卖家的链接数量有限,所以不要盲目添加链接,而要选择有利于自己店铺的,这样既方便了消费者,也可以提高自己店铺的人气和声誉。如果对方的店名过长,影响自己店铺的整体美观,可以适当地修改对方的显示名字。

(2)论坛发帖、回帖

论坛里暗藏着许多潜在买家,所以千万不要忽略了论坛的作用。要把自己的头像和签名档设置好,并且做得富有吸引力。再配合上好的帖子,无论是首帖还是回帖,别人都能注意到你。分享你的生意经,网上开店的苦辣酸甜,对一些商品的心得体会等,不但可以通过分享而得到快乐,而且更容易达到推广的目的。另外,还要定期更换你的签名,把店里的最新信息及时通知给别人。特别注意,不要为宣传而随意发帖、回帖,这样不但可能达不到宣传目的,反而有可能导致潜在消费者的流失。

同时,在利用论坛网站时,一定要对应专业、精准的流量,比如想买一些时尚服饰,会经常上一些专业服饰网站。论坛上发布的淘宝广告或者软文介绍是很有针对性的。尤其是论坛里面如果有知名度的版主开服装方面的网店,用户对其会比较信任,成交转化率会高很多。

(3)即时通信工具

即时通信工具也是一个宣传窗口,特别是阿里旺旺之类的专门为交易而设的聊天软件,相比其他聊天软件,卖家不仅可以和买家就交易问题进行详细的对话,还可以大张旗鼓地宣传自己的店铺,更重要的是阿里旺旺里的聊天记录还可以作为买卖双方发生纠纷后的凭证。

(4)搜索引擎

利用搜索引擎进行推广的几种方式:

1)借助交易平台推广广告

比如在百度中寻找关键词,淘宝网、易趣网的链接都会在第一页面显示,那么作为该产品的普通卖家要做的就是想办法进入到点击这些链接后的第一个页面上,这样自然会增加交易的机会。

2)借助交易平台的搜索引擎

每个交易平台都有搜索引擎,只要关键词设置得当,就很容易进入消费者的视线。另外,如果商品设置还能满足消费者其他的搜索偏好,比如价格较低、上架时间较短等,就能够第一时间被搜索到。

(5)微博微信

微博、微信是目前覆盖面积最广、用户黏着性极强的网络平台,有很多卖家甚至把微博微信平台变成了网店销售的另一个阵地,于是出现了微营销的概念。将商品软文、商品具体信息、店铺打折信息在微博、微信中进行宣传和推广是引入外部流量的有效方法。

(6)购物社区流量

购物社区流量如蘑菇街、美丽说这类具有代表性的网站,其网站的内容都是买家、粉丝们自发地发布内容,网站的核心是卖家购物分享交流社区,可以称为新兴的电子商务化社区。在蘑菇街和美丽说这样的平台上,很多卖家在精心运营自己的人气账号或者已经慢慢在扩大推广范围。但在这两个网站平台上一定要注意营销推广的方式以分享、交流为主,以软性渗透形成购物引导。如果在这些网站上一直发商家商品信息,很容易被系统删除。

(7)传统媒介推广

线上交易还要配合线下推广,如印制一张属于你自己的名片,给买家邮寄商品时不妨塞几张进去,也许会被对方收藏,还可能推荐给别人。还有向杂志投稿、印发广告传单等。

本章小结

网上商店是电子零售商业的典型组织形式。网店开设在互联网上,它可以让顾客轻松地在线实现网络购物,商家也可以通过网店销售产品或服务。由于网上商店运营过程中,成本少、风险低、不受时空限制、经营方式灵活、消费者范围广泛、宣传价格低廉等特点吸引了网民的参与。

网上商店也有不同的方式:第一种为自助式网上商店,以淘宝、易趣、拍拍等代表;第二种为企业自建的独立网上商店,自行或委托他人设计的一个独立网站。

网上商店的运营并不简单,首先要进行前期准备,包括对软、硬件的要求;网上开店的基本流程为:考察市场,确定卖什么;选择开店平台或者网站;开设店铺;进货;上传商品;营销推广;售中服务;交易;售后服务;二次营销。

要想自己的网店在众多的网店中脱颖而出需要注意一些细节,如为网店取一个简单易记并有一定意义的名字;能设计一个独特的店标;合理进行商品搭配与分类;在店铺装修上多下功夫;并为买方提供多种沟通渠道可以使网店在短时间内积攒人气,利于推广。

对于网上商店的运营管理，要选择合适的货源；正确的定价；合理命名；客观的描述并加强售后服务。同时利用多种手段进行推广，网上商店最终会获得成功。

主要概念和观念

□ 主要概念

  网上商店 自助式网上商店 企业自建的独立网上商店

□ 主要观念

  网上商店的类型 网络商店的创建 网上商店的运营 网上商店的推广

习题与训练 3

一、理论自测题

  1．单项选择题

  （1）网上开店必备的硬件设备不包括（　　）。

    A．联系电话 B．电脑 C．数码相机 D．录像机

  （2）淘宝网商品名称的长度是（　　）。

    A．60个汉字 B．30个汉字 C．20个汉字 D．50个汉字

  （3）对网店商品进行描述时，不需要包括（　　）。

    A．商品名称 B．商品尺寸 C．商品成本 D．商品材质

  2．多项选择题

  （1）企业自建独立的网上商店的主要形式有（　　）。

    A．企业自建网店销售自己的产品

    B．企业建立网店出租给个人销售

    C．企业建立网店作为第三方交易平台，供他人在网站上开店

    D．企业自建网店销售别人的产品

  （2）网络商品名称通常由（　　）关键字组合而成。

    A．品牌名 B．商品名 C．属性关键字 D．促销关键字

  （3）网店中对某个商品的描述可以包括（　　）。

    A．商品基本功能和使用说明 B．售后服务

    C．配送说明 D．交易说明

  3．判断题

  （1）信用是网上交易中很重要的因素，可以给买家购物时提供参考。（　　）

  （2）选择别人不容易找到的特色商品是一个好的开始，保证商品的质优价廉才能留住顾客。（　　）

  （3）网上商店的售后服务要注重细节，争取积累更多客户，打造品牌。（　　）

4．简答题

（1）网上商店创建的流程。

（2）网上商店商品管理的主要工作。

（3）网上商店推广的主要手段。

二、实务自测题

1．单项业务

网上商店有两种不同的类型，请就各种类型分别举出实例。

2．复合业务

为××网店拟定网络推广方案，要求多种方法组合使用。

三、案例分析题

大学生网上创业实例

华南理工大学大四学生小周即将成为淘宝皇冠卖家，对比于其他毕业生求职找工作的焦急心情，她现在繁忙得几乎没有时间回校。小周起初在淘宝上卖韩国护肤品小样，后来利用亲戚在新西兰定居的优势，全家人开始做起了奶粉生意，这一做便是直冲皇冠的销售量。其实小周成功的案例并不能成为大学生创业的典型。然而，小周熟练电子商务的宣传和营销模式，顾客100%的好评便是对她生意能力最大的肯定。

小周是典型的淘宝网中的"特产地域资源型"网商，类似于东北网商卖人参，杭州网商卖丝绸一般。她的核心竞争力在于商品的本身及服务，对于网店的发展而言，单纯依靠"奶粉门"而做成了一个阶段的生意，肯定不是长久之计。可以利用现有的客源及口碑，适时地推出其他系列的商品，如新西兰的绵羊油之类的化妆品或羊毛等其他特产，网店也可以定位为"澳妞特产店"。另外，对于小周一个大四的学生来说，能够将网店经营好，一段时间之后，再拥有一家或几家实体店也未尝不是一种好的就业模式。

（资料来源：28商机网，《大学生创业案例》http://wen.28.com/zt_meizuanjm5/10215）

问题：

（1）小周的网店成功的原因有哪些？

（2）请结合案例，思考作为个人创业，在开办网上商店时主要应考虑哪些问题？如何能保证网店的健康、持续发展？

分析要求： 学生分析案例提出的问题，拟出《案例分析提纲》；小组讨论，形成小组《案例分析报告》；班级交流，教师对各小组《案例分析报告》进行点评；在班级展出附有"教师点评"的各小组《案例分析报告》，供学生比较研究。

四、单元实训

个人网络店铺创建、运营与推广能力训练

【实训目标】

通过网店创建、运营与推广的实训使学生掌握网店创建的一般流程，学会去运营和管理

自己的网络店铺,了解网店推广与营销的常用策略,将本章内容融会贯通,培养专业实战能力。

【实训内容】

选择一个现有的网上开店平台(如淘宝、易趣、拍拍等)建立网上商店,对该网店进行从创建到运营、推广等一系列实训操作。

【实训时间】

在讲授本章时选择4个课时的上机操作时间,学生后期的课余时间可以持续运营下去。

【操作步骤】

(1)将班级每4~6位同学分成一组,每组确定1人负责。

(2)学生按组制订网店策划方案,建立网店。

(3)进行网络店铺的管理,如网店装修、商品上传、网店日常管理等。

(4)采用多种方式进行网店推广。

(5)各组在班级进行交流、讨论。

【成果形式】

以创建的网店及其销售成果作为最终的实训成绩。

任务 4 搜索引擎营销

通过本章学习,应该达到以下目标:

理论目标: 了解搜索引擎的分类与工作原理;掌握搜索引擎营销的基本概念与任务;熟悉搜索引擎营销的模式与方法。

实务目标: 具有运用搜索引擎营销,改善网站在搜索引擎结果中排名的能力。

案例目标: 运用所学的搜索引擎推广、网站优化的方法研究相关案例,培养和提高对网站开展搜索引擎营销方式的分析与设计能力。

实训目标: 引导学生参加针对搜索引擎营销等业务能力的实践;在切实体验搜索引擎营销的模式与方法,撰写《搜索引擎营销分析报告》等有效率的活动中,培养专业能力与职业核心能力。

引例:

美联航空的成功案例

美国联合航空公司(United Airlines)在2007年第一季度期间,充分利用搜索营销手段,在消费者形成机票购买决策前就与之充分互动,将消费者最想预先知晓的机票信息做最有效的传达,在广告预算没有增长的情况下,搜索营销产生的销售业绩增长超过两倍。

美联航空通过调研获知,有65%的消费者在做出旅行决定前,会进行至少3次的搜索;有29%的消费者会进行5次以上的搜索。而用户关注的信息主要体现在三个层面:价格、服务和关于航空公司的详细信息。因此,针对这三个层面的信息,分别对关键词的选择以及结果的呈现方式做了优化,使消费者在决策前知晓相关的信息,从而带动了机票销量的促进。

(资料来源:网络营销教学网站,"美联航空——优化关键词选取,达成机票销量翻番增长" http://abc.wm23.com/lilu/51852.html,2010年11月9日)

搜索营销能够告知客户在购买周期内关注的细节是什么,而如何把握这些细节,如能在营销活动中提升与客户的信息传达能力,并且时刻优化这些信息的呈现,让市场营销人员和用户保持互动循环,就能对销售产生实际的促进意义。如何利用搜索引擎寻找到目标客户,并让目标客户通过搜索引擎直接找到目标网站,是本章主要解决的问题。

4.1 搜索引擎营销的基本原理

4.1.1 搜索引擎的简介

1. 搜索引擎的概念

搜索引擎(Search Engine)是指根据一定的策略、运用特定的计算机程序从互联网上搜集信息，在对信息进行组织和处理后，为用户提供检索服务，将用户检索相关的信息展示给用户的系统。搜索引擎按其工作方式主要可分为三种，分别是全文搜索引擎（Full Text Search Engine）、目录索引类搜索引擎/目录搜索引擎（Search Index/Directory）和元搜索引擎（Meta Search）。

（1）全文搜索引擎

全文搜索引擎是名副其实的搜索引擎，国外具代表性的有 Google，国内著名的是百度（Baidu）。它们从互联网上提取的各个网站的信息（以网页文字为主），建立起数据库，并能检索与用户查询条件匹配的相关记录，按一定的排列顺序返回结果。

从搜索结果来源的不同，全文搜索引擎可细分为两种：一种是拥有自己的检索程序，俗称"蜘蛛"程序或"机器人"程序，并自建网页数据库，搜索结果直接从自身的数据库中调用，如上面提到的 Google 和百度；另一种则是租用其他引擎的数据库，并按自定的格式排列搜索结果，如 Lycos 引擎。

（2）目录搜索引擎

目录索引虽然有搜索功能，但在严格意义上算不上是真正的搜索引擎，仅仅是按目录分类的网站链接列表而已。用户完全可以不用进行关键词查询，仅靠分类目录也可找到需要的信息。目录索引中最具代表性的莫过于大名鼎鼎的雅虎，国内的搜狐、新浪、网易搜索也都属于这一类。

（3）元搜索引擎

元搜索引擎在接受用户查询请求时，同时在其他多个引擎上进行搜索，并将结果返回给用户。著名的元搜索引擎有 InfoSpace、Dogpile、Vivisim 等，中文元搜索引擎中具有代表性的有搜星搜索引擎。在搜索结果排列方面，有的直接按来源引擎排列搜索结果，如 Dogpile，有的则按自定的规则将结果重新排列组合，如 Vivisimo。

除上述三大类引擎外，还有以下几种非主流形式，包括：集合式搜索引擎、门户搜索引擎和免费链接列表等。

2. 搜索引擎工作原理

（1）搜集信息

搜索引擎的信息搜集基本都是自动的。搜索引擎利用称为网络蜘蛛（spider）的自动搜索机器人程序来连上每一个网页上的超链接。机器人程序根据网页链到其他中的超链接，就像日常生活中所说的"一传十，十传百……"一样，从少数几个网页开始，连到数据库上所有到其他网页的链接。理论上，若网页上有适当的超链接，机器人便可以遍历绝大部分网页。

网页快照收录是搜索引擎通过蜘蛛程序在互联网上抓取页面并进行存储形成快照的过程，为搜索引擎开展各项工作提供了数据支持，如图 4-1 所示。

（2）整理信息

普通用户查看网页，看到的是文字、图片等直观信息，但是搜索引擎看的是网页的源代码，而且会根据这些源代码来确定网页的重要信息。

在搜索引擎看来，源代码头部或者靠近头部的信息往往更重要，确定重要文字或者词语，这是搜索引擎建立网页索引过程的一个步骤。

搜索引擎整理信息的过程称为"建立索引"。搜索引擎不仅要保存搜集起来的信息，还要将它们按照一定的规则进行编排。这样，搜索引擎根本不用重新翻查它所有保存的信息而迅速找到所要的资料。想象一下，如果信息是不按任何规则地随意堆放在搜索引擎的数据库中，那么它每次找资料都得把整个资料库完全翻查一遍，如此一来再快的计算机系统也没有用。

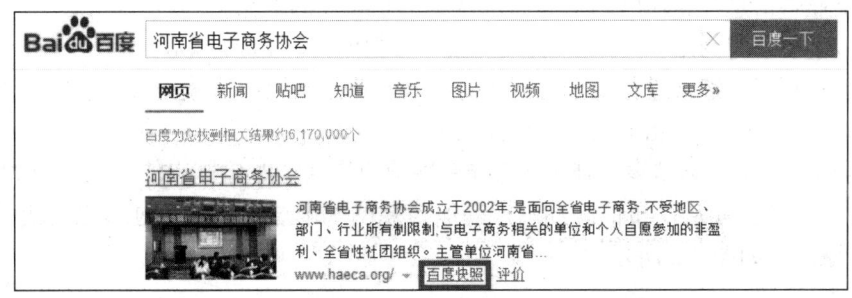

图 4-1　网页快照

（3）接受查询

搜索引擎会根据同义词典和潜在语义进行拓展查询检索项。如搜索引擎会将"宠物"和"狗狗"、"藏獒"和"犬"、"人民"和"百姓"当作同一个概念进行处理。另外，搜索引擎在查询的时候，还会根据主题来进行归类，如当查询 SEO 的时候，系统会自动将"网络营销""搜索引擎优化""网站优化"之类的都归为一个主题来处理。

用户向搜索引擎发出查询，搜索引擎接受查询并向用户返回资料。搜索引擎每时每刻都要接到来自大量用户的几乎是同时发出的查询，它按照每个用户的要求检查自己的索引，在极短时间内找到用户需要的资料，并返回给用户。目前，搜索引擎返回主要是以网页链接的形式提供的，这些通过这些链接，用户便能到达含有自己所需资料的网页。通常搜索引擎会在这些链接下提供一小段来自这些网页的摘要信息以帮助用户判断此网页是否含有自己需要的内容。

4.1.2　搜索引擎营销的含义

1. 什么是搜索引擎营销

所谓搜索引擎营销（Search Engine Marketing，SEM）就是根据用户使用搜索引擎的方式，利用用户检索信息的机会尽可能将营销信息传递给目标用户。

简单来说，搜索引擎营销就是基于搜索引擎平台的网络营销，利用人们对搜索引擎的依赖和使用习惯，在人们检索信息的时候尽可能将营销信息传递给目标客户。

搜索引擎营销具有受众广泛准确、方便快捷、投资回报率较高、可控性较强的特点。

2. 搜索引擎营销的目标

利用搜索引擎工具可以实现 4 个层次的营销目标：

（1）被搜索引擎收录。

（2）在搜索结果中排名靠前。

（3）增加用户的点击（点进）率。

（4）将浏览者转化为顾客。

在这四个层次中，前三个可以理解为搜索引擎营销的过程，而只有将浏览者转化为顾客才是最终目的。在一般的搜索引擎优化中，通过设计网页标题、META 标签中的内容等，通常可以实现前两个初级目标（如果付费登录，当然直接就可以实现这个目标了，甚至不需要考虑网站优化问题）。实现高层次的目标，还需要进一步对搜索引擎进行优化设计，或者说，设计从整体上对搜索引擎友好的网站。

3. 搜索引擎营销信息传递的一般过程

（1）企业将信息发布在网站上成为以网页形式存在的信息源；
（2）搜索引擎将网站/网页信息收录到索引数据库；
（3）用户利用关键词进行检索（对于分类目录则是逐级目录查询）；
（4）检索结果中罗列相关的索引信息及其链接 URL；
（5）根据用户对检索结果的判断，选择有兴趣的信息，并点击 URL 进入信息源所在网页。

这样便完成了企业从发布信息到用户获取信息的整个过程，这个过程也说明了搜索引擎营销的基本原理，如图 4-2 所示。

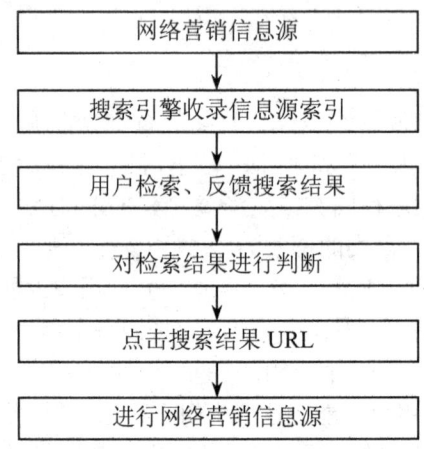

图 4-2　搜索引擎营销的信息传递过程

4.1.3　搜索引擎营销的主要方法

- 免费登录分类目录；
- 付费登录分类目录；
- 搜索引擎优化；
- 搜索引擎广告；
- 其他细分搜索引擎营销，包括：购物搜索、博客/微博搜索、地图搜索、行业搜索、区域搜索、视频搜索等。

在国外，搜索引擎排在第一位的无疑是 Google，而在中文搜索领域，百度依然占据着绝对优势。绝大多数的网民习惯通过搜索引擎寻找自己需要的产品信息。搜索引擎在网站网址推广方面的作用是毋庸置疑的。消费行为调查显示，一般用户会点击搜索结果前 50 名的链接。实践证明，排名位置的不同对搜索营销效果的影响非常大。

【同步案例 4-1】

B2C 网站成功利用搜索引擎营销

卓越、当当在利用搜索引擎推广 B2C 网站的业务上积累了非常丰富的成功经验，每年投入数百万费用在搜索引擎领域，同时也获得了巨大的回报，他们在搜索引擎领域的投入都在中国的前十名之列。

作为一个几十万关键词投放的管理,这两个企业除了巨额的推广费用,还支付了大量的管理成本来不断地修改、调整关键词的投放,并都有相应的策略来具体管理搜索引擎。

问题: 卓越、当当在利用搜索引擎推广的成功点在什么地方?

分析提示: 在搜索引擎营销中,付费的推广方式与免费的推广相比,目标定位更准确,见效也更快,卓越和当当都投入了巨额的推广费用,而且不仅如此,还从内部加强管理成本,不断修改、调整关键词,使之更契合目标用户的搜索习惯,内外结合,好钢用在了刀刃上,自然出效果。

【教学互动 4-1】

互动问题:

假如建立一个专门针对大学生用户的网上商城,那么在推广网上商城的过程中,如何借助搜索引擎的方式提高商城的点击率和成交量。

要求:

同教学互动 1-1。

4.2 搜索引擎营销的模式与方法

4.2.1 搜索引擎广告

1. 搜索引擎广告概述

付费搜索引擎广告的常见形式包括百度竞价排名、Google 关键词广告及部分搜索引擎在搜索页面的定位广告等。目前,在中文搜索引擎服务市场中百度竞价排名和 Google 关键词广告是主流,而且二者仅仅在表现形式上有所差异,实质上都是基于关键词检索相关内容的新搜索引擎广告。目前百度竞价排名和关键词广告已更名为百度推广。

(1)竞价排名

竞价排名,是指通过竞争出价的方式,获得某个网站的有利排名位置。其中搜索引擎的 PPC 属于竞价排名的先驱,主要是以点击付费的形式,点击价钱高的信息获得搜索引擎的排名靠前,如果没有被用户点击,则不收取推广费。在同一关键词的广告中,支付每次点击价格最高的广告排列在第一位,其他位置同样按照广告主自己设定的广告点击价格来决定广告的排名位置。

在全球市场中,全球搜索引擎市场份额主要由以下几个企业品牌分别占据,见表 4-1。

表 4-1 全球搜索引擎市场份额

搜索引擎	份额	地区
Google	62%	欧美首选
Yahoo	12.8%	亚太首选
百度	5.2%	中国首选
Naver	1.6%	韩国首选
Yandex	0.3%	俄罗斯首选

竞价排名的特点和主要作用如下：

1）按效果付费，广告费用相对较低；

2）广告出现在搜索结果页面，与用户检索内容高度相关，增加了广告的定位程度；

3）竞价广告出现在搜索结果靠前的位置，容易引起用户的关注和点击，因而效果比较显著；

4）搜索引擎自然搜索结果排名的推广效果是有限的，尤其对于自然排名效果不好的网站，采用竞价排名可以很好地弥补这种劣势；

5）广告主可以自己控制广告价格和广告费用；

6）广告主可以对用户点击广告的情况进行统计分析。

图4-3所示是在百度搜索"鲜花"时出现的百度竞价广告。

图4-3　在搜索页面出现的百度竞价广告

在百度搜索引擎检索信息时，搜索结果页面的部分检索结果后面会出现"推广"字样，这些标注了"推广"的信息就是百度提供的竞价排名推广服务。

（2）关键词广告

关键词广告，也称为"关键词检索"，简单来说就是当用户利用某一关键词进行检索，在检索结果页面会出现与该关键词相关的广告内容，如图4-4所示。关键词广告具有较高的定位程度，可以提供即时的点击率效果，可以随时修改关键词，收费也比较合理，因而逐渐成为搜索引擎营销的常用形式。

图4-4　Google的关键词广告

目前的搜索引擎营销关键词有三大分类：泛关键词、目标关键词、长尾关键词。

1）泛关键词

泛关键词是企业的行业、产品、服务的统称，一般 2~4 字左右，如：手机、智能手机、家政服务等。虽然这类关键词被搜索量比较大，但是这类关键词范围太广，使用者中目标客户群太广，效果很低，推广费用较大。

2）目标关键词

目标关键词就是企业具体品牌、产品和服务的名称，字数一般为 3~8 字左右，如：多普达手机、多普达智能手机、爱心家政服务等。这类关键词的客户搜索量中等，和企业业务相关性大，目标客户群相对较多、推广费用中等，目前大多数企业选择此类关键词。

3）长尾关键词

长尾关键词是公司的销售区域、产品、服务、品牌等具体名称的拓展，字数一般是 5~10 字左右。如：深圳多普达智能手机 S500、什么手机好用、湖南爱心家政服务、湖南什么家政公司最好等。这类关键词虽然搜索量小，但是主要都是目标客户群、而且竞价费用相对较低。

因此企业在策划营销关键词时，要以长尾关键词为主，以目标关键词为辅的方针，这样才能达到花小投入产生大回报的效果。

关键词广告最大的缺点是，广告主不得不面对恶意点击。与竞价排名相比，关键字广告更适合经济实力有限的中小企业。

【教学互动 4-2】

互动问题：

针对教学互动 3-1 中提到的大学生网络商城进行搜索引擎推广，为这个网站设计上文中提到的三种分类的关键词。

要求：

同教学互动 1-1。

4.2.2 搜索引擎优化（SEO）

1. 搜索引擎优化概述

搜索引擎优化（Search Engine Optimization，SEO），是针对搜索引擎对网页的检索特点，让网站建设各项基本要素适合搜索引擎的检索原则，从而使搜索引擎收录尽可能多的网页，并在搜索引擎自然检索结果中排名靠前，最终达到网站推广的目的。

搜索引擎优化是目前最为流行的网络营销方式之一。主要目的是增加特定关键词的曝光率以增加网站的能见度，进而增加销售的机会。搜索引擎优化分为站外 SEO 和站内 SEO 两种。

站外 SEO，也可以说是脱离站点的搜索引擎技术，命名源自外部站点对网站在搜索引擎排名的影响，这些外部的因素是超出网站的控制的。功能最强大的外部站点因素就是反向链接，即外部链接。毫无疑问，外部链接对于一个站点被收录进搜索引擎结果页面起到了重要作用。能够产生高质量的反向链接的方法有以下几点：

- 高质量的内容；
- 与合作伙伴互相推荐链接，与行业网站进行交换链接；
- 将网站提交到专业目录网站；
- 讲网站加入百度收藏、QQ 书签等社会化书签；
- 发布微博、博客创建链接；

- 在论坛中发布含有链接的原创帖或者编写签名档中插入网址；
- 与 SEO 业务合作伙伴进行 SEO 内部优化。

站内 SEO，就是通过对网站内部的调整而起到对搜索引擎友好的目的。网站想提高关键字排名，做好内部工作是必须的，因为搜索引擎优化是个系统的工程，不是一蹴而就的，需要大量的积累资源和尝试修改。网站内部优化主要有以下几方面：

- 改变原来的图像链接和 Flash 链接，使用纯文本链接，并定义全局统一链接位置；
- 标题 title 中需要包含优化关键字的内容，网站中的多个页面标题不能雷同；
- 每个页面包含有关键词并保持一定的频率；
- 对网站结构做细节调整；
- 利用资源扩展外部链接，例如，可以开百度空间，空间域名就使用公司产品的关键字，同时进行公司原网站信息的转载，附带公司网址，让百度 Robot 在第一时间访问本站点等。

2. 搜索引擎优化（SEO）的主要步骤

（1）关键词分析（也叫关键词定位）

关键词分析包括：关键词关注量分析、竞争对手分析、关键词与网站相关性分析、关键词布置、关键词排名预测。

（2）网站架构分析

网站架构分析包括：剔除网站架构不良设计、实现树状目录结构、网站导航与链接优化。

（3）网站目录和页面优化

SEO 不止是让网站首页在搜索引擎有好的排名，更重要的是让网站的每个页面都带来流量。

（4）内容发布和链接布置

合理安排网站内容发布日程是 SEO 优化的重要技巧之一。链接布置则把整个网站有机地串联起来，让搜索引擎了解每个网页的重要性和关键词，实施的参考是第一点的关键词布置，同时展开友情链接。

（5）与搜索引擎对话

向各大搜索引擎登陆入口提交尚未收录站点。在搜索引擎看 SEO 的效果，通过 site:站长们的域名，知道站点的收录和更新情况。通过 domain:站长们的域名或者 link:站长们的域名，知道站点的反向链接情况。

（6）建立网站地图 SiteMap

根据自己的网站结构，制作网站地图，让站长们的网站对搜索引擎更加友好化。让搜索引擎能过 SiteMap 就可以访问整个站点上的所有网页和栏目。

（7）高质量的友情链接

建立高质量的友情链接，对于 SEO 优化来说，可以提高网站 PR 值以及网站的更新率，是非常关键性的问题。

（8）网站流量分析

网站流量分析从 SEO 结果上指导下一步的 SEO 策略，同时对网站的用户体验优化也有指导意义。流量分析通常采用 Google Analytics 分析工具和百度统计分析工具。

3. 搜索引擎营销在实施过程中的问题

综合搜索引擎优化方案实施中的各种因素，实施搜索引擎优化的网站可参考以下几点：

（1）确立本公司的专业人员是否真正理解搜索引擎优化方案的意义，不要因为看起来不重要而忽视任何要素的改进。

（2）搜索引擎优化工作是一个逐步完善的过程，需要一定的时间来检验效果，急于求成往往无法实现真正的优化。

（3）一个真正优化的网站投入的费用可能比建设一个新网站更多，这一点也不奇怪，建设网站有通用的模板，而搜索引擎优化则需要针对每个网站的具体情况进行专门设计。

（4）对于原有已经发布的信息资源（包括企业新闻和产品信息等）重新发布是一项艰巨的工作，尤其是当网站原来的内容资源比较多时，往往成为重要的阻碍因素。

（5）来自第三方的搜索引擎优化方案往往会让内部人员有抵触情绪，或者在实施过程中对某些自己不容易解决的问题采取回避的方式，因此没有高层管理人员直接领导的搜索引擎优化工作通常很难保证效果。

（6）专业顾问机构对企业网络营销人员的培训是必要的，但通过一两次培训是不足以让每个人都成为搜索引擎营销专家，因此在方案实施过程中出现一定的偏差，或者达不到方案期望的目标是难免的。

【同步案例 4-2】

BMW 的搜索引擎推广策略

BMW 在美国本土的搜索营销策略是激进的投放策略，即让旗下所有产品名称都置于搜索结果的第一位，并在此基础上，详细研究用户查询时可能出现的关键词组合方式，将有关产品名称的各种排列组合的关键词一并购买，并使之搜索结果排名也处于首位。

此外，BMW 与搜索运营商达成精诚合作，利用搜索引擎分 IP 显示关键词广告的功能，联合分散在全美各城市的经销商，进行当地市场的品牌精准传播。用户输入 BMW 产品的名称后，在结果列表首位展示的是 BMW 美国的官方网站，结果列表次位展示的是当地经销商的网站。如果用户的 IP 来自西雅图，第二位结果则是西雅图的经销商网站。

问题： 分析上述案例的成功之处。

分析提示： BMW 的这一举措，首先达成了品牌的大面积覆盖，关于 BMW 的一切产品都排在搜索结果首位，在用户心目中树立了良好的品牌形象。其次，达成了品牌的细分覆盖，能够根据用户所属地区提供有针对性的结果，为经销商的销售带来线索。最后，BMW 与经销商联合进行搜索营销，使得 BMW 的整体品牌形象得到高度统一，同时节省了各经销商各自为战带来的高额广告预算。

本章小结

搜索引擎（Search Engine）是指根据一定的策略、运用特定的计算机程序从互联网上搜集信息，在对信息进行组织和处理后，为用户提供检索服务，将用户检索相关的信息展示给用户的系统。按其工作方式主要可分为三种，分别是全文搜索引擎、目录索引类搜索引擎和元搜索引擎。

搜索引擎营销，是根据用户使用搜索引擎的方式，利用用户检索信息的机会尽可能将营销信息传递给目标用户。搜索引擎营销主要实现方法包括：分类目录登录、竞价排名、付费搜索引擎广告、关键词广告、搜索引擎优化（搜索引擎自然排名）等。

搜索引擎优化，是针对搜索引擎对网页的检索特点，让网站建设各项基本要素适合搜索引擎的检索原则，从而使搜索引擎收录尽可能多的网页，并在搜索引擎自然检索结果中排名靠前，最终达到网站推广的目的。搜索引擎优化分为站外 SEO 和站内 SEO 两种。

搜索引擎优化的基本内容和方法包括：关键词分析、网站架构分析、网站目录和页面优化、内容发布和链接布置、与搜索引擎对话、建立网站地图、高质量的友情链接、网站流量分析。

主要概念和观念

□主要概念

搜索引擎　搜索引擎营销　搜索引擎优化

□主要观念

搜索引擎营销的原理　搜索引擎营销的应用

习题与训练 4

一、理论自测题

1．单项选择题

（1）搜索引擎营销是（　　）。

　　A．一种营销方法　　　　　　B．一种搜索技术

　　C．一种营销策略　　　　　　D．一种营销策划

（2）如果你的网站是关于手机的，下面哪个是最好的网页标题（　　）。

　　A．手机，买手机，手机报价，手机新闻，手机游戏，手机软件

　　B．本站提供各种价格的便宜手机供你选择

　　C．手机|手机之家

　　D．主页|shouji.com

（3）影响搜索引擎营销的重要因素是（　　）。

　　A．网站域名是否吸引人

　　B．是否是动态网站

　　C．网站的专业化有利于收录与检索

　　D．宣传力度

2．多项选择题

（1）网站获得流量最好的方法是（　　）。

　　A．点击付费广告

　　B．购买高质量链接提高在搜索引擎中的排名

　　C．提交网站到搜索引擎和分类目录，专心创建网站内容

D．创建别人易于链接的高质量的网站内容，然后通过博客、论坛等宣传网站内容

（2）搜索引擎营销的目标是（　　）。

A．被收录　　　　　　　　　　B．获取好的排名

C．提高点击率　　　　　　　　D．高转化率

（3）搜索引擎的种类有（　　）。

A．全文搜索引擎　　　　　　　B．目录索引类搜索引擎

C．元搜索引擎　　　　　　　　D．全球搜索引擎

3．判断题

（1）为对搜索引擎优化，专门设计一个漂亮的 Flash 作为网站封面，不失为一个有效的做法。（　　）

（2）进行搜索引擎营销时，除了让企业信息出现在排名结果中的靠前位置外，还要注意，检索结果中的有限信息应能够获得用户关注。（　　）

（3）竞价排名不是按照客户网站带来的实际访问量收费，而是按照排名的时间长短收费。（　　）

4．简答题

（1）常见的搜索引擎有全文搜索引擎与分类目录搜索引擎，两者的主要区别是什么？

（2）简述搜索引擎营销的主要模式。

（3）简述搜索引擎优化的基本内容。

二、实务自测题

1．单项业务

企业通过搜索引擎营销来吸引目标客户，请列出搜索引擎服务的类型。

2．复合业务

为××企业拟定搜索引擎方案，要求搜索引擎各种方法组合使用。

三、案例分析题

兰蔻——品牌、销售两不误

在百度搜索输入"兰蔻"两个字，搜索结果页面最上方不是普通的文字链接，而是图文并茂的兰蔻网上商城品牌专区。作为国内首家试水网上营销业务的化妆品品牌，兰蔻此次与百度的再度联手，意在将搜索引擎上的潜在消费者吸入其 B2C 网站进行消费。

通过百度品牌专区，兰蔻网上商城链接、促销公告、商品信息等以图文并茂的形式呈现。与传统的搜索显示结果最大的不同是，广告主可以亲手编辑栏目内容，将企业的最新信息前移，主动管理企业在搜索引擎上的品牌形象，促进网络平台和线下活动的良性互动。

通过百度的品牌专区，兰蔻在搜索该品牌的消费者面前有了更好的展示，不但提升了品牌形象，而且为兰蔻网上商城带来了很多高质量的流量，大幅度地提高了品牌关键词的转化率，因此而产生的销售也相应提高了 30%。

问题：

（1）兰蔻采用的是哪种搜索引擎营销方式？

（2）兰蔻销量提升的原因是什么？

分析要求： 学生分析案例提出的问题，拟出《案例分析提纲》；小组讨论，形成小组《案例分析报告》；班级交流，教师对各小组《案例分析报告》进行点评；在班级展出附有"教师点评"的各小组《案例分析报告》，供学生比较研究。

四、单元实训

搜索引擎营销能力训练

【实训目标】

引导学生参加"搜索引擎营销能力训练"的实践训练；在切实体验《搜索引擎营销设计》的准备与撰写等有效率的活动中，培养相应专业能力与职业核心能力；通过践行职业道德规范，促进健全职业人格的塑造。

【实训内容】

专业技能与能力：选择2~3个搜索引擎，了解它们提供哪些搜索引擎营销服务模式，是否收费，如何计费，如何操作。

【实训时间】

在讲授本章时选择课下上机时间。

【操作步骤】

（1）将班级每10位同学分成一组，每组确定1~2人负责。

（2）学生按组选择搜索引擎，进入调查，并将调查情况详细记录。

（3）对调查的资料进行整理分析。

（4）依据搜索引擎营销理论，找出各搜索引擎的营销服务模式和收费形式。

（5）写出分析报告。

（6）各组在班级进行交流、讨论。

【成果形式】

实训课业：撰写《搜索引擎营销分析报告》。

任务5 利用网络广告推广产品

通过本章学习,应该达到以下目标:

理论目标:了解网络广告的概念;熟悉网络广告的各种形式及特点;熟悉网络广告的付费模式。

实务目标:掌握网络广告各种形式的优缺点,掌握网络广告投放的方法。

案例目标:运用所学的网络广告的相关案例,培养和提高对网络广告各种形式的分析及网络广告投放的策略。

实训目标:引导学生参与网络广告投放的各种形式的选择及网络广告设计的实践;通过对网络广告的策划使学生将本章内容融会贯通,培养专业实战能力。

引例:

奔驰 smart 的定制广告

奔驰以"10 亿组合随你变"为主题,通过个性化、定制化的富媒体广告,并结合社交媒体信息,通过定制化的富媒体广告技术和大幅浮层形式推广 smart BRABUS tailor made 高品质专属定制车型。

此次传播活动将目标受众锁定在年龄 20~30 岁之间的高薪白领,从目标消费者属性出发,将富媒体广告投放在新浪汽车首页,并结合用户的新浪微博信息,即分析目标受众的个人特点及兴趣喜好,以"10 亿组合随你变"为主题,将产品信息通过 UGC 的形式、个性化地呈现在不同的用户面前,定制化的生动广告和用户微博账户信息的嵌入有效吸引用户并便于形成活动的二次传播,提升传播覆盖面,促进品牌的曝光,如图 5-1 所示。

在广告内容上,将粉色延伸到可爱女生,古铜色延伸到沙滩和阳光,并用晒古铜号召用户,紫金延伸到篮球、铁杠洛杉矶;清晰的分类并契合富有感召力的文案,有效地拉近了品牌与用户的距离,增进和消费者之间的情感沟通。

2013 年 4 月 19 日~5 月 22 日,本次个性化的广告投放共产生曝光量为 7287446,点击率为 2.58%,有效到达率为 0.07%,投放效果良好,有效提升了 smart BRABUS tailor made 的品牌覆盖面。新浪微博平台的嵌入,加强了活动信息的二次传播,带动了新浪微话题"给 smart 点颜色看看"的话题讨论,传递了积极自信、健康快乐的 smart 生活方式。

(资料来源:艾瑞网 http://a.iresearch.cn/case/4808.shtml)

网络广告是网络营销的重要手段,网络为广告主带来了极强的传播效果。随着网络技术的不断发展,各种网络广告手段和平台不断涌现。本章将系统地阐述网络广告的形式、投放策略等问题,以达到通过网络广告宣传企业、推广品牌的目的。

图 5-1　奔驰 smart 的定制广告之一

5.1　网络广告形式

5.1.1　网络广告定义

网络广告，简单地说就是在互联网上发布和传播的广告。它以数码为载体，采用先进的电子多媒体技术设计制作，基于互联网投放，具有良好交互功能。

网络广告是常用的网络营销策略之一，在网络品牌、产品促销、网站推广等方面均有明显作用。网络广告本身并不能独立存在，需要与各种网络工具相结合才能实现信息传递的功能，也可以认为，网络广告存在于各种网络营销工具中，只是具体的表现形式不同。

5.1.2　网络广告特点

网络广告的本质是向互联网用户传递营销信息的一种手段，是对用户注意力资源的合理利用。与传统的四大传播媒体（报纸、杂志、电视、广播）广告及近来备受垂青的户外广告相比，网络广告具有得天独厚的优势，是实施现代营销媒体战略的重要组成部分。

1. 网络广告的交互性强

交互性是互联网络媒体最大的优势，互联网比其他任何媒介赋予消费者更多的直接与广告主进行互动活动、进而建立进一步关系的能力。网络广告可以做到一对一的发布，以及一对一的信息回馈。对网络广告感兴趣的网民不再被动地接受广告，而是可以及时地做出回应。这种优势使网络广告可以与电子商务紧密结合，快速实现一个交易过程。

2. 消除了时空的限制

传统交易方式需要买卖双方面对面沟通，并严格地受到时空限制。与电话、电传之类的个体媒介相比，网络广告的沟通双方无须同时在通道两端固定的时间、空间出现，传播更加灵活。

3. 网络广告的成本较低

成本低是网络广告的特点之一。网络广告的平均费用仅为传统媒体的 3%，并可以进行全球性传播。虽然近年来某些门户网站网络广告的费用上升较快，但大部分网站的广告价位还处于较低的水平，相对于传统广告，总成本普遍较低，投资回报诱人。

4. 网络广告的目标性、针对性强

传统广告的受众面虽然很广泛，但其目标性不强，对于大众人群缺少针对性，只适合品牌的推广，而网络广告受众则具有高针对性。网络广告的受众是最年轻、最具活力、受教育程度最高、购买力最强的群体，网络广告的受众基础好，可以根据这部分群体的特点，发布针对性高的广告，会起到很好的效果。

5. 表现形式更加多样化

由于网络广告采用了多媒体技术、超文本格式文件，提供文件、声音、图像等综合性技术，做到图文并茂，受众可以对某些感兴趣的产品了解更为详细的信息。有的广告还可以同时进行人机对话，使消费者能亲身体验产品、服务与品牌。这种以图、文、声、像的形式，传送多感官的信息，让顾客如身临其境般感受商品或服务，并能在网上预订、交易与结算，更大地增强网络广告的实效。

6. 网络广告效果可测评和追踪

运用传统媒体发布广告的营销效果难以进行测试和评估，网络广告则可以通过受众的回馈直接了解到受众的反应，以及设置一些记录软件，随时获得本网址的访问人数、访问过程、浏览的主要信息等资料，以随时监测广告投放的有效程度，从而及时调整营销策略。

5.1.3 网络广告形式

最初的网络广告就是网页本身。当越来越多的商业网站出现后，怎么让消费者知道自己的网站就成了一个问题，广告主急需要一种可以吸引浏览者到自己网站上来的方法，而网络媒体也需要依靠它来赢利。随着多媒体技术的不断更新，用户对网络的应用越来越多样化，网络广告也出现了多种多样的形式。一些常规的网络广告形式应用依然较为广泛。

1. 网幅广告

网幅广告是以 GIF、JPG、Flash 等格式建立的图像文件，定位在网页中大多用来表现广告内容。为了吸引更多的浏览者注意并点击，网幅广告通常利用多种多样的艺术形式进行处理，如做成动画跳动效果或做成霓虹灯的闪烁效果等。既可以使用静态图形，也可用多帧图像拼接为动画图像，如图 5-2 所示。

图 5-2　搜狐首页中的网幅广告

网幅广告仍然是当今互联网上最流行的广告形式，来访者通过点击网幅广告，可进入企业和产品宣传的主页，内容详尽，易于交互。当前所使用的网幅广告，要么是用于品牌识别，要么是用于给网站带来更多的流量，从而带来更多的销售。

由于页面上的网幅广告数量众多，有限的空间也限制了网幅广告的表现，加之各类广告创意的擦边球形式也层出不穷，以至于用户有时会产生视觉疲劳甚至反感。网幅广告和其他新兴广告形式相比，效力正在逐渐降低，点击率不断下降，目前平均的网幅广告点击率已经不到1%。

2. 文字链接广告

文字链接广告是以一排文字作为一个广告，点击可以进入相应的广告页面，如图5-3所示。这是一种对浏览者干扰最少，但却较为有效的网络广告形式。很多时候，最小的带宽、最简单的广告形式效果却最好。

图5-3　新浪首页中的文字链接广告

3. 弹出式广告

弹出窗口式广告（Interstitial Ads），是指网民在打开某些网站的网页时，会另外弹出一个小窗口，并吸引人们去点击它。当点击这个窗口时会引导网民去浏览一个新的网页。

【同步案例5-1】

一汽大众的弹出式广告

一汽大众采用了弹出式广告的形式来为全新迈腾V6旗舰版做广告，自动弹出的广告画面凸显出较为强烈的视觉效果，在第一时间吸引了网民的眼球。画面中霸气的汽车图片大幅提升了全新迈腾的豪华感，所体现出来的低调的奢华气质与全新迈腾所要展现的理念更是浑然天成，突显了其全新璀璨上市的亮点，配上该型号汽车"智臻成就，辉映人生"的广告语，对网络浏览者的视觉冲击与心理冲击更大，如图5-4所示。

同时，该广告选择投放的媒体也非常到位。选择了腾讯QQ自弹式资讯面板这一载体，点击率高、受众广泛，能起到较好的广告效果。

问题：弹出式广告有哪些优缺点？

分析提示：弹出式广告以动态"弹出"的形式吸引了受众的眼球，对吸引网民关注度方面要远远高于其他静态的图像广告和文字广告。但是弹出式广告，大多带有强制性植入的性质，在没有经过网民许可的情况下自动弹出，极易引起网民的厌烦情绪。

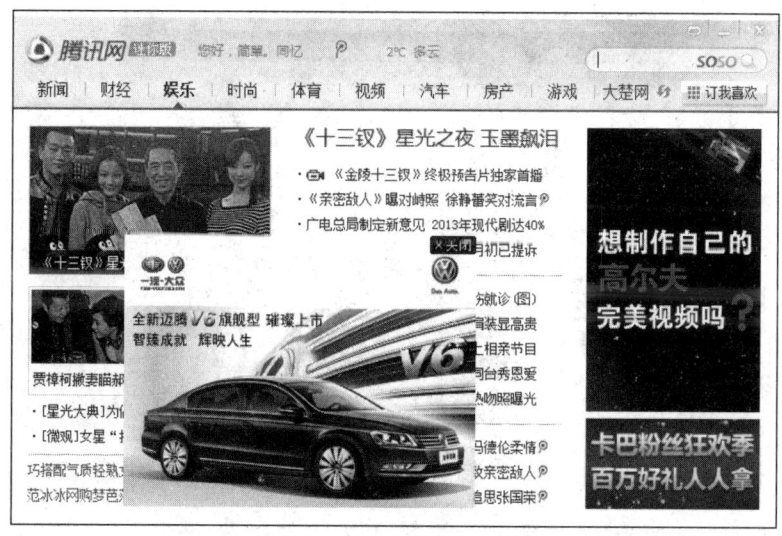

图 5-4 大众汽车的弹出窗口广告

4．悬浮广告

悬浮广告是在网站页面左右两侧的竖式广告，有的还可以随着鼠标上下移动。它的特点是广告页面得以充分伸展，同时不影响使用者浏览，注目焦点集中。显示时随页面浏览而跟随移动，提供可关闭标志，如图 5-5 所示。

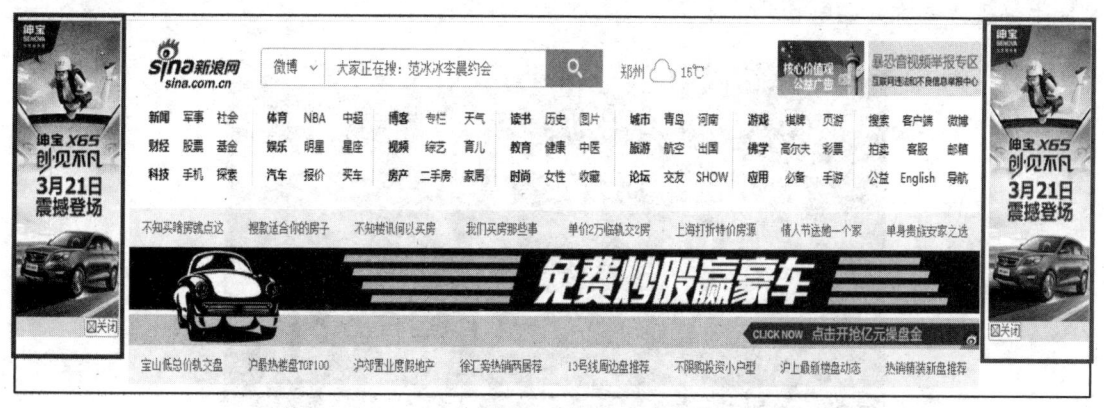

图 5-5 新浪首页中的悬浮广告

5．插播式广告

访客在请求登录网页时强制插入一个广告页面，强迫观看。插播式广告有各种尺寸，有全屏的也有小窗口的，而且互动的程度也不同，从静态的到全部动态的都有。只有当插播式广告倒计时结束后，访客才能正常收看视频节目。这种类型的广告多出现在一些播客网上，如土豆网、优酷网等。如图 5-6 所示，右上角显示广告剩余时间。

6．互动游戏广告

互动游戏式广告是指在一段页面游戏开始、中间、结束的时候，广告都可随时出现。并且可以根据广告主的产品要求为之量身定做一个属于自己产品的互动游戏广告。

图 5-6 插播式广告

【同步案例 5-2】

英菲尼迪的线上 F1 争霸赛

2011~2012 年,英菲尼迪与世界著名赛车赛事 F1 合作开展了"英菲尼迪线上 F1 争霸赛"。该活动在知名汽车专业网站"爱卡汽车网"上构建完成,无疑将精准用户悉数收入囊中。

活动页面中,设置了世界著名的各大赛车道,参与网友可以自己选择自己钟爱的赛道进行比赛。参与网友还可以通过人人网、新浪微博、开心网、腾讯微博等平台分享自己的战绩,同时号召其在 Social Media 平台中的好友加入各大赛区一起争夺去韩国现场观赛的机会。英菲尼迪互动游戏主页面如图 5-7 所示。

图 5-7 英菲尼迪互动游戏主页面

该活动上线仅一个半月,页面访问量就达 185333,独立用户访问量达 138838,平均页面停留时间 5 分 01 秒,参与游戏的人数 1265 人,报名试驾人数 183 人,传播效果远大于传统的在网站投放广告的形式。

问题: 英菲尼迪的此次广告为何能够成功?

分析提示: 具体而言,"英菲尼迪线上 F1 争霸赛"广告具有如下三个特点:

(1) 通过互动游戏的方式传播,使其具备了良好的娱乐性,进而使消费者一改对广告的抵触情绪，增加了消费者对广告的接受度。

（2）该广告还巧妙地借助 SNS 社交网络平台进行传播，一方面增加了广告和品牌的传播速度与受众范围；另一方面又一改传统广告渠道的高成本问题，使其运营和传播成本大大降低。

（3）游戏之外，还提供了邀请好友一同赢取去韩国现场观赛的游戏奖励，使该互动游戏更具吸引力，赢得了更多的受众。

7. 关键词广告

关键词广告（adwords）也称为"关键词检索"，简单来说就是当用户利用某一关键词进行检索，在检索结果页面会出现与该关键词相关的广告内容，由于关键词广告是在特定关键词的检索时，才出现在搜索结果页面的显著位置，所以其针对性非常强，被称为性价比较高的网络推广方式。

8. 分类广告

网络分类广告是充分利用计算机网络的优势，对大规模的网络信息，按主题进行科学分类，并提供快速检索的一种广告形式。分类广告之所以受到欢迎，主要是其形式简单、费用低廉、发布快捷、信息集中等优点，而且看分类广告的人一般对信息有一定的主动需求。目前，分类广告的网站中比较有知名度的如 58 同城网、赶集网等，如图 5-8 所示。

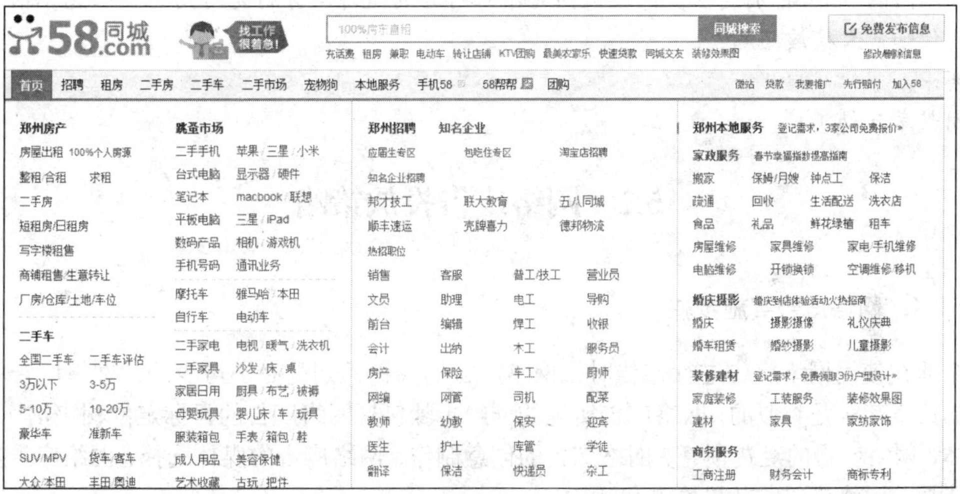

图 5-8　58 同城网的分类广告

9. 行为定向广告

行为定向广告（Behavioral targeting）的实质在于追求无限精准和效果。互联网精准广告定向技术，指的是依托于搜索引擎庞大的网民行为数据库，对网民几乎所有上网行为进行个性化的深度分析，按广告主需求锁定目标受众，进行一对一传播，提供多通道投放，按照效果付费。举例来说：若您正在进行夏威夷旅游线路的促销活动，网站就能为您搜寻到经常浏览国外旅游信息、热衷于享受生活的访客，并对其投放广告，从而达到传递信息与用户需求的高度匹配，实现广告效益最大化。

行为定向广告主要通过分析网友的来源地、网友的访问周期、网友的访问兴趣、网友的行为目的及网友的访问频次等数据，并通过挖掘这些数据，分析用户行为特征，最终确定用户的兴趣点，实现精准定位。定向广告如图 5-9 所示。

图 5-9　慧聪网的定向广告

【教学互动 5-1】

互动问题：

近年来，行为定向广告以其精准定位、一对一传播的特点受到了商家的亲睐。但也出现了很多不同的声音，特别是很多网友认为对用户行为的追踪与分析是对用户个人隐私权的一种侵犯。你如何看待该问题？

要求：

同教学互动 1-1。

5.2　网络广告投放策略

5.2.1　网络广告实施步骤

企业在使用网络广告进行宣传时，网络广告的各种计划是必不可少的。网络广告和传统广告的策略其实是类似的，网络广告实施的一般步骤包括网络广告的目标定位、网络广告的投放群体、网络广告的经费预算、网络广告的创意制作、网络广告的媒体选择、网络广告投放时间的选择、网络广告的效果检测和评估。

1. 网络广告的目标定位

网络广告目标的作用是通过信息沟通使消费者产生对品牌的认识、情感、态度和行为的变化，从而实现企业的营销目标。在企业不同的发展时期有不同的广告目标，在产品不同的生命周期里，广告的目标也会有不同的表现形式。下面将网络广告的目标分别从市场营销策略、广告活动的目的、广告效果三个角度来区分。

（1）从市场营销策略上划分

1）创牌广告目标

创牌广告目标着重于开发新产品、拓断市场。在广告活动中着重宣传产品的性能、特点和功效，以加深消费者对产品品牌、商标的认识、理解和记忆程度，从而提高产品的知名度。

2）保牌广告目标

保牌广告目标着重于巩固已有的市场，深入开发潜在市场和自己的购买需求。在广告活动中致力于加深消费者对产品的认识和印象,着重劝说和诱导消费者保持对自己产品已有的好感、偏好,使消费者产生兴趣和购买欲望。

3）竞争广告目标

竞争广告目标着重于提高产品的市场竞争力。在广告活动中,把重点放在突出广告产品与同类产品相比较而存在的优势并努力转变消费者对竞争产品的偏好促使其转而购买和使用广告产品。

(2) 从广告活动的目的上划分

1）信息性广告目标

信息性广告目标在产品的导入阶段表现得极为突出。在广告活动中,重点宣传产品的性能、品质、功效和特点等信息,以促使消费者对产品产生基本需求。

2）说明性广告目标

说明性广告目标在产品的成长或成熟阶段表现得较为明显,此阶段市场竞争日益激烈,消费者的购买选择余地日渐增加,企业为了培植本产品品牌的选择性需求,运用说明性广告通过说明或具体比较而形成该品牌的优势。

3）提醒性广告目标

提醒性广告目标在产品的成熟阶段表现得较为明显。此阶段虽然网络营销产品已建立起一定的知名度,消费者已形成一定的消费习惯,但是产品的不断涌现会不断削弱已有产品的市场地位,提醒性广告在于使现有消费者确信他们的购买决定,增加重复购买的信心。

(3) 从广告效果上划分

1）广告促销目标

广告促销目标是指广告活动所要达到的促销指标。它主要是指销售增长率、市场占有率和利润增长率等内容。广告促销目标强调产品销售的终极目的、短期内可评估的效果。一般说来,广告促销目标的制定应有一定的弹性,因为广告不是决定销售的唯一因素,销售还要受到其他因素的影响。

2）广告传播目标

广告传播目标是指广告活动所要达到的心理指标,包括对广告信息的视听率、阅读率以及对广告的注意、理解、记忆、反应等内容。

2. 网络广告的投放群体

只有确定了广告对象,才能制定吸引这些人注意力并促成购买行为的有针对性的广告。在网络广告中,受众主要是网民,但除此之外还有间接的广告对象。例如,网民的传播可以影响周围人的购买行为,这些人就可称为第二对象,由此还会形成第三、第四等多层广告对象。因此,在策划中不应该将广告对象局限在网民中,应多挖掘潜在用户。

3. 网络广告的写作

网络广告旨在吸引消费者眼球,一段具有创意的广告形式将给受众留下更为深刻的印象。在网络广告的写作过程中要做到以下几点:

(1) 提炼主题

选择一个有吸引力的网络广告主题,能使浏览者在第一时间关注到你的广告。网络广告的主题宜使用悬念、好奇、幽默等能引起浏览者好奇和兴趣的文字。

（2）进行有针对性的诉求

在卖点的设计上，应站在访问者的角度，注意与广告内容的相关性，从而提高广告的点击率。注意分析本次广告向消费者宣传的是产品的质量还是性能、价格因素等。

（3）建立品牌形象

广告不仅是推销产品，同时也是建立品牌形象的一种方式，企业利用树立品牌的方式让用户对产品产生信心和认同。但要注意过分的品牌宣传会降低浏览者的好奇心。因此，在广告创意上要注重对品牌形象的塑造并注意恰到好处。

（4）利益诱惑

抓住消费者注重自身利益的心理特点，注重宣传该网络广告活动给浏览者带来的好处，吸引浏览者参与活动。

【小知识 5-1】

网络广告文案写作的"爱达法则"

"AIDA 法则又称"爱达法则"，它是以消费者的接受心理为出发点提出的广告文案创作模式。具体包括四个方面的内容：

（1）标题：引起消费者注意（Attention）。

（2）正文开头：使消费者产生兴趣（Interest）。

（3）正文中间：增强消费者的信任感，并引发其购买欲望（Desire）。

（4）正文结尾：让消费者从心动转为行动（Action）。

网络广告的写作常采用软文的写作方法。软文广告是指利用互联网媒体，通过特定的概念诉求，以摆事实讲道理的方式使消费者走进企业设定的"思维圈"，以强有力的针对性心理攻击迅速实现产品销售的文字、图片等模式。

软文文体特点是介于新闻和广告文之间，如以人物专访的形式、介绍企业新产品的形式或分析本行业状况的通讯报道等形式出现。

软文广告是相对于硬性广告而言，它比硬性广告更委婉，以润物细无声的方式来感染消费者。因此，在软文的写作过程中，一方面要强调写作的技巧，对于文字功底的要求比较强；另一方面，软文的投放也要选择适当的途径去发布。如图 5-10 所示某减肥药的软文广告，当浏览者点击了文章中的超链接内容后就会进入到某减肥药的网站。

图 5-10　新闻式的软文广告

【小知识 5-2】

广告学大师大卫·奥格威的广告正文写作原则

（1）不要旁敲侧击，要直接了当。避免"差不多""也可以"等含糊不清的语言。

（2）不要用最高级形容词、一般化字眼和陈词滥调。要有所指，要实事求是，要热忱、友善并且使人难以忘怀。别惹人厌烦。讲事实，但是要把事实讲得引人入胜。

（3）你应该常在你的文案中用用户经验谈。比起不知名的撰稿人，读者更易于相信消费者的现身说法。知名人士现身佐证吸引的读者特别多。如果证词写得很诚实，也不会引起怀疑。名人的知名度越高，能吸引的读者也越多。

（4）另外一种很有利的窍门是向读者提供有用的咨询或服务。以这种办法写成的文案可以比单纯讲产品本身的文案多招 75% 的读者。

（5）我从未欣赏过文学派的广告……我一直觉得这类广告很无聊，连一点事实也没有提供给读者。我很同意劳德·霍普金斯的观点，"高雅的文字对广告是明显的不利因素。精雕细刻的笔法也如此。他们喧宾夺主把对广告主题的注意力攫取掉了。"

（6）避免唱高调。自吹自擂、自炫都应该避免，但是完美的操行却应该广大发扬。

（7）除非有特别的原因要在广告里使用严肃、庄重的字，通常应该使用顾客在日常交谈中用的通俗语言写文案。

（8）不要贪图写那种获奖文案。

（9）优秀的撰稿人从不会从文字娱乐读者的角度去写广告文案。衡量他们成就的标准是看他们使多少产品在市场上腾飞。

4. 网络广告的媒体选择

选择合适的网络媒体，用尽可能少的投入获得尽可能大的效果。对网络广告来说，媒体策划主要指对网站的选择、网站与其他传媒的配合。网站不同，其覆盖人群也有差别，选择合适的网站才能有针对性地向目标群体推销自己的产品。

虽然对网络广告资源的选择没有严格的标准，但还是有一些可以遵循的规律，可以根据一些重要的参数来进行判断。不同网站对广告的成本也是不同的，结合成本投入、播出频率、播出范围、网民特点、网站信誉等与网站有关的因素采取对策，就是网站策划。选择好了网站之后还要考虑广告的形式和与其他媒体的搭配问题。在形式上有网幅广告、图标广告、文字广告等。网络广告在媒体选择与组合上主要应考虑的形式有点击率、覆盖面、信誉度等。其考虑的思路可以从广告目的、广告成本、营销市场、竞争对手、潜在市场等与企业实际相关的商业环境出发。

网络广告可选择的投放媒体主要有：

（1）企业自身网站

实际上，企业的 Web 网站本身就是一个广告，在该网站上发布广告信息，不但树立了企业形象，也是宣传产品的良好工具。

（2）综合门户网站

目前，综合门户网站的网络广告收入仍占网络广告市场的最大份额。国内几大综合门户网站，诸如新浪、搜狐、网易、雅虎、腾讯等网站上，都有大量的广告投放。但与搜索引擎企业相比，传统门户网站的广告收入比重呈逐年下降的趋势。

（3）垂直、专业网站

垂直、专业网站是指专注于某一领域，力求成为某一领域的专业性网站，其特点就是专一。这些网站的网络广告凭借其专业细分化、市场定位更准确的特点，受到越来越多的广告主的青睐。

（4）搜索引擎网站

搜索引擎广告按效果付费的概念，被越来越多的中小企业广告主所接受。其特点在于广告投放的精准性、投放费用相对低廉，以及广告效果评价较高。

（5）博客社区类网站

网络社区的广告投放，对企业来说具有一定的口碑营销价值，其广告形式由大众行销转向精准营销，值得企业高度重视。典型的网络社区有：百度贴吧、天涯虚拟社区、猫扑大杂烩、西祠胡同、MySpace 交友社区等。

（6）客户端软件

据 CNNIC 的统计显示，几乎每个网民都在使用客户端软件，特别是一些较为知名的客户端软件，如迅雷、MSN 等的用户量非常大，庞大的用户量蕴藏着巨大的商机，这也使得客户端软件的广告价值深受企业关注。

（7）电子邮箱

庞大的电子邮箱用户群所蕴藏的广告价值也将为广告主带来意想不到的广告效果。

5. 网络广告投放时间的选择

网络广告的时间策划是其策略决策的重要方面，包括对网络广告时限、频率、时序及发布时间的考虑。时限是广告从开始到结束的时间长短，即企业的广告打算持续多久，这是广告稳定性和新颖性的综合反映。频率即在一定时间内广告的播放次数，网络广告的频率主要用在 E-mail 广告形式上。时序是指各种广告形式在投放顺序上的安排。发布时间有提前、即时和置后策略，分别为在产品进入市场前投放广告、网络广告发布与产品上市同时进行、产品进入市场后再投放网络广告。

5.2.2 网络广告收费模式

1. CPM

千人印象成本（Cost Per Mille 或者 Cost Per Thousand Impressions，缩写为 CPM），以广告每显示一千次作为单位收取广告费用，是网络广告中最常规的收费模式之一。

2. CPC

每点击成本（Cost Per Click；Cost Per Thousand Click），即网络广告每次点击的费用，一般以千人作为单位。CPC 也是网络广告界一种常见的定价形式。例如，关键词广告等依据效果付费的广告形式，一般采用这种定价模式。

3. CPA

每行动成本（Cost Per Action）是指按每发生一次广告点击行动，进行计价的收费模式。广告主为规避广告费用风险，只有当网络用户点击网络广告，链接广告主网页后，才按点击次数付给网络站点费用。

4. CPS

每购买成本（Cost Per Sales）是指广告主为规避广告费用风险，只有在网络用户点击网络广告并进行在线交易后,才按销售笔数付给广告站点费用。

5. CPT

按时间付费(Cost Per Time),也即常说的"包月方式"。包月方式是按照"一个月多少钱"这种固定收费模式来收费的。

网络广告各种收费方式的优劣势对比如表 5-1 所示。

表 5-1 网络广告各种收费方式的优劣势

广告计费方式	优势	劣势
CPM 按展示付费	1. 聚焦度高:用户的眼睛聚焦在手机屏幕内,使得手机屏幕内的展示容易吸引用户的注意; 2. 较少随意切换:限于网络带宽和终端功能,手机上网用户浏览手机网页时,较少随意切换	1. 广告效果测量有限:CPM 反映给广告主的仅仅是对其产品停留在"注意"这个层面的消费者数量; 2. 可操作性低:CPM 对于广告发布媒体来说可操作性较低
CPC 按点击计费	1. 点击率高:CPC 优势在于手机的广告点击率高于电脑的广告点击率; 2. 计费方便:广告主通过 CPC 计费可以看到广告价值的进一步体现	容易人为操控:广告发布网站的恶意点击会导致广告主利益受损
CPA 按效果付费	体现深层广告价值:CPM、CPC 都停留在用户的认知层面上,而 CPA 体现了用户的"行动"(下载、购买或者其他互动行为)	1. 具有较大风险:用户点击进入广告内容,取决于广告和产品本身,对于广告发布网站有一定风险; 2. 发布要求较高:CPA 对于技术、信用体系、广告发布网站的实力要求都很高
CPS 按购买量付费	有效促进商品销售:点击广告后,可直接进行购买操作;与用户喜好精准匹配。手机电子商务快速发展为 CPS 的发展创造巨大空间	1. 效果评估体系不健全,缺乏信用监督机构; 2. 需要解决相关技术问题
CPT 按时间付费	定价简单快捷:目前手机广告定价缺乏明确标准,CPT 对于媒体和广告主是最简单、最快捷的定价方法,这种计价方式多为广告发布媒体采用	广告主利益难保障:广告主无法根据最终的广告效果来支付广告费用,而媒体掌握了主动权,广告主的广告预算是否真正收到了效益。无法测量

5.2.3 网络广告效果评价

网络广告的主要目的在于促进商品或劳务的销售,但网络广告的作用是一项缓慢的过程,因此应把广告的经济效果和传播效果两方面进行综合衡量,并按照网络广告活动过程分阶段进行评估。一般认为,经济效果是网络广告效果最直接的体现,但经济效果往往比传播效果更难测定。

1. 网络广告传播效果评估

目前测定和评估网络广告传播效果主要侧重于三个方面:

(1)注意率

注意率包括广告的接触者数量、接触者范围以及在一定时期内接触广告的次数。

(2)到达率

到达率包括三个层次:知名度、理解率、确信率。即通过广告活动,企业名称、产品品牌等有多少消费者知道，有多少消费者理解了广告所传达的各种信息，又有多少消费者信服了这些广告信息继而转变了态度或采取了一定的购买行为。

（3）转化率指标

"转化"被定义为受网络广告影响而形成的购买、注册或者信息需求。有时，尽管顾客没有点击广告，但仍会受到网络广告的影响而在其后购买商品。

2. 网络广告经济效果评估

经济效果是评价网络广告效果的主要标准，点击率、CPC、CPM 这些统计指标都是评价网络广告效果的标准。但广告对销售有无帮助，是受到多方面因素影响的，有时销售量的变化并不能客观地反映网络广告的效果。所以，在进行经济效果评估时，还应考虑下面三种因素。

（1）商品销售统计的复杂性

网络广告只是影响商品销售的一个因素。商品销售额是诸多因素共同作用的结果，其中有商品质量、价格、销售渠道、售后服务、其他广告形式等，还涉及很多难以统计计算的消费者心理活动因素，这些因素组成一个有机的推销系统，衡量网络广告对商品销售的影响要把本系统内的各个因素综合考虑。销售效果不能只用网络广告效果来评价。

（2）网络广告效果的长期性

网络广告对商品销售的影响是长期的，有些网络广告的影响要经过一定时间才能表现出来。如果不考虑网络广告的这个特点，只通过商品销售的数据来评估网络广告的效果，这种评估就是不科学、不准确的测定。

（3）网络广告效果的间接性

由于商品销售的影响因素是多方面的，同时有关产品商标或企业印象建立等产生的推销效应也难以度量，有的消费者由于受广告影响的人推荐而购买。因此，广告销售效果只是在一定时期、一定范围内的相对效果。因此，我们对网络广告效果的认识，不应仅仅停留在是否马上促成了销售量的增加，还在于了解人们对企业的了解、对产品信誉的看法，因为这影响到商品的长远销售。

本章小结

网络广告就是在互联网上发布和传播的广告。网络广告的特点包括交互性强；没有时空限制；成本较低；广告效果可测评和追踪；广告的目标性、针对性强；表现形式多样化。利用网络广告可以实现网站推广、品牌推广、销售促进、信息反馈、顾客关系等功能。

网络广告投放形式灵活多样，网幅广告、文字链接广告、弹出窗口式广告、插播式广告、漂移广告、游戏广告等都是比较常见的广告形式。此外，一些新兴的广告形式，如富媒体广告、关键词广告、分类广告、问答式广告都是具有生命力的网络营销形式之一。

网络广告的投放策略涉及到诸多方面，一般的投放步骤包括网络广告的目标定位、网络广告的投放群体、网络广告的经费预算、网络广告的创意制作、网络广告的媒体选择、网络广告投放时间的选择、网络广告的效果检测和评估等。

网络广告的目标分别从市场营销策略、广告活动的目的、广告效果的三个角度来区分；投放群体除了锁定在网民中，还应关注间接的广告对象；网络广告的预算并非只是说明打算如何用这笔钱，还包括预测在广告投入之后会产生怎样的结果；网络广告的创意制作应提炼主题、进行有效诉求、建立品牌形象，并适当予以利益诱惑；网络广告在媒体选择时应考虑点击率、覆盖面、信誉度等问题；网络广告时间选择上应考虑包括对网络广告时限、频率、时序及发布时间等。

网络广告的收费模式较多，CPM 和 CPC 是常见的收费模式，其次还有 CPA、CPP、CPR 和包月方式。企业应根据自身特点灵活选择付费方式。

网络广告效果的检测和评估有一些重要指标可作参考，常用的指标包括网络广告点击数、回应率、转化率等。

主要概念和观念

□主要概念

  网络广告 网幅广告 文字链接广告 弹出窗口式广告 插播式广告 漂移广告
  游戏广告

□主要观念

  网络广告的形式 网络广告的投放

习题与训练 5

一、理论自测题

  1．单项选择题

（1）行为定向广告中，广告主锁定的是（　　）。
  A．目标客户   B．普通大众
  C．企业产品   D．企业网站

（2）目前，最常用的网络广告形式是（　　）。
  A．网幅广告   B．富媒体广告
  C．文字链接广告   D．弹出窗口式广告

（3）（　　）是依据播放次数来计算的收费模式。
  A．CPC   B．CPM   C．CPP   D．CPA

  2．多项选择题

（1）网幅广告的类型有（　　）。
  A．静态   B．动态   C．问答式   D．交互式

（2）网络广告投放时主要考虑（　　）。
  A．网络广告的投放群体   B．网络广告的媒体选择
  C．网络广告投放时间的选择   D．网络广告的经费预算

（3）测定和评估网络广告传播效果主要侧重于三个方面（　　）。
  A．注意率   B．到达率   C．转化率   D．表现率

3．判断题

（1）网络广告的创意制作应提炼主题、进行有效诉求、建立品牌形象、并适当予以利益诱惑。（　　）

（2）在投放网络广告时，一定要明确目标市场，将网络投放到适合企业产品的相应页面上。（　　）

（3）每千次点击成本是以广告网页被1000次浏览为基准的网络广告收费模式。（　　）

4．简答题

（1）简述网络广告可投放的媒体有哪些。

（2）简述网络广告的收费模式。

（3）简述网络广告效果评价的三种方法。

二、实务自测题

1．单项业务

企业发布网络广告来吸引目标客户，请列出网络广告的类型。

2．复合业务

"为××企业拟定网络广告发布方案"要求包括网络广告的整个投放策略。

三、案例分析题

移动广告案例：

红牛世界杯"挑战无止境 边界由我定"

第二十届世界杯在巴西举行，红牛于2014年6月12日~7月14日进行移动营销，借势世界杯引发全网关注,用足球向用户传递红牛的品牌个性,以推广红牛线上的世界杯主题活动。

一、品牌消费者受众分析

红牛的消费群体主要集中在夜间工作者、长期熬夜的大学生、白领；喜欢观看世界杯、讨论世界杯的爱球人群和崇尚运动健身、体育竞技、户外活动等人群。于是将目标受众精准锁定进行移动广告投放。

二、投放策略

1. 优化投放

每天投放≤3次曝光，能覆盖更广的目标受众，不会过多打扰受众，也不会曝光不足，使点击的效果更加突出。

2. 数据及时反馈

实时反馈目标人群的行为数据，针对不同的行为方式，给予不同的创意广告。如初次只浏览广告信息的人群，二次可投放互动广告引导用户参与互动。

3. 适时调整广告策略

以最优的竞价策略，保证目标受众的获得率，达到精准传播效果最大化。对投放期内素材的数据进行对比，将点击率低的素材和创意去除掉，进而提升广告点击率。

三、投放回报

超过一亿人次观看到本次广告。超过60万人通过广告点击，进入手机端活动页面。

（资料来源：豆丁网，红牛移动 DSP 案例特辑，http://www.docin.com/p-878833152.html）

问题：
（1）分析红牛本次移动网络广告的案例，对传统产业如何与网络进行合作有何借鉴作用。
（2）请谈谈移动广告应当如何吸引消费者的注意和兴趣。

分析要求： 学生分析案例提出的问题，拟出《案例分析提纲》；小组讨论，形成小组《案例分析报告》；班级交流，教师对各小组《案例分析报告》进行点评；在班级展出附有"教师点评"的各小组《案例分析报告》，供学生比较研究。

四、单元实训

<h3 style="text-align:center">网络广告设计能力训练</h3>

【实训目标】
引导学生参与网络广告各种形式的分析及网络广告设计的实践；通过对网络广告的设计使学生将本章内容融会贯通，培养专业实战能力。

【实训内容】
搜集相关资料，自己选择一个公司或某种产品，为其设计一个网络广告组合方案（形式不限）。

【实训时间】
在讲授本章时选择两个课时的上机时间。

【操作步骤】
（1）将班级每 4～6 位同学分成一组，每组确定 1 人负责。
（2）学生按组选择广告产品，进行分工协作。
（3）写出网络广告设计方案。
（4）各组在班级进行交流、讨论。

【成果形式】
实训作业：撰写《网络广告设计方案》。

任务6 开展微博营销

通过本章学习,应该达到以下目标:
理论目标: 了解微博营销的含义与原理;掌握微博的基本流程与原则。
实务目标: 具有灵活运用微博营销要素,提高产品推广、网站推广的能力。
案例目标: 运用所学的微博营销推广的方法研究相关案例,培养和提高开展微博营销方式的能力。
实训目标: 引导学生参加针对微博营销业务能力的实践;在切实体验微博营销的要素与流程,撰写《微博营销实施方案》等有效率的活动中,培养专业能力与职业核心能力。

引例:

微博话题助力《最强大脑2》

2015年3月,《最强大脑2》完美收官,作为节目的冠名赞助商,金典选择与微博平台合作,制定出台网互动话题营销以及事件营销两大活动策略。

节目播出期间通过屏幕提示用户参与微博话题互动讨论,既有机会在赢得晋级福袋的同时参与品牌抽奖活动。通过台网互动形成用户对#最强大脑#微博话题的关注,利用微博涟漪式的传播迅速引发话题热议,#最强大脑#微博话题总计阅读量超过了52.6亿次,用户讨论高达535万。这直接对节目形成了收视的反补,12期节目的平均收视率达到2.03,金典品牌在台和网同时获得了海量的曝光。

同时,通过微博联名红包的机制,与节目选手以及嘉宾联名向用户派发春节红包,这一方面充分调动了节目意见领袖粉丝的热情参与获得品牌额外露出,活动累计派发红包金额高达80万元,另一方面又将节目收视与话题热议推向了新的高峰。

活动期间微博通过品牌速递、热门话题、顶部公告、开机报头等广告产品,为品牌提供了360度用户触达的解决方案,帮助品牌提高曝光、触达目标受众、提升用户互动参与。

(资料来源:梅花网,2015年4月3日,金典《最强大脑2》完美收官,微博话题讨论突破52亿,http://www.meihua.info/a/62861)

金典作为节目的冠名赞助商,通过利用微博话题提升用户的参与度,引发滚雪球式的话题热议,最终达到了台上和网上的双赢。企业如何利用微博营销进行品牌塑造和宣传推广,是本章主要解决的问题。

6.1 微博概述

6.1.1 微博概念

1. 微博的含义

微博，即微博客（MicroBlog）的简称，是一种通过关注机制分享简短实时信息的广播式的社交网络平台。微博是一个基于用户关系信息分享、传播以及获取的平台。用户可以通过Web、WAP等各种客户端组建个人社区，以140字（包括标点符号）的文字更新信息，并实现即时分享。微博的关注机制分为单向、双向两种。

微博作为一种分享和交流平台，其更注重时效性和随意性。微博客更能表达出每时每刻的思想和最新动态，而博客则更偏重于梳理自己在一段时间内的所见、所闻、所感。因微博而诞生出微小说这种小说体裁。

最早也是最著名的微博是美国的Twitter。2014年3月27日，新浪微博宣布改名为"微博"，并推出了新的LOGO标识，新浪色彩逐步淡化。

2. 微博的特点

（1）内容简短

由于微博通常以140个字符（或汉字）为帖子的最长长度，这就使得微博的帖子很精炼，也使得微博非常适合快餐文化，微博的"短"，让更多人更容易表达，更愿意表达，同时，他也让微博的评论和回复变得更容易。

（2）平等交流

微博用户的背景各不相同，但在微博上大家都是平等的，用户不仅可以关注自己的偶像并看到他们的帖子，还能与他们进行互动交流。另外微博上的帖子及评论通常比较轻松，与其他相对严谨的媒体而言，更容易促进用户之间的平等交流。

（3）传播快速

一些重要的、新鲜的、有价值的或有趣的信息在微博上的传播速度非常快，这是因为如果帖子有价值，那么博主的粉丝就会通过转发将其分享出来，以此类推，有些帖子就可能在很短的时间内传播给很多人。

（4）即时信息

用户可以随时发布微博，同时，微博中还可以随时搜索到所有用户发布的帖子，包括用户最新发布的。百度等传统搜索引擎通常并不能保证网站上刚刚发布的信息就能被用户搜索到，因为他们抓取页面需要时间。

（5）开放群聊

微博上的讨论是开放式的，事先并不能确定哪些用户会参与进来，不同用户的参与使得微博的讨论常会产生更多新奇的观点。这种开放式的讨论比其他的社交网络平台更有吸引力。另外，一些微博平台也提供了"微博群"的功能，主要是为了让一些有相同需求的用户发布一些不想让外部看到的信息。

【同步案例 6-1】

黄刚与他的"物流与供应链"

黄刚的微博"物流与供应链"在一年时间做到 15 万的粉丝,成为微博物流行业的老大,是非常值得称道的。黄刚的旗下还拥有物流头条、中国供应链等多个微博账号,形成了一个微博矩阵;一共拥有 27 万粉丝,从而可以综合性地给客户提供各类一体化的专业服务,比如他发一条微博招聘广告,在帮助客户发布的两小时内,有 400 个简历投递。这比一般的猎头公司强太多了。

不仅如此,黄刚还可以在微博中为行业客户进行植入式传播,比如通过分享德邦物流的一个企业文化故事,有效地提升了德邦物流在行业的影响力,让大众认识到了德邦独特的企业文化。

黄刚微博经营得非常成功,既有专业性,又不乏趣味性和故事性。他发布的一条关于星巴克 APP 营销的微博,被转发了四万五千次。

问题: 分析黄刚的微博火爆的原因。

分析提示: 黄刚做的事情,是线上做影响力、线下做服务的最好例子。通过微博建立线上的影响力,然后再通过咨询、培训等方式变现,这是自媒体时代一个非常自然的选择。

【教学互动 6-1】

互动问题:

2015 年 3 月 6 日,持续 30 多天的微博"2015 年#让红包飞#"活动落幕。15 亿红包彻底引爆了网友热情,更有 1000 多家企业机构在微博送出 3.2 亿个红包,使微博成为企业春节回馈粉丝的最佳平台。大家参与抢红包的活动了吗,对这场红包盛筵带来的双赢,你怎么看?

要求:

同教学互动 1-1。

6.1.2 企业微博

1. 企业微博概述

企业微博,是一个基于客户关系的信息分享、传播以及获取平台,企业可以通过 Web、WAP 以及各种客户端组建个人社区,以 140 字左右的文字更新和企业信息,并实现即时商业分享。

随着互联网用户爆炸式增长,企业越来越注重网络营销。伴随着微博在互联网中的走俏,越来越多的企业在微博中开通官方账号,试水微博营销。

2. 企业微博的功能

(1) 品牌宣传

利用微博向消费者宣传企业新闻、品牌故事,使之对企业品牌具有更高的忠诚度。微博独特的交流方式可以让品牌具有更多的形象。在这里,消费者的互动性和主动性得到了极致发挥,不仅增加了用户体验的黏性,容易产生忠实的"粉丝群"。通过微博,企业可以发起各种话题,吸引公众参与讨论,也可以开展丰富多样的活动(如线上直播、有奖竞猜、在线投票、捐赠等),实现与用户的互动。

（2）产品销售

企业通过微博，向消费者发送新品、优惠折扣等信息，将关注转化成实际的持续销售额。企业通过微博发布的信息往往短小精悍、言简意赅。用户看起来既方便快捷，也不会因长篇累牍而觉得反感，甚至回避。除此之外，微博的另一个特点在于信息的多种发布渠道。微博用户可以通过手机移动设备、IM 软件（MSN\QQ\Skype）以及外部的 API 接口，随时随地在微博中发布信息，并通过转发与好友共享和交流。

（3）客户服务

企业借助微博，可以在第一时间了解和处理消费者对产品的意见和建议。使用微博搜索功能，可以对与品牌、产品相关的话题进行监控，方便及时地进行危机公关。

【同步案例 6-2】

红牛借力#五环变四环#的微博话题营销

2014 年，索契冬奥会的开幕式着实是让大家有些意外，体育场上空绽放的五朵巨大的雪绒花，由于技术失误，有一个环始终没有成功绽开，敏感的企业开始抓住机会进行借势营销，红牛也借势推广其"能量"诉求，吸引体育爱好者的目光。

红牛微博话题营销执行内容如下：

（1）2月8日上午，快速创作五环变四环创意，上午11:52 在红牛官方微博发出创意稿；

（2）联络体育界、营销圈、广告圈等意见领袖参与话题；

（3）与参与活动人群进行积极互动。

文案：#五环变四环# 打开的是能量，未打开的是潜能

此次微博营销效果：

（1）本次传播，活动当天参与用户过千，总覆盖用户 919 万人次，正面评论95%以上；

（2）众多媒体大号进行集合贴二次传播，微博集合贴覆盖粉丝 595 万；

（3）央视财经、搜狐新闻、艾瑞网、4A 广告提案网、PRView 等数十家网站给予了积极

报道，并评为本次事件最佳借势传播创意。

问题： 红牛此次的微博营销为何能够成功？

分析提示： ①借势索契冬奥会热点，成功调动网友情绪；②以最快的速度进行创意；③创意上，寻找到红牛品牌精神与五环变四环事件的契合点；④传播上，利用体育界、营销圈、广告圈扩大品牌传播。

6.2 微博营销的实施

6.2.1 微博营销的优势

微博营销可以借助先进多媒体技术手段，从文字、图片等展现形式对产品进行描述，从而使潜在消费者更形象直接地接受信息，往往是以消费者的心态为出发点。具体优势如下：

1. 成本较低，效益高

微博营销之所以得到数百家企业品牌的青睐，不仅是用户群体广，更加考虑到营销成本问题。微博营销注重线上活动策划，在这上面上相对而言，消耗的人力以及物力成本较小，正因为用户群体广泛，能够精确锁定目标受众，因此在营销过程中更加高效，收益上面自然较高。当然，成本高低、收益高低还需要考虑主题策划的四要素，时间、地点、人物、事件都必须经过深思熟虑，需要慎重做出选择以及全面思考。

2. 用户覆盖广，传播速度快

微博用户本身在日益剧增，用户群体比较广泛，企业能够更加快速地寻找到目标受众，针对性较强，能够精准到营销受众，通过对粉丝的积累，能够有效利用众多粉丝的关注进行病毒式传播，不断提高影响力。不仅如此，企业与企业之间、企业与名人明星之间同样能够进行合作，这样产生的效益更广，更为突出，会获得更多微博用户的关注以及更广泛的传播。微博的功能也较为强大，一键转发便能够实现分享。

3. 操作简单便捷

微博的应用非常简单，自身考虑到用户行为模式，一键转发、评论较为方便，并且每一条微博的内容都比较精炼，没有以往的长篇大论，对于忙碌的上班族而言最适合不过了，能够在短时间内关注到焦点事件。不仅如此，微博开通的多种 API 能够让用户与用户之间实现即时分享，用户可以通过手机、E-mail、Web 等方式发布短消息，分享身边的事物，让更多的人参与进来。

4. 多媒体信息，利于阅读

微博营销过程中注重创意，创意内容中往往需要利用多媒体技术，而微博本身就借助了先进的多媒体技术手段，企业或者营销者可以从文字、图片、声音、视频等多种展现形式将产品进行描述，让创意更加生动，更加有内容，从而使潜在消费者更加容易接受信息，对于树立企业形象更加有力。不仅如此，丰富多彩的创意内容更加防止出现审美疲劳，利于用户阅读以及体验。

5. 互动性强

微博通过转发、@、评论、收藏等功能，能与粉丝即时沟通，及时获得用户反馈，是商家与用户的互动营销中不可或缺的一部分。而微博营销正是具备很强的互动性这一特点。

6.2.2 微博经营诀窍

1. 注重价值的传递

企业博客经营者首先要改变观念——企业微博的"索取"与"给予"之分，企业微博是一个给予平台。那些能对浏览者创造价值的微博自身才有价值，此时企业微博才可能达到期望的商业目的。企业只有认清了这个因果关系，才可能从企业微博中受益。

2. 注重微博个性化

微博的特点是"关系""互动"，因此，虽然是企业微博，但也切忌仅是一个官方发布消息的窗口那种冷冰冰的模式。要给人感觉像一个人，有感情，有思考，有回应，有自己的特点与个性。

一个浏览者觉得你的微博和其他微博差不多，或是别的微博可以替代你，都是不成功的。这和品牌与商品的定位一样，必须塑造个性。这样的微博具有很高的黏性，可以持续积累粉丝与专注，因为此时的你有了不可替代性与独特的魅力。

3. 注重发布的连续性

微博就像一本随时更新的电子杂志，要注重定时、定量、定向发布内容，让大家养成观看习惯。当其登陆微博后，能够想着看看你的微博有什么新动态，这无疑是成功的最高境界，虽很难达到，但我们需要尽可能出现在受众面前，先成为思想中的一个习惯。

4. 注重互动性加强

微博的魅力在于互动，拥有一群不说话的粉丝是很危险的，因为他们慢慢会变成不看你内容的粉丝，最后更可能离开。因此，互动性是使微博持续发展的关键。第一个应该注意的问题就是，企业宣传信息不能超过微博信息的10%，最佳比例是3%～5%，更多的信息应该融入粉丝感兴趣的内容之中。

"活动内容+奖品+关注（转发/评论）"的活动形式一直是微博互动的主要方式，但实质上奖品比企业所想宣传的内容更吸引粉丝的眼球，相较赠送奖品，企业微博若能认真回复留言，用心感受粉丝的思想，才能换取情感的认同。如果情感与"利益"（奖品）共存，那就更完美了。

5. 注重系统性布局

微博营销虽然看起来很简单，对大多企业来说效果也很有限，从而被很多企业当作可有可无的网络营销小玩意儿。企业想要微博发挥更大的效果就要将其纳入整体营销规划中来，这样微博才有机会发挥更多作用。

6. 注重准确的定位

对于企业微博来说，"粉丝"质量更重要。因为企业微博的商业价值，需要这些有价值的粉丝。很多企业发现：微博人数都过万了，可转载、留言的人很少，宣传效果不明显。这其中一个很重要的原因就是定位不准确。如果是玩具行业，那么就围绕一些产品目标顾客关注的相关信息来发布，吸引目标顾客的关注，而非是只考虑吸引眼球，导致吸引来的都不是潜在消费群体。在这个起步阶段很多企业博客陷入这个误区当中，完全以吸引大量粉丝为目的，却忽视了粉丝是否目标消费群体这个重要问题。

7. 企业微博专业化

微博不是企业的装饰品，如果不能做到专业，只是流于平庸，倒不如不去建设企业微博，因为，作为一个"零距离"接触的交流平台，负面的信息与不良的用户体验很容易迅速传播开，并为企业带来不利的影响。

8. 注重内容的有效性

微博不会飞，但是速度却快得惊人，当极高的传播速度结合传递规模，所创造出惊人的力量有可能是正面的，也可能是负面的。因此，必须有效管控企业微博这把双刃剑。

9. 注重方法与技巧

想把企业微博变得有声有色，持续发展，单纯在内容上传递价值还不够，必须讲求一些技巧与方法。比如，微博话题的设定、表达方法就很重要。如果你的博文是提问性的，或是带有悬念的，引导粉丝思考与参与，那么浏览和回复的人自然就多，也容易给人留下印象。反之带来新闻稿一样的博文，会让粉丝想参与都无从下手。

10. 注重模式创新

虽然微博营销出现的时间不长，但有一些企业已经走在了前面，尤其美国一些企业已经取得了较为显著的成效，企业应该多参考借鉴这些成功案例，而后结合企业自身特点与客观环境进行创新。

6.2.3 微博写作技巧

1. 信息内容风趣幽默

企业微博发布就是单向地把企业的内容（如企业博客的文章、新品发布、企业新闻等）告知给其跟随者，以达到扩大宣传范围、提高知名度的效果。但在发布这类内容的时候需要注意，要保证这些更新有阅读价值，不要发布一些无聊的更新。多发一些有趣、有特色的更新，会得到更多的转载，并提高企业博客的关注度。

2. 采用多媒体丰富微博内容

微博上大多支持视频、音乐等，图、文、视频、音乐，海陆空立体化攻击，企业微博不扮演黑板报，而扮演多媒体。当然，多媒体内容也不能滥用，微博还是要体现文字之美。而多媒体手段在大多数情况下，是起到一个画龙点睛的作用，因此多媒体内容一定要和文字契合。

3. 抓住热点

巧妙地使用"#热门话题#"的作用，积极参与到这些热门话题讨论之中去。因为这些热门话题，往往都有成百上千的微博用户订阅了，那么你参与之后，你的言论就能及时展现在那些订阅用户面前，他们就有可能会转发你的微博或者添加你为关注对象，其传播效率就较之只面对自己的粉丝要高出许多。

4. 不断置顶

置顶可以使那条你认为不错的，因为机遇不好没有得到重视的微博，得到更多的关注。

5. 利用直播贴

直播贴适用于内容较多，但又不适合通过微博发布链接的方式来表现的话题。采用直播贴除了可以达到不断置顶的效果外，还可以让别人进行拓展性阅读。直播贴的写作方法是：先将第一条的140个字作为导语，把最关键最想表达的东西写上去，在随后的微博直播中，可以多提点思考和建议，这样的话题才会比较有建设性。

6. 巧用@赢得热推

适当的@可以刺激博主评论并转发你的微博，从而实现进一步的分享。当然@还是很有讲究的,对于有一定知名度的博主,可以采用"@知名媒体"或"@知名人物";如果是普通博主,可以@平时转发你的微博比较多的粉丝,以及你的粉丝中关注人数比较多的博主。@的内容要与对方平常关注的内容一致,避免过度@。

【小知识 6-1】

微博运营雷区及解决办法

雷区一:

很多人会把公司和公司高管联系在一起,尤其是董事长、CEO、市场总监、新闻发言人等。因此高管发表的对行业内的看法,很可能被认为是公司的看法,或者记者引用时采用"XX公司董事长YY也在微博中表示"。

解决办法:高管的微博是个人微博,因此内容可以不受官方微博的限制,但在谈到与公司业务相关的领域时需注意,这些观点具有公司属性,应与公司观点保持一致。

雷区二:

越来越多的官方微博由公司的新闻发布机构建立,他们中有的就把轻车熟路的"官话、空话、套话"用到微博。这样的微博很难吸引读者的注意,而且他们在微博中通过"评论/转发"不断质疑,将使公司更为被动。

解决办法:及时回复,直接回复,该承认的错误或不足就承认,并公布整改办法,请网民监督。越真诚,越直接回复,效果越好。

雷区三:

由于微博24小时运作,博友随时可能会提出各种各样的问题,如果不能及时回复,很可能被猜疑。而请示领导,领导又不能按所有网民能清楚理解的语言回答问题,因此,大多数时候,只会耽误时间。

解决办法:建立快速反应流程及基本答案要点。最关键问题,第一时间联系具体负责人,然后马上回复。次关键问题,应以微博评论方式回应"收到",且告知按什么进程处理。一般问题,则建立问答库,由微博值班人员及时回复。

雷区四:

由于微博的互动性,官方微博经常会面临其他方式很难遇到的尖锐问题。简单回避并不能解决问题,反而可能因不断传播而造成负面影响。

解决办法:个人问题以及其他与官方关系不大的问题,可直接回复"不在本微博关注范围",不予回答。谩骂、质疑等问题,可不直接回应,而是选择适当的时机,以适当的口径陈述观点,以做到不卑不亢,有理有据。

本章小结

微博,即微博客(MicroBlog)的简称,是一种通过关注机制分享简短实时信息的广播式的社交网络平台。微博的关注机制分为单向、双向两种。微博的特点是内容简短、平等交流、传播快速、即时信息、开发群聊。

企业微博,是一个基于客户关系的信息分享、传播以及获取平台,企业可以通过 Web、WAP以及各种客户端组建个人社区,以140字左右的文字更新和企业信息,并实现即时商业分享。企业微博的主要功能有：品牌宣传、产品销售和客户服务。

微博营销可以借助先进多媒体技术手段，从文字、图片等展现形式对产品进行描述，从而使潜在消费者更形象直接地接受信息，往往是消费者的心态为出发点。具体优势有：成本较低，效益高；用户覆盖广，传播速度快；操作简单便捷；多媒体信息，利于阅读；互动性强。

经营微博的诀窍有：①注重价值的传递；②注重微博个性化；③注重发布的连续性；④注重互动性加强；⑤注重系统性布局；⑥注重准确的定位；⑦企业微博专业化；⑧注重内容的有效性；⑨注重方法与技巧；⑩注重模式创新。

微博写作的技巧有：①信息内容风趣幽默；②采用多媒体丰富微博内容；③抓住热点；④不断置顶；⑤利用直播贴；⑥巧用@赢得热推。

主要概念和观念

□主要概念

微博营销的含义

□主要观念

微博营销的实施方法

习题与训练6

一、理论自测题

1．单项选择题

（1）2014年3月27日，（　　）宣布改名为"微博"，并推出了新的LOGO标识来宣传网络。

A．网易微博　　　B．腾讯微博　　　C．新浪微博　　　D．twitter

（2）企业借助微博，可以在第一时间了解和处理消费者对产品的意见和建议。这属于企业微博功能中的（　　）。

A．品牌推广　　　B．产品销售　　　C．客户服务　　　D．以上都是

（3）大部分微博对发表文章字数的要求是（　　）。

A．不超过60字　　　　　　　　　B．不超过70字

C．不超过140字　　　　　　　　D．不限制

2．多项选择题

（1）下列属于微博特点的有（　　）。

A．内容简短　　　B．传播快速　　　C．即时信息　　　D．开放群聊

（2）微博借助了先进的多媒体技术手段，企业或者营销者可以通过（　　）等多种展现形式对产品进行描述。

A．文字　　　B．图片　　　C．声音　　　D．视频

(3) 下列属于微博互动的主要方式的有（　　）。

　　A．微博活动　　　B．活动奖品　　　C．微博关注　　　D．转发/评论

3．判断题

（1）微博上的讨论是开放式的，你事先并不能确定哪些用户会参与进来。（　　）

（2）微博的关注机制分为单向、双向两种。（　　）

（3）使用微博搜索功能，可以对与品牌、产品相关的话题进行监控，方便及时地进行危机公关。（　　）

4．简答题

（1）企业微博有哪些功能？

（2）简述微博营销的优势。

（3）微博有哪些写作技巧？

二、实务自测题

1．单项业务

企业通过微博营销来吸引目标客户，请列出企业博客的经营诀窍。

2．复合业务

为××企业拟定网络营销推广方案，要求微博营销与其他网络营销方法组合使用。

三、案例分析题

中国微博营销第一案

42篇微博，一道"笔误门"，2天内让金山软件在港股暴跌达到13.88%，一天之内蒸发逾6亿港元市值。由于各大网媒的疯狂爆炒和十几万网民热情参与，360董事长周鸿祎借微博炮轰金山的举动也已被网友喻为"中国微博营销第一案"。

2010年5月25～27日，360安全卫士董事长周鸿祎在新浪、搜狐、网易、腾讯等四大门户微博上，每天密集发布数十篇博文，向公众披露360与金山的恩怨和杀毒行业互相攻击的黑幕。周鸿祎用调侃的文字、大量详实数据，指出金山网盾破坏360产品的细节，最终导致360被迫放弃其兼容。很快，金山安全负责人也加入战团，在针锋相对回应的同时，也承认了金山在AVC评测上存在"宣传上的失误"，同时还称金山已于25日修复了金山网盾的"技术漏洞"。

而此前，对360指出金山网盾存在的高危漏洞，金山曾以高调否认来回应。由于金山毒霸将所获AVC"倒数第一"的成绩宣传成"全球第一"，打假名人王海将北京金山软件有限公司和销售商连邦公司起诉到法院，并以涉嫌虚假宣传为由双倍索赔。随后，金山公司回应称系工作人员笔误。此事迅速被微博网友热炒为"史上最牛笔误"，又称金山"笔误门"。

金山与360口水事件的戏剧化发展，加上各大微博纷纷重点推荐由周鸿祎发起的这一微博大战，吸引了十几万网民驻足"观战"，以至于有网民留言称"班也没心思上了，就跟看戏似的，早早搬个小板凳等着直播"。

问题：

（1）分析此案例被称为"中国微博营销第一案"的原因。

（2）分析该案例给我们的启示。

分析要求： 学生分析案例提出的问题，拟出《案例分析提纲》；小组讨论，形成小组《案例分析报告》；班级交流，教师对各小组《案例分析报告》进行点评；在班级展出附有"教师点评"的各小组《案例分析报告》，供学生比较研究。

四、单元实训

微博营销能力训练

【实训目标】

引导学生参加"微博营销应用能力训练"的实践训练；在切实体验《微博营销设计》的准备与撰写等有效率的活动中，培养相应专业能力与职业核心能力；通过践行职业道德规范，促进健全职业人格的塑造。

【实训内容】

专业技能与能力：选择2~3个企业微博，了解它们是如何通过微博推广企业和产品，如何提高企业微博的点击率。

【实训时间】

在讲授本章时选择课下上机时间。

【操作步骤】

（1）将班级每4~6位同学分成一组，每组确定1人负责。

（2）学生按组选择微博，进入调查，并将调查情况详细记录。

（3）对调查的资料进行整理分析。

（4）依据微博理论，找出各微博的营销宣传模式和推广形式。

（5）写出分析报告。

（6）各组在班级进行交流、讨论。

【成果形式】

实训课业：撰写《企业微博营销分析报告》。

任务 7　开展微信营销

通过本章学习，应该达到以下目标：

理论目标：了解微信的分类与工作原理；掌握微信营销的基本概念与任务；熟悉微信营销的开展模式与方法。

实务目标：具有运用微信营销，不仅让粉丝知晓企业，增强信赖度，更重要的是产生依赖。具有根据企业需求，定制微信营销方案的能力。

案例目标：运用所学的微信营销实施方法，研究相关案例，培养和提高对企业开展微信营销方式的分析与设计能力。

实训目标：引导学生参加针对微信营销等业务应用能力的实践；通过对微信公众账号营销的开展，使学生将本任务内容融会贯通，培养专业能力与职业核心能力。

引例：

羊年央视春晚：微信摇一摇抢红包，引全民狂欢

羊年央视春晚的微信摇一摇，成为羊年迎新的新手段。央视选择微信移动互联网社交平台，就是希望通过互动和社交分享效应，抓住参与感和娱乐化的互动精髓，改变过去单向接受的观看习惯。微信"春节摇红包"活动在除夕当晚进入高潮，当晚共发放由众多品牌企业赞助的 5 亿现金微信红包。22:32 开始，用户点击微信"发现—摇一摇"，即可进入参与"摇红包"活动。

数据显示，在全民抢红包时段（22:32-22:42），共计发出 1.2 亿个红包。从除夕 20:00 至初一 0:48，央视春晚微信摇一摇互动总量达 110 亿次，互动祝福在 185 个国家传递了 3 万亿公里。当晚峰值出现在 22:34，互动量高达 8.1 亿次/分钟。

（资料来源：中关村在线，"2015 央视春晚：微信摇一摇红包引发全民互动狂欢"，http://news.zol.com.cn/article/390266.html，2015-02-21）

"过春节，看春晚"，在过去的 33 年里，春晚已成为中国人过年一道不可或缺的风景。春晚是世界收视率最高的综艺晚会。手机和网络浪潮不仅急速地改变了社会生产力和产业组织模式，这股强大的力量也透过对用户行为的改变，进而深刻地改变了我们的传统文化。手机上的年味正在被社交和服务带动着，让我们的春节生活变得更便捷，也更丰富。当央视这种传统综合型媒体选择微信等移动互联网社交服务平台，这种大平台对接服务后带来的引流和辐射力，将在未来呈现出更强的力量，而央视也以自己的创新内核，在互联网乃至移动互联网的发展潮流中找准了自己的位置。企业如何利用微信推广产品，黏住粉丝，口碑传播，是本任务主要解决的问题。

7.1 微信概述

7.1.1 微信基本概念

1. 微信的含义

微信（英文名：Wechat）是一种即时通信工具，腾讯公司于 2011 年 1 月 21 日推出的手机端免费应用程序，通过网络发送免费文字、图片和语音短信。微信提供公众平台、朋友圈、消息推送等功能，用户可以通过"扫一扫""摇一摇""附近的人""漂流瓶"方式添加好友和关注公众平台，同时将内容分享给好友以及将用户看到的精彩内容分享到微信朋友圈。截至 2013 年 11 月注册用户量已经突破 6 亿，是亚洲地区最大用户群体的移动即时通讯软件。

2. 微信营销的含义

微信营销是网络经济时代一种利用手机端免费即时通讯工具的企业营销模式和移动互联网络营销方式。用户注册微信后，可与周围同样注册的"朋友"形成一种联系，用户订阅自己所需的信息，商家通过提供用户需要的信息，推广自己的产品，从而实现点对点的营销。微信营销主要体现在针对移动客户端进行的区域定位营销，商家通过微信公众平台，展示商家微官网、微会员、微推送、微支付、微活动，形成了一种线上线下微信互动营销方式。

【同步案例 7-1】

桑拿中心的成功微信营销

深圳的一家守法经营、没有涉黄的桑拿中心，通过微信营销，每月销售多增加 60 万元。这家桑拿中心首先给每名技师都配置一部 3G 手机，让技师都建立个人微信账号，个人头像用青春、朝气的相片。个性签名写上浪漫诗句，特别注明"色情勿扰"。朋友圈里面放一些时尚、青春的相片，把朋友圈权限设定为"允许陌生人查看十张照片"。安排桑拿技师拿着手机去周边一些居民区和写字楼场所，走动两三个小时，这时技师的微信都会收到不少的搭讪，平均每人每天不会少于二三十次。一个月每部技师手机就可以有不下千人来搭讪。50 名技师意味有 5 万人搭讪。在搭讪过程中，要求技师们在被问及职业的时候，直接说明。对于部分试图涉黄者，直接拉黑。同时，要求技师们不要主动邀请聊天对象来会所消费，对于外出邀请，可以采取工作忙为由拒绝。

因为晚上技师们要上班，设计了一个集中聊的方式，晚上把手机集中起来，统一由专人用文字的方式回复。每隔两三天的时候，技师们在朋友圈里面发一两张生活照，维持朋友圈的活跃度。一般来说，整个微信好友中，会有约 5%~6% 左右的人愿意来桑拿会所消费。这样 5 万左右的搭讪，换来了 3000 左右的客人。平均每人消费 168 元的套餐，每天通过微信来的客人不少于 100 人，每月增加收入超过 60 万元。

问题： 桑拿中心收益增加的原因是什么？

分析提示： 该桑拿中心的微信营销做到了切入目标人群喜好，所发照片都具有青春气息，注明"色情勿扰"，告诉客户桑拿服务的合法性；不直推广告，从来不主动邀请用户来消费，因为用户最不喜欢各种推送的广告信息；真诚，当用户询问身份的时候，毫不隐瞒，可以增强信任度。成功的微信营销不止上面这些因素，应针对不同行业和产品的特点，制定适合企业的微信营销方案。

7.1.2 微信公众号

1. 微信公众号的定义

微信公众号是微信的一个功能模块，个人和企业都可以打造一个微信的公众号，并实现和特定群体的文字、图片、语音的全方位沟通、互动。公众平台通过认证后具有二维码订阅、消息发送、品牌传播等特色功能，是企业进行营销推广的有效手段。微信营销公众平台是利用公众账号平台进行自媒体营销活动，简单来说就是进行一对多的媒体性行为营销活动。

2. 微信营销公众号的分类

（1）服务号

服务号给企业和组织提供的业务服务与用户管理能力，帮助企业实现及时、贴心服务的公众平台。在好友对话列表中显示信息内容，每月群发 4 次。如图 7-1 所示为郑州车管所微信公众服务号。

（2）订阅号

订阅号为媒体和个人提供一种信息传递方式，构建与读者之间的沟通与管理模式。在"订阅号"文件夹中显示信息，每天群发一次。如图 7-2 所示为亿邦动力网微信公众订阅号。

图 7-1　郑州车管所微信公众服务号

图 7-2　亿邦动力网微信公众订阅号

（3）企业号

企业号为企业或组织提供移动应用入口，帮助企业建立与员工、上下游供应链及企业应用间的连接。如图 7-3 所示为微信公众企业号。

3. 微信公众账号注册

登陆微信网站 mp.weixin.qq.com 注册微信公众平台账号，注册应准备的资料如图 7-4 所示。

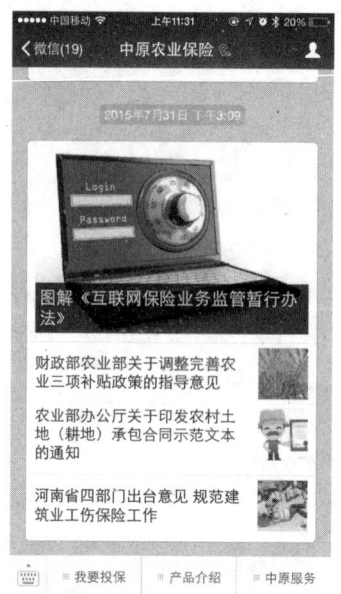

图 7-3　微信公众企业号

公众帐号注册需要准备的材料				
政府类型	媒体类型	企业类型	其他组织类型	个人类型
政府全称	组织名称	企业名称	组织名称	身份证姓名
运营者身份证姓名	组织机构代码	营业执照注册号	组织机构代码	身份证号码
运营者身份证号码	运营者身份证姓名	企业对公账户	运营者身份证姓名	运营者手机号码
运营者身份验证	运营者身份证号码	运营者身份证姓名	运营者身份证号码	
运营者手机号码	运营者身份验证	运营者身份证号码	运营者身份验证	
	运营者手机号码	运营者身份验证	运营者手机号码	
		运营者手机号码		

图 7-4　微信公众账号注册需准备的资料

企业设置微信号应遵循的原则：①便于记忆；②不用各种符号；③尽量短。

7.1.3　微信朋友圈

1. 微信朋友圈的定义

微信朋友圈指的是微信上的一个社交功能，用户可以通过朋友圈发表文字和图片，将文章或者音乐分享到朋友圈。用户可以对好友新发的照片进行"评论"或"赞"，用户只能看相同好友的评论或赞。

2. 微信朋友圈的功能

图片：微信朋友圈可直接发布图片动态。图片可以选择拍照或者从相册中选取，一次最多可以分享九张图片。

视频：微信朋友圈在选择发布内容的时候，可以选择拍摄小视频发布分享，当前支持最长 8 秒钟的小视频分享。

文字：微信朋友圈可直接发布文字信息，长按发布朋友圈的相机图标，可以进入发布纯文字动态的界面。

评论和点赞：朋友圈分享可以评论和点赞。自己发表的评论可以随时删除，点赞再点击一次可以取消。每条消息只能进行一次点赞操作。朋友的朋友圈下的评论只有共同的联系人才可以看到。

朋友圈还有网页链接、广告、拉黑、分组、地点和@等功能。从 2012 年 4 月 19 日发布微信版本 4.0，到 2015 年 1 月 25 日朋友圈上线广告，朋友圈的功能始终在不断增加中。

【教学互动 7-1】

互动问题：

近来不少微信用户发现，自己的微信"朋友圈"里突然多了一些生意人：一些"好友"频频晒出高仿的国际大品牌包袋，或者是推送新款服装、美食、面膜、化妆品代购等信息。有用户反映，当他们通过微信"朋友圈"买了假货打算退货时，却发现已联系不上卖家。请谈谈你如何看待朋友圈"杀熟"现象？

要求：

同教学互动 1-1。

7.1.4 微信支付

1. 微信支付定义

微信支付是由微信及第三方支付平台财付通联合推出的互联网支付产品。有了微信支付，用户的智能手机就成为了一个全能钱包，用户不仅可以通过微信与好友进行沟通和分享，还可以通过微信支付购买合作商户的商品及服务。用户只需在微信中关联一张银行卡，并完成身份认证，即可将装有微信 APP 的智能手机变成一个全能钱包，之后即可购买合作商户的商品及服务，用户在支付时只需在自己的智能手机上输入密码，无需任何刷卡步骤即可完成支付。

2. 微信支付流程

首次使用，需用微信"扫一扫"扫描商品二维码或直接点击微信官方认证公众号的购买链接。点击"立即购买"，首次使用会有微信安全支付弹窗弹出，如图 7-5、图 7-6 所示。

图 7-5 麦当劳立即购买

图 7-6 微信安全支付

点击立即支付，提示添加银行卡，如图 7-7、图 7-8 所示。

填写相关信息，验证手机号，如图 7-9、图 7-10 所示。

图 7-7 添加银行卡

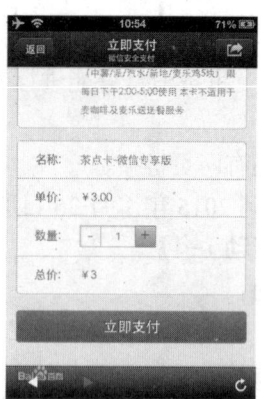

图 7-8 立即支付

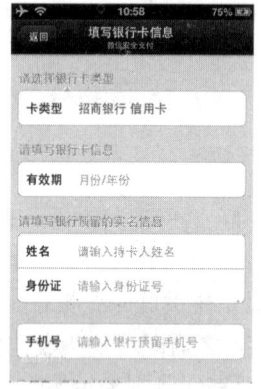

图 7-9 填写银行卡信息

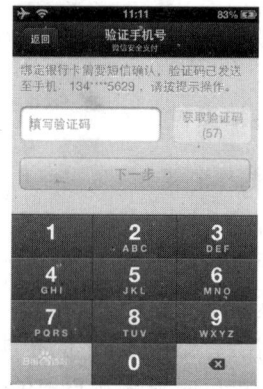

图 7-10 验证手机号

设置支付密码，购买成功，如图 7-11、图 7-12 所示。

图 7-11 输入支付密码

图 7-12 交易详情

3. 微信支付安全五保障

（1）技术保障

微信支付后台有腾讯的大数据支撑，海量的数据和云计算能够及时判定用户的支付行为是否存在的风险。基于大数据和云计算的全方位的身份保护，最大限度保证用户交易的安全性。

同时微信安全支付认证和提醒,从技术上保障交易的每个环节的安全。

(2) 客户服务

7*24 小时客户服务,加上微信客服,及时为用户排忧解难。同时为微信支付开辟的专属客服通道,以最快的速度响应用户提出的问题并做出处理判断。

(3) 业态联盟

基于智能手机的微信支付,将受到多个手机安全应用厂商的保护,如腾讯手机管家等,将与微信支付一道形成安全支付的业态联盟。

(4) 安全机制

微信支付从产品体验的各个环节考虑用户心理感受,形成了整套安全机制和手段。这些机制和手段包括:硬件锁、支付密码验证、终端异常判断、交易异常实时监控、交易紧急冻结等。这一整套的机制将对用户形成全方位的安全保护。

(5) 赔付支持

如果出现账户被盗被骗等情况,经核实确为微信支付的责任后,微信支付将在第一时间进行赔付;对于其他原因造成的被盗被骗,微信支付将配合警方,积极提供相关的证明和必要的技术支持,帮用户追讨损失。

【小知识 7-1】

移动支付:未来的支付方式

移动支付(Mobile Payment),也称之为手机支付,是指交易双方为了某种货物或者服务,使用移动终端设备为载体,通过移动通信网络实现的商业交易。移动支付系统将为每个移动用户建立一个与其手机号码关联的支付账户,其功能相当于电子钱包,为移动用户提供了一个通过手机进行交易支付和身份认证的途径。付费方式可通过多种途径实现,如直接转入银行、用户电话账单或者实时在专用预付账户上借记,这些都将由移动支付系统来完成。移动支付方式有:短信支付、扫码支付、指纹支付、声波支付等。

微信"摇一摇"、支付宝"戳一戳"是羊年春节抢红包的流行动作。这是我国两大移动支付工具羊年春节营销大对决的结果,通过网络红包让人们产生对移动支付的依赖。

7.2 微信营销实施

7.2.1 微信营销优势

1. 内容完整

微信公众账号群发的每一条信息,文字、图片、视频都能够准确无误地发送到移动终端。为微信营销打下了便捷沟通的良好基础。

2. 受众精准

企业营销目标人群如果主动订阅公众账号,则成为账号粉丝,他们对群发信息无抵触情绪,将主动获取微信公众账号信息。使微信营销信息展示具备了亲和力。

3. 曝光率高

微信具有信息提醒功能,红点提醒未阅读信息,信息直达客户手机,百分百可以看到信息，所以微信公众账号关注度高，曝光率高。

4. 良好客户管理

微信公众平台是为企业服务的。通过客户管理，区分老客户和新客户，分别定时发送特定信息，避免垃圾信息。可以和客户互动，设置查询，搜索等功能，进行良好的客户管理。

【教学互动 7-2】

互动问题：

移动端主要工具是手机，手机比电脑屏幕要小得多，用户长时间盯着手机看会很痛苦。用户通常是在走路、坐车、吃饭、同学聚会、上厕所等碎片化时间看手机，使用的是浅层注意力，人们扫描网页的层次次序是大标题—中标题—小标题—图片—文字。因此，微信营销应避免什么？

要求：

同教学互动 1-1。

7.2.2 微信经营诀窍

1. 微信营销专业团队

应有专人经营微信，才能产生营销效果。如果只是偶尔发发微信，那样的推广传播效果是有限的。

2. 微信营销内容独创

要写出和自己企业产品或者服务相关的内容，突出自己的特色，吸引消费者的注意，才能运用好微信。

3. 内容符合消费者的需求

只有写出符合消费者需求的文字，才能激发消费者的兴趣，引起消费者的注意。内容要引导消费者关注与转发。

4. 微信营销的核心是互动

进行微信营销，要保持与客户之间的沟通和联系，关心自己的客户，了解客户的感受。设计出属于企业自己的标题和内容信息，让客户心动。

5. 做好用户分级

进行客户的分级，逐步地对用户优化，新客户可以用来炒作，粉丝圈用来传播，老客户必须巩固。

6. 定向传播

利用业内专业人士，或者意见领袖去帮你转发文章，可以影响到这些 VIP 的粉丝，效果超出你的想象。

7. 增强账号黏性

通过设立好记的微信公众账号、合理划分客户组别、信息发布内容符合需求、与粉丝互动频繁、通过一系列不断取悦粉丝的做法，最终不仅粉丝数量不断增加，而且让粉丝对企业公众账号产生依赖。

总而言之，微信运营诀窍的核心在于，注重客户，贴合自己的实际，以销售为目的，引导客户去为你做最大的推广和营销，让企业文化公众账号人气升起来。

【同步案例 7-2】

微信公众账号吸粉失败反思

一家传统的房地产公司利用一场中型的演唱会推广微信公众账号,这次金山城市沙滩番茄演唱会有台湾著名的动力火车、炎亚纶,还有韩国的一些团队主唱,在上海金山城市沙滩上开了三天,吸引了大量的歌迷观众。该房地产公司购买了大量的番茄,每个番茄贴上微信公众账号的二维码。参加演唱会的观众只要成功关注微信公众账号后,送一个包装精美的番茄。三天演唱会他们送出了大概 1 万多个番茄,微信公众账号粉丝涨了 8000 个,但是演唱会结束之后几天内,粉丝数慢慢掉完了,赞助这场演唱会的花费等于打了水漂了。

失败原因:目标客户定位不准。明星开演唱会,以炎亚纶来说,炎亚纶的粉丝大多数都是 90 后,90 后没有购房的需求,在演唱会开始的时候,他们关注你的微信号是为了领取免费番茄和参加演唱会。90 后想看的都是和炎亚纶有关的信息,房地产公司推送的都是和房产有关的信息,粉丝们自然而然就取消关注了。

问题:演唱会现场适合推广什么公众账号呢?

分析提示:房地产商的目标客户是哪些?房地产商的目标客户喜爱哪些娱乐活动?通过赞助演唱会实现什么目标?哪种企业适合参与赞助 90 后为主要观众的沙滩演唱会呢?演唱会现场的公众账号吸引哪种粉丝?能为企业带来什么?

7.2.3 微信写作技巧

文章撰写要考虑行业特点、产品特点、消费成熟度、目标消费者文化结构、地域文化等因素,微信的写作技巧如下:

1. **核心扩展法**

即先将核心产品单独列出来,再从产品的销售方法、产品特点、产品效果等方面对核心内容进行扩展,这样微信营销软文就不会显得杂乱无章,始终都是围绕着一个中心在表述,这样的内容对读者的引导力会更强。

2. **各个击破法**

就是从产品的每个特点分别单独介绍,配合图片,突出产品功效,这种微信软文写作方式可以将产品卖点充分介绍清楚,总有一个卖点是能够吸引到用户的。

3. **倒三角写法**

微信营销软文一般篇幅较长,人们是没有耐心读完全文的,所以在编写软文的时候尽量将重点浓缩在第一段,先将读者的胃口吊起来,再继续解释为什么要看这篇文章,最后再强调产品的优势,为客户产生购买欲再推一把力。

4. **需要吸引人的标题**

软文标题首先要引人注目,因此标题应包含产品的关键词,吸引人们点击。

5. **通过消费者案例来引导读者**

网络上买东西看买家评论,消费过的用户说的话更有分量,对产品的评价最能影响客户的判断力。要想迎合用户的这种观望心理,需要微信软文应充分利用买家秀、买家心得等发挥引导作用。

6. 精美图片必不可少

一篇成功的微信软文离不开精美图片的配合，结合企业新闻图片、产品详情图片、消费者使用前后效果对比图片等将内容和图片合理的分布在文章内，一篇精美的图文消息就完成了。

【同步案例 7-3】

卡卡的红酒用缸喝

一提及红酒，就联想到高大上、觥筹交错的高级社交场所中的必备高冷产品。作为河南首家进口葡萄酒类移动端电商平台——"卡卡酒急送"要打破这种传统观念，卖的是人人都能喝得起的酒，让红酒文化能够走进普通家庭，因此卡卡特别制作怀旧搪瓷缸，打出口号"卡卡的红酒用缸喝"，一经推出就引爆社交网络。

卡卡的微信文案从"吐槽"的角度传达出普通民众的心声，并能使得读者心中暗爽，不仅博得读者的莞尔一笑，更能带给读者往更深处思考，在文案界独树一帜，成为卡卡的品牌形象。

问题： 卡卡酒急送的微信营销特色有哪些？

分析提示： 通过分析卡卡微信营销文案具备的特点：一是密切联系热点事件；二是网络语言运用娴熟；三是特色鲜明，独树一帜的"红酒用缸喝"口号等；四是线上线下结合，用豪车美女送红酒等。卡卡红酒通过微信宣传企业的亲民、有趣、快乐、参与等理念满足和刺激年轻一代消费者的红酒消费需求。

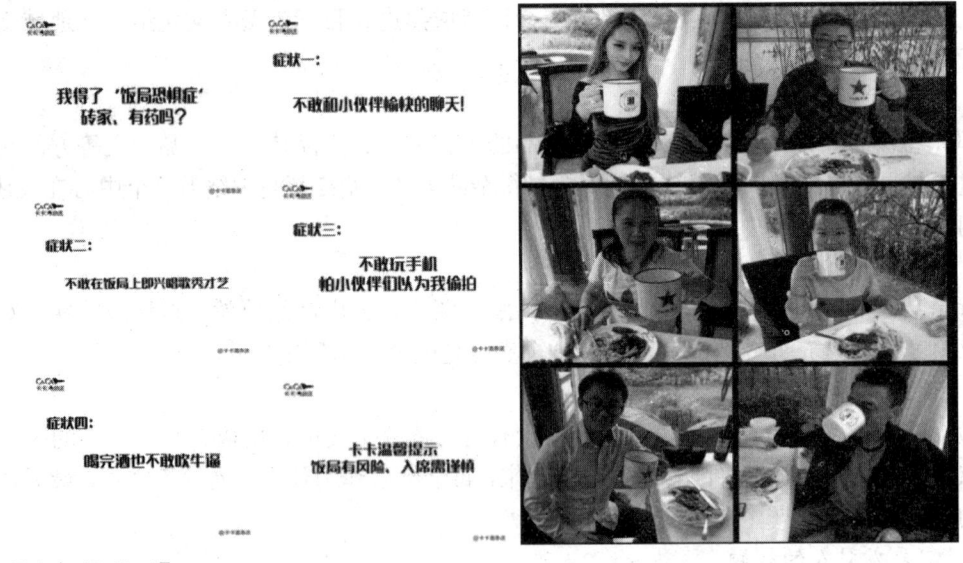

【小知识 7-2】

撰写微信营销文案标题的原则

一个好的标题往往影响着你的微信营销文案是不是吸引人，是不是可以被人们记住，是不是可以流传得很广，标题在这里起到了非常大的作用。好的微信营销文案标题应具备的原则如下：

1. 主题鲜明。标题是文案内容的高度概括,仅有数十秒时间留住受众。
2. 简明扼要。文案标题以 7~15 字之间为宜,简洁明快。
3. 远离标题党。标题党是网民最痛恨的行为,客户体验不好。
4. 个性独特。标题具有个性,有独到之处,有创意,才有刺激性和吸引力。
5. 引人注目。标题在字体、字型等方面,都应考虑视觉化和艺术化,要能引起人的注意。
6. 契合网络文化。标题需要契合网络文化和网民心理特征。
7. 契合 SEO。标题要含有优化的关键字,这样才能被搜索到。

本章小结

微信营销是一种利用手机端免费即时通讯工具开展的企业营销模式和移动互联网络营销方式,商家通过微信公众平台,展示商家微官网、微会员、微推送、微支付、微活动,形成了一种线上线下微信互动营销方式。

微信公众号是微信的一个功能模块,个人和企业都可以打造一个微信的公众号,并实现和特定群体的文字、图片、语音的全方位沟通、互动。包括服务号、订阅号和企业号。

微信朋友圈指的是微信上的一个社交功能,用户可以通过朋友圈发表文字和图片,将文章或者音乐分享到朋友圈。用户可以对好友新发的照片进行"评论"或"赞",用户只能看相同好友的评论或赞。

微信支付是由微信(Wechat)及第三方支付平台财付通(Tenpay)联合推出的互联网支付产品。有了微信支付,用户的智能手机就成为了一个全能钱包,用户不仅可以通过微信与好友进行沟通和分享,还可以通过微信支付购买合作商户的商品及服务。

微信营销优势包括内容完整、受众精准、曝光率高和良好客户管理。

微信经营七诀窍包括,一是微信营销专业团队,二是微信营销内容独创,三是内容符合消费者的需求,四是微信营销的核心是互动,五是做好用户分级,六是定向传播,七是增强账号黏性。

微信写作技巧包括核心扩展法、各个击破法、倒三角写法、需要吸引人的标题、通过消费者案例来引导读者和精美图片必不可少。

主要概念和观念

☐ 主要概念

微信营销的含义

☐ 主要观念

微信公众账号营销推广方法　制定微信公众账号营销推广方案

习题与训练 7

一、理论自测题

1. 单项选择题

(1) 微信营销就是企业利用（　　）展示商家微官网、微会员、微推送、微支付、微活动，形成了一种线上线下微信互动营销方式。

　　A．朋友圈　　　　　　　　　　B．即时通讯工具
　　C．公众账号　　　　　　　　　D．移动支付

(2)（　　）提供公众平台、朋友圈、消息推送等功能，用户可以将内容分享给好友和朋友圈。

　　A．摇一摇　　　　　　　　　　B．漂流瓶
　　C．附近的人　　　　　　　　　D．微信

(3) 目前的移动支付方式有（　　）、扫码支付、指纹支付、声波支付等。

　　A．短信支付　　　　　　　　　B．电话支付
　　C．刷脸支付　　　　　　　　　D．上门服务

2. 多项选择题

(1) 微信公众账号包括（　　）。

　　A．服务号　　　　　　　　　　B．订阅号
　　C．企业号　　　　　　　　　　D．微店

(2) 微信朋友圈的功能包括分享文字、图片、（　　）等。

　　A．点赞　　　　B．评论　　　　C．视频　　　　D．分组

(3) 微信营销优势包括（　　）和良好客户管理。

　　A．内容完整　　　　　　　　　B．受众精准
　　C．曝光率高　　　　　　　　　D．微信红包

3. 判断题

(1) 移动支付工具主要包括支付宝和微信支付。　　　　　　　　　（　　）

(2) 微信公众账号发布信息时，只要随意大量编写文案内容就能增强粉丝黏性。
　　　　　　　　　　　　　　　　　　　　　　　　　　　　　　（　　）

(3) 一篇成功的微信软文精美图片必不可少。　　　　　　　　　　（　　）

4. 简答题

(1) 微信的写作技巧有哪些？

(2) 简述微信公众账号吸粉的方法。

(3) 微信营销文案的标题写作原则是什么？

二、实务自测题

1. 单项业务

为××企业的微信公众账号撰写一篇与时俱进的微信营销软文。

2. 复合业务

为××企业的微信公众账号设计一份吸引粉丝的活动方案。

三、案例分析题

买果果:"小而美"的微商品牌

买果果是一个郑州水果微商品牌,在众多移动电商品牌中一枝独秀。买果果主要采用包月销售的模式,分为 79 元套餐、299 元包月、499 元包月等几种水果套餐及水果单品。微信主要营销方式是利用创始人"刘平|买果果的大掌柜"个人营销号和公众营销号,选择中高端人群作为用户,注重品质和客户体验。在产品包装和销售方式创新方面独树一帜,通过赋予水果友情、亲情内涵,建立买果果品牌人文形象,吸引特定粉丝群体。每周配送一次,通过不断开发个性化的应用和个性化的服务,进行客户分组管理,随时保持与客户的互动。此外还利用不同行业品牌合作推广,半年多的时间,吸引近万精准活跃粉丝,转化率 20%,企业目前估值千万。

生鲜电商面临三大问题:冷链物流、客单价和订单频率。既要保持食品的新鲜,又要保证达到的速度,生鲜电商最常用的方式就是冷链物流。冷链物流成本高,因此生鲜配送客单价不能太低,否则亏损。做好生鲜电商,企业不仅要具备完善的网点,还要在"最后一公里"和终端销售上下功夫,减少货损,增加利润。

问题:

(1)买果果的微信营销采用了哪些方法?

(2)分析该案例给我国生鲜产品移动电商的启示。

分析要求: 学生分析案例提出的问题,拟出《案例分析提纲》;小组讨论,形成小组《案例分析报告》;班级交流,教师对各小组《案例分析报告》进行点评;在班级展出附有"教师点评"的各小组《案例分析报告》,供学生比较研究。

四、单元实训

微信营销能力训练

【实训目标】

引导学生参加"微信营销能力训练"的实践训练;在切实体验《微信公众账号营销设计》的准备与撰写等有效率的活动中,培养相应专业能力与职业核心能力;通过践行职业道德规范,促进健全职业人格的塑造。

【实训内容】

专业技能与能力:为企业建立微信公众账号,根据微信营销的要素和写作技巧,撰写微信公众账号营销实施方案。

【实训时间】

在讲授本章时选择课下上机时间。

【操作步骤】

(1)将班级每 4~6 位同学分成一组,每组确定 1 人负责。

（2）给学生提供××企业，供其分析是否适合开展微信公众账号营销，并将情况详细记录。

（3）对调查的资料进行整理分析。

（4）依据微信营销原理，制定微信公众账号营销实施方案。

（5）提交微信公众账号营销实施方案。

（6）各组在班级进行交流、讨论。

【成果形式】

实训课业：撰写《微信公众账号营销实施方案》。

任务 8　病毒性营销

通过本章学习，应该达到以下目标：
理论目标：了解病毒性营销的含义与原理；掌握病毒性营销的基本流程与原则。
实务目标：具有灵活运用病毒性营销要素，提高产品推广、网站推广的能力。
案例目标：运用所学的病毒性营销推广的方法研究相关案例，培养和提高开展病毒性营销方式的能力。
实训目标：引导学生参加针对病毒性营销业务能力的实践；在切实体验病毒性营销的要素与流程，撰写《病毒性营销实施方案》等有效率的活动中，培养专业能力与职业核心能力。

引例：

神曲《小苹果》助力互联网电影

2014年，一曲节奏欢快的"小苹果"，让电影《老男孩之猛龙过江》未映先红。作为电影《老男孩猛龙过江》的首支宣传曲，《小苹果》MV 在 5 月 29 日在优酷推出 24 小时播放量超过 500 万，创造了电影宣传视频播放量最高纪录。

《小苹果》不仅迅速火遍网络，并荣登各大音乐榜榜首，同时掀起了一股全民翻唱、模仿和自发传播的浪潮，优酷搜索"小苹果"有超过 3500 多个网友上传视频，所有"小苹果"相关视频累积播放量已经近 5 亿，成为新一代洗脑神曲。

《小苹果》席卷全国，成为《老男孩猛龙过江》电影营销的新爆点。优酷自 5 月底在全站小苹果热门视频增加投票功能，与网友积极互动，在近 5 万网民的投票结果中，85%的人选择"一定购票支持电影"。作为首部互联网电影，《老男孩猛龙过江》上映一周，票房突破 1.5 亿。

（资料来源：新浪教育，"商院案例：解析《小苹果》的电影营销"，http://edu.sina.com.cn/bschool/2014-07-15/ 1741427460.shtml，2014-7-15）

《老男孩之猛龙过江》作为首部互联网电影，开创了全新的电影打造模式。当电影还未上映时，电影主题曲便已经流出，成为了经典，即神曲《小苹果》。虽然未如其他商业大片一般砸钱大肆宣传，却很巧妙地控制成本以小博大，得到了很好的网络宣传。利用视频点击量和消费者的参与热情，病毒性营销让《小苹果》火遍神州，远比广告轰炸效果要好许多。企业的网站在建立之后，面临着一个非常严峻的现实，就是如何推广网站，发挥出建立网站的既定效果。如何利用病毒性营销进行网站推广，是本章主要解决的问题。

8.1 病毒性营销概述

8.1.1 病毒性营销的工作原理

1. 病毒性营销的含义

病毒性营销就是利用网络用户的口碑来宣传网络，运用快速复制的方式，短时间内向数以千计、万计的人传播和扩散的一种网络营销方法。

在传统的市场营销活动中，这种"找朋友"的方式是尽人皆知的，也称"口碑宣传"。在互联网上，这个观念受到了人们的异常推崇，并把它称之为病毒性营销，或者传播营销。因为在互联网上，用户的"口碑传播"更为方便，可以像病毒一样迅速蔓延。因此，病毒性营销成为一种高效的信息传播方式。这种是用户之间自发进行的传播，对企业而言，这种网络营销手段几乎不需要支付任何费用。

病毒性营销方法实质上是在为用户提供有价值的免费服务的同时，附加上一定的推广信息，常用的工具包括电子书、精美网页、贺卡、节日祝福、优惠券等可以为用户获取信息、使用网络服务、娱乐等带来方便的工具和内容。如果应用得当，这种病毒性营销手段往往可以以极低的代价，取得非常显著的效果。

2. 病毒性营销的操作原理

病毒性营销常常是通过提供免费的产品和服务，然后在发出的信息底部附加一个信息或网址，在人们使用免费产品和服务时就能够使接收者看到底部的信息，而这些接收者很有可能加入使用免费产品和服务的行列，使得提供免费产品和服务的信息在更大的范围扩散。例如，在我们收到朋友发送的网络贺卡时，往往在贺卡的末尾处附加一句"我也要发张贺卡"，这就是常见的病毒性营销的惯用手法，见图8-1。

图 8-1 腾讯贺卡

病毒性营销往往具有催化作用，能够使一个名不见经传的网站或产品瞬间闻名于世，其巨大的威力源于每一位接触者都可以是信息的发布者。例如，1996年Sabeer和Jack率先创建了一个基于 Web 的免费邮件服务，即微软公司现在拥有的著名的网站 Hotmail.com。Hotmail 创造性地运用了病毒性营销的手段，使其用户数量发展最快，仅用一年时间就拥有了 1000 万用户，成为目前世界上最大的电子邮件服务提供商。而且，在网站建立的一年内，Hotmail 花在营销上的费用还不到 50 万美元，只是其对手 Juno 的广告和品牌推广费用的 1/40。

由于病毒性营销利用的是数字病毒，不是生物病毒，所以，不需要借助于直接接触或其他自然环境的作用，就可以在世界上不受制约地迅速传播。

【同步案例 8-1】

利用电子书 eBook 推广网站

电子书 eBook 出版方便，形式各异，传播发行快捷，免费的较多，受到网民青睐的电子书可以在网民中广为流传，成为病毒性营销的理想媒介。有一家出版公司在刚开始推广网站时感到很茫然，后来他们想到一种简单的方法，即为了推广已建成的网站，成立第二个网站，这个网站专门下载笑话和幽默电子书，通过编辑人员的精心设计，这些电子书看起来像一个独立的网站，两个网站之间建立超级链接，在电子书通过电子邮件流传的过程中，一些用户通过链接访问到这两个网站。2001 年 3 月 3 日，网站的创办人向他们的朋友发去了一本免费的笑话电子书，几天之内就获得了来自几个国家的 30000 次点击，网站推广的效果显著。

问题： 电子书推广网站为何能够成功？

分析提示： 在开展病毒性营销活动时，首先要寻找到易于传播、同时用户也乐于传播的信息，在设计网站超级链接时，更要巧妙，方便用户从此网站进入彼网站。在线观看或者下载笑话和幽默电子书，对于用户而言是很有乐趣的，并且愿意分享给自己的亲朋好友，使得网站推广成效显著。

【教学互动 8-1】

互动问题：

近年来，借助社交网络营销造热点话题助推电影票房的营销模式已为许多电影采用，并取得成功。恰值我国传统的节日春节来临，电影市场也进入了一年中最火爆的档期——贺岁档，贺岁档电影应如何造势做宣传。

要求：

同教学互动 1-1。

8.1.2 病毒性营销的要素

1. 赠送有价值的产品或服务

在互联网上，最能吸引人们注意力的就是"免费"两个字。大多数病毒式营销项目，都是推广赠送有价值的产品或服务来引起网络消费者注意的。例如，免费邮箱、免费信息、免费图片、免费软件等。虽然网站上"便宜"或者"不贵"的产品也会让消费者产生兴趣，但是，"免费"通常来得更快，能吸引大量的眼球、关注的目光，网络消费者的关注目光能带来有价值的邮件地址、广告收益以及电子商务销售机会。

病毒性营销的免费策略，实际上遵循的是赠送和销售法则。网站实施病毒性营销，采取了延迟满意的策略。网站前期也许不会盈利，但只要能用免费的产品和服务，吸引网民的兴趣，最终就一定会获利。

2. 通过别人毫不费力地传播

承载病毒性营销信息的媒介必须易于传播和复制，诸如电子邮件、网址、图片、软件下载等。病毒性营销之所以能够在互联网上具有如此神奇的成效，原因就在于即时通讯越来越容易，成本越来越低。电子格式让复制易如反掌。从营销角度看，网站只有简化营销信息，才能让它易于传播，并且不会变质。一般来说，内容越短约好。最经典的就是："从 http://www.hotmail.com/得到你的个人免费邮箱。"这则信息引人注意，短小精悍，并且在每封免费邮件下面都有链接。

3. 简单地由小做大

传递方式必须能迅速由小做大才能像野火一样飞窜。hotmail 模式的软肋在于免费电子邮箱需要邮件服务器传递消息。要想该策略相当成功，必须迅速增加邮件服务器，否则疯长就会搁浅并且夭折。只要提前计划好如何迅速增加邮件服务器，就会万事大吉。应用病毒性营销模式，必须植入可升级性。

4. 利用共同动机和行为

明智的病毒式营销会利用人的共同动机和行为。是什么让"Netscape Now"按钮在互联网早期得以传播呢？是耍酷的欲望。贪婪驱使着人们，同样的还有出名的欲望，被爱的需要，被理解的渴望。随之而来的交流冲动，产生了上百万的网站和数十亿的电子邮件。将营销策略传播建立在共同动机和行为之上，易于成功。

5. 利用现有沟通网络

大部分人都喜欢社交。社会科学家告诉我们，每个人都有 8～10 人的密切关系网，包括朋友、家人和同事。一个更广的关系网可能包括数十人、数百人、数千人，取决于其社会地位。网络营销者深谙人际关系网的力量，不管是强大的亲密的关系网，还是疏远的网络关系。收集邮件地址和喜欢的网站链接，把企业的信息放到现有的人际交流当中去，就会大大加快该信息的传播。

6. 利用别人的资源

最有创造力的病毒式营销会利用别人的资源达到目的。比如，合作联盟项目在别人的网站上放置文本或图片。一则新闻可能被数百家杂志选择，并构成了成千上百个读者阅读的文章的基础。别人的报纸和网页成为你的营销信使，消耗的是别人的资源而不是你自己的。

【同步案例 8-2】

Hotmail.com 经典案例

病毒式营销经典的案例是免费电子邮件提供商之一 hotmail.com 创造的，其实施的策略分六步：

1. 赠送免费电子邮件地址服务。
2. 在每封电子邮件下面加个标签："从 http://www.hotmail.com/得到你的个人免费邮箱。"
3. 在人们给自己的家人、朋友、同事发邮件的时候，标签如影随形。
4. 收邮件人看到邮件下方的标签。
5. 收邮件人点击标签网址注册自己的免费电子邮件服务。
6. 收邮件人在注册后，只要发邮件，就同时把消息发了出去，由此不断扩大影响范围。

精心策划的病毒式营销活动，就这样以极快的速度向外传播开去。

8.2 病毒性营销推广

8.2.1 企业开展病毒性营销的流程

1. 设计整体规划

病毒性营销活动需要进行方案的整体规划，确认传播的信息和服务对用户是有价值的，而且这种信息易于被用户自行传播，病毒性营销方案符合病毒性营销的基本思想。

2. 具有独特创意

在互联网开展营销活动，用户往往是只认第一，不认第二。因此，为了保证病毒性营销活动效果，需要精心设计病毒性营销方案，无论企业是提供某项服务，还是提供某种信息均需做到。最有效的病毒性营销往往是独创的，独创性的计划最有价值，跟风型的计划有些也可以获得一定的效果，但不做相应的创新，就无法吸引用户。因此，有创意的创新性病毒性营销才能吸引用户。在方案设计时，一个特别需要注意的问题是，如何将信息传播与营销目的结合起来。如果仅仅是为用户带来了娱乐价值或者实用功能、优惠服务而没有达到营销的目的，这样的病毒性营销计划对企业的价值就不大了。反之，如果广告气息太重，可能会引起用户反感而影响信息的传播。

3. 设计信息源和信息传播渠道

虽然说病毒性营销信息是用户自行传播的，但是这些信息源和信息传递渠道需要进行静心地设计，例如，要发布一个节日祝福的 Flash，首先要对这个 Flash 进行精心策划和设计，使其看起来更加吸引人，并且让人们更愿意自愿传播。仅仅做到这一步还是不够的，还需要考虑这种信息的传递渠道，是在某个网站下载（相应地在信息传播方式上主要是让更多的用户传递网址信息）、还是用户之间直接传递文件（通过电子邮件、微信等），或者是这两种形式的结合，这就需要对信息源进行相应的配置。

4. 发布和推广原始信息

大范围信息传播也是从比较小的范围内开始的。运用病毒性营销方法，实现快速传播，必须对原始信息的发布认真筹划。原始信息确认后，要找一些易于被用户发现，而且用户乐于传递这些信息的地方，例如，一些比较活跃的网络社区，如果必要，企业还需在较大的范围内去主动传播这些信息，等到自愿参与传播的用户数量比较大之后，才让其自然传播。

5. 跟踪和管理营销效果

当病毒性营销方案设计完成并开始实施之后（包括信息传递的形式、信息源、信息渠道、原始信息发布），对于病毒性营销的最终效果，虽然企业是无法高度控制的，但是，不能放弃对病毒性营销效果的跟踪和管理。

对于企业而言，对于病毒性营销的效果分析是非常重要的，一方面，可以及时掌握营销信息传播所带来的反应，例如，网站访问量的增长情况，另一方面，也可以从中发现实施的病毒性营销计划可能存在的问题，以及寻找可能的改进思路，积累的素材为下一次开展病毒性营销活动指定方案提供参考资料。

8.2.2 制定病毒性营销推广方案

1. 权衡病毒性营销的适用条件

有无可以赠送的有价值产品或服务，有无易于传播和复制的承载病毒性营销信息的媒介，传递方式能否简单地由小做大，有无可以利用共同动机和行为、现有沟通网络、别人的资源等。

2. 遵照一定的步骤和流程

企业开展病毒性营销工作，要从设计整体规划开始，经过具有独特创意、设计信息源和信息传播渠道、发布和推广原始信息、跟踪和管理营销效果等环节，一步一个脚印地来实施。

3. 病毒性营销方案设计是有成本的

病毒营销通常不需要为信息传递投入直接费用，但病毒营销方案不会自动产生，需要根据病毒营销的基本思想认真设计，在这个过程中，必定是需要一定资源投入的。因此，不能把病毒营销理解为完全不需要费用的网络营销，尤其在制定网站推广计划时，应充分考虑到这一点。此外，并不是所有的病毒营销方案都可以获得理想的效果，这也可以理解为病毒营销的隐性成本。

4. 网络营销信息不会自动传播，需要进行一定的推广

希望病毒营销信息会自动在大范围内进行传播是不现实的，进行信息传播渠道设计和一定的推动是必要的。

【小知识 8-1】

病毒性营销的特点

病毒营销是通过利用公众的积极性和人际网络，让营销信息像病毒一样传播和扩散，它具有区别于其他营销方式的四个特点。

1. 有吸引力的病原体；
2. 几何倍数的传播速度；
3. 高效率的接受；
4. 更新速度快。

本章小结

病毒性营销就是利用网络用户的口碑来宣传网络，运用快速复制的方式，短时间内向数以千计、万计的人传播和扩散的一种网络营销方法。病毒性营销方法实质上是在为用户提供有价值的免费服务的同时，附加上一定的推广信息。

病毒性营销的操作原理是通过提供免费的产品和服务，然后在每一封免费发出的信息底部附加一个信息或网址，在人们使用免费产品和服务时就能够使接收者看到邮件底部的信息，而这些接收者很有可能加入使用免费产品和服务的行列，使得提供免费产品和服务的信息在更大的范围扩散。

病毒性营销的要素包括六个方面，一是赠送有价值的产品或服务，二是通过别人毫不费力地传播，三是简单地由小做大，四是利用共同动机和行为，五是利用现有沟通网络，六是利用别人的资源。

企业开展病毒性营销的流程包括五个环节,即设计整体规划、具有独特创意、设计信息源和信息传播渠道、发布和推广原始信息、跟踪和管理营销效果。

制定企业的病毒性营销推广方案,首先要权衡病毒性营销的适用条件,其次要遵照一定的步骤和流程,第三,病毒性营销方案设计是有成本的,第四,网络营销信息不会自动传播,需要进行一定的推广。

主要概念和观念

□主要概念

病毒性营销的含义

□主要观念

病毒性营销推广方法　制定病毒性营销推广方案

习题与训练 8

一、理论自测题

1．单项选择题

（1）病毒性营销就是利用网络用户的（　　）来宣传网络,运用快速复制的方式,短时间内向数以千计、万计的人传播和扩散的一种网络营销方法。

　　A．口碑　　　　　　　　　　B．舆论

　　C．投诉与解决意见　　　　　D．反馈意见

（2）从营销角度看,网站只有简化营销信息,才能让它易于传播,并且不会变质。一般来说,内容（　　）。

　　A．越长越好　　　　　　　　B．越短约好

　　C．符合企业实际为好　　　　D．不长不短为好

（3）网络营销信息,需要进行一定的推广（　　）。

　　A．会自动传播　　B．易传播　　C．不会自动传播　　D．不易传播

2．多项选择题

（1）病毒性营销方法实质上是在为用户提供有价值的免费服务的同时,附加上一定的推广信息,常用的工具包括免费邮箱、（　　）。

　　A．免费电子书　　B．免费软件　　C．免费贺卡　　D．免费 Flash 作品

（2）企业开展病毒性营销的流程包括以下环节,即设计整体规划、（　　）。

　　A．具有独特创意　　　　　　B．设计信息源和信息传播渠道

　　C．发布和推广原始信息　　　D．跟踪和管理营销效果

（3）制定企业的病毒性营销推广方案,要权衡病毒性营销的适用条件,（　　）。

　　A．遵照一定的步骤和流程　　B．病毒性营销方案设计是有成本的

C．网络营销信息不会自动传播　　　D．需要进行一定的推广

3．判断题

（1）病毒性营销需要借助于直接接触或其他的自然环境的作用，才能在世界上迅速传播。
（　　）

（2）网站实施病毒性营销，采取了充分满意的策略。（　　）

（3）最有效的病毒性营销往往是独创的，独创性的计划最有价值。（　　）

4．简答题

（1）病毒性营销的操作原理是什么？

（2）简述病毒性营销的六个要素。

（3）如何制定企业的病毒性营销推广方案？

二、实务自测题

1．单项业务

企业通过病毒性营销来让客户口口相传，请列出病毒性营销传播的媒介。

2．复合业务

为××企业拟定网络营销推广方案，要求病毒性营销与其他网络营销方法组合使用。

三、案例分析题

美利坚航空公司的新型促销

从1996年开始，美利坚航空公司（American Airlines）以大幅折扣的方式，每星期都向Net SAAvev的100多万家订户发出电子邮件，为下个星期订票不足的航班列出最低票价。机票的网上直销，大大降低了成本，增加了航空公司的收益。网上售出一张机票的成本大约只要一美元，比通过代理人或代理人与电脑订票系统连用的费用低85%。更为重要的是，网上购票可以大大提高航空公司的满座率，使各航班在满座之后再起飞。与20多年前相比，航空公司通过对机票的"病毒"式销售，使利润像它们使用的最新客机一样，不断上升到新的高度。

在网络化之前，美国航空公司每天的空座多达50万个。网络化之后，这一情况从根本上发生了改变。各航空公司为了能使每个座位都获取最大限度的收入，每个月都要对票价作数百万次调整。有时，价格的确定甚至可以以旅客的意愿为转移。一个叫Priceline.com的网址，可以让客户自己确定所要旅行机票的价格。当然，这些机票在一般情况下是航空公司卖不出去的。Priceline.com通过Internet将大量用户的报价传送到有关航空公司，使它们航班的满座率空前提高。Priceline.com的这种做法，实际上是给航空公司提供了潜在的客户群，这种办法非常奏效，公司开张不久每天就能售出1000多张机票。让客户报价的做法，降低了航空公司的空座率，而客户也买到了价格称心如意的机票。

问题：

（1）美利坚航空公司的新型促销采用了哪些方法？

（2）分析该案例给我国航空公司促销工作的启示。

分析要求： 学生分析案例提出的问题，拟出《案例分析提纲》；小组讨论，形成小组《案例分析报告》；班级交流，教师对各小组《案例分析报告》进行点评；在班级展出附有"教师

点评"的各小组《案例分析报告》,供学生比较研究。

四、单元实训

病毒性营销能力训练

【实训目标】

引导学生参加"病毒性营销能力训练"的实践训练;在切实体验《病毒性营销设计》的准备与撰写等有效率的活动中,培养相应专业能力与职业核心能力;通过践行职业道德规范,促进健全职业人格的塑造。

【实训内容】

专业技能与能力:为企业网站遴选适合病毒性营销的产品,根据病毒性营销的要素与流程,撰写病毒性营销实施方案。

【实训时间】

在讲授本章时选择课下上机时间。

【操作步骤】

(1) 将班级每4~6位同学分成一组,每组确定1人负责。

(2) 给学生提供一组产品,供其分析是否适用开展病毒性营销,并将情况详细记录。

(3) 对调查的资料进行整理分析。

(4) 依据病毒性营销原理,制定病毒性营销实施方案。

(5) 提交病毒性营销实施方案。

(6) 各组在班级进行交流、讨论。

【成果形式】

实训课业:撰写《病毒性营销实施方案》。

任务 9　利用会员制开展营销

通过本章学习，应该达到以下目标：

理论目标：了解会员制营销的概念和原理，熟悉会员制营销的两种形式，掌握会员制营销的实施要点。

实务目标：掌握如何制定会员制计划，并通过实施会员制营销进行推广。

案例目标：通过对会员制营销相关案例的分析，增进对会员制营销的认识，熟悉会员制各种形式的表现及实施策略。

实训目标：引导学生参与会员制营销的网络实践；通过对会员制营销方案的策划使学生对本章内容融会贯通，培养专业实战能力。

引例：

eBay 网络会员制营销

大型电子商务网站大多都采取了网络会员制营销模式（合作行销）。亚马逊早在 1996 年 7 月就成功开始了网络会员制营销，eBay 的网络联盟开始于 2000 年 4 月，现在，eBay 是美国五大广告主之一，他们也非常重视发展自己的网络会员制联盟体系，通过联盟会员网站为自己带来大量访问量和销售额。

eBay 的网络会员制营销成功经验包括四个方面，一是招募和管理最佳网络联盟经理，该经理要与最大 100 家联盟网站发展个人关系，对联盟会员网站进行不断改进和跟踪，研究开发会员制系统的新工具、新应用，每月发送一次会员通讯邮件，发掘那些被 eBay 忽略的细分商品类目；二是制定合理的广告投放规范，对使用 eBay 商标进行搜索引擎营销制定了一些规范，并积极推行反垃圾邮件方案，可以根据会员网站上的不同内容展示相应的 eBay 广告；三是基于最佳转化类型改进佣金制度，鼓励联盟网站针对最佳转化类型来优化他们提供的商品和内容，以吸引更多高质量转化类型用户；四是针对全球各地的不同情况制定相应的市场拓展，在每个国家都鼓励当地的顶级会员网站将业务拓展到其他国家，在一些新开发的市场上，为了发展更多注册用户，采取注册获取佣金的政策，而在一些更加成熟的市场上，采用交易后提取佣金的政策，授权每个国家的本土化团队管理当地的会员联盟，eBay 总部每个月召开远程电话会议，半年进行一次小组见面会议。

（资料来源：新浪博客，ebay 网络会员制营销，http://blog.sina.com.cn/s/blog_3d2e744001009a3v.html，2008-5-22）

会员制营销早已不是新兴话题，会员制的营销模式多年来一直被西方国家广泛应用，在世界 500 强企业中，有很多企业都通过会员制的营销模式而成为世界巨头，如麦德龙、安利、玫琳凯等。会员制营销的实践证明，会员制营销几乎涵盖了所有行业，它是培养顾客忠诚的行之有效的手段之一。

9.1 会员制营销的两种形式

提到会员制营销，消费者可能立即会想到各种会员卡，如商家推出的贵宾卡、消费积分卡等。全新的会员制营销是"以产品为中心"转化为"以顾客为中心"，从"单一渠道"转化为"网络化渠道"的营销思想，致力于打造更好的消费环境，开拓厂家与消费者之间更进一步的沟通。在会员制营销中，一切以消费者利益为核心，以会员形式建立消费者与厂家之间的紧密合作关系。把零散的消费者联合起来，实行集体消费、联合消费，形成一种新型的消费观念——"联盟消费"。商家所做的一切都必须与消费者的利益相关，才能得到消费者的认同、支持和拥护。

简单地说，会员制营销就是企业通过发展会员，提供差别化得到服务和精准的营销，提高顾客忠诚度，长期增加企业利润。它满足了消费者对精神的需求，满足了企业与消费者之间感情沟通的需求，满足了企业与消费者之间的利益关联，使双方或多方共同拥有保障，更加紧密地连接在一起。

9.1.1 传统会员制营销

1. 传统会员制营销定义

传统会员制营销，又称"俱乐部营销"，是指企业以某项利益或服务为主题将用户组成一个俱乐部形式的团体，顾客成为会员的条件可以是缴纳一笔会费或荐购一定量的产品等，企业通过为会员提供需要的服务，开展宣传、销售、促销等活动，成为会员后便可在一定时期内享受到会员专属的权利，培养企业的忠诚顾客，以此获得经营利益。

传统会员制营销通常以加盟形式来开展。主要分为两大类：第一类是商业模式的加盟，如加盟连锁店和特许经营店。第二类是消费个体的加盟，如商家为了增加营业额而推广的各种会员卡，希望通过与会员建立富有感情的关系，不断激发并提高他们的忠诚度。

会员制组织通常以会员俱乐部的形式出现，因此，会员制组织常被取名为"会员俱乐部""客户俱乐部""VIP俱乐部""××会"等，它通过提供一系列的利益来吸引客户自愿加入，这一系列的利益称为客户忠诚计划。而加入会员制组织的客户称为会员，会员制组织与会员之间的关系通过"会员卡"来体现，会员卡是会员进行消费时享受优惠政策或特殊待遇的"身份证"。

会员制营销以三大理论前提作为基础：第一，留住一个老客户的成本大约相当于赢得一个新客户成本的1/5；第二，老客户比新客户更加易于开展营销活动，对企业产品、服务的接受度更高；第三，企业80%的利润来源于其20%的忠诚客户。

【小知识 9-1】

会员制的起源

会员制俱乐部17世纪在英国起源，那时的俱乐部都带有浓厚的贵族气息，是当时商业社会发展过程中，同社会层次的人们为创造一种排他性的社交场所发展而来，会员以男性为主。俱乐部之所以受欢迎，是因为它能够为会员提供私密性和近距离的社交氛围。

在英国和美国,至今仍有一些著名的传统男性会员俱乐部,例如,1872 年在旧金山建立的"波西米亚俱乐部"。美国总统从里根、老布什到小布什,国务卿从基辛格到鲍威尔,都是该俱乐部的会员。这也说明会员制俱乐部给人以重要的阶层归属感和自由的社交空间。

2. 传统会员制营销的不足

很多企业在实行会员制营销时,都热衷于发行会员卡,但是这些会员卡只能在该企业享受会员待遇,会员卡上的积分也只在这个企业有效,这就有一定的局限性。特别是当消费者手中的会员卡越来越多的时候,会员卡的效果也受到了影响。

3. 传统会员制的四大类型

(1) 公司会员制

消费者不以个人名义而以公司名义入会,会员制组织向入会公司收取一定数额的年费。这种会员卡适合入会公司内部雇员使用。

(2) 终身会员制

消费者一次性向会员制组织交纳一定数额的会费,便成为终身会员,永远不需要再续费,可长期享受一定的购物价格优惠、积分换购和一些特殊的服务项目。

(3) 普通会员制

消费者无需交纳会费或年费,只需在商店一次性购买足额商品便可申请到会员卡,此后便享受该店一定的价格优惠、积分换购和一些免费服务项目。

(4) 内部信用卡会员制

适用于大型高档商店。消费者申请会员制组织的信用卡成为会员后,购物时只需出示信用卡,便可享受分期支付货款或购物后在限期内现金免息付款的优惠。有的还可以进一步享受店方一定的价款折扣。

4. 传统会员制营销的价值

成功的会员制是创造客户忠诚、为客户提供真正的价值、与客户在个人层面互动沟通并形成真正良好关系的一种有效工具。会员制营销的实际意义就是创造会员价值,实现"会员价值的最大化",以达到提高客户忠诚度的目的。因此,企业实施会员制并要获得成效的话,就必须首先建立"以客户为中心"的文化,并且把这种文化结合到企业各个部门的流程中,使服务会员的各项工作得到真正的落实。

5. 传统会员制为企业带来的核心利益

事实证明,会员制作为成功的营销模式,不但可以建立长期稳定的客户群、加强双方之间的沟通,还可以提高企业新产品开发能力和服务能力、增加企业的会费收入,更重要的是会员制可以提升客户对企业的忠诚度,为企业创造长期稳定的客户资源。

(1) 维持长期稳定的顾客关系

会员制营销要求企业着眼于提升会员与企业之间的关系,它与简单的打折促销的根本区别在于,会员制虽然也会赋予会员额外利益,如折扣、礼品、活动等,但不同的是,会员一般都具有共同兴趣或消费经历,而且他们不仅经常与企业沟通,还与其他会员进行交流和体验。久而久之,会员会对企业产生参与感与归属感,进而发展成长期稳定的消费群体,而这是普通打折促销无法达成的。

(2) 互动交流,改进产品及服务

会员制营销以客户为中心,会员数据库中存储了会员的相关数据资料,企业通过与会员互动式的沟通和交流，可以发掘出客户的意见和建议。根据客户的要求改进设计，根据会员的需求提供特定的产品和服务，具有很强的针对性和时效性，可以极大地满足客户需求。

会员是在使用产品和接受服务的过程之中进行感受和体验的。产品的什么地方设计得不方便，什么地方应当改进，客户是最有发言权的。通过互动式的沟通和交流，可以发掘出客户的意见和建议，有效地帮助企业改进和完善产品及服务。同时，借助会员数据库可以对目前销售的产品满意度和购买情况做分析调查，及时发现问题、解决问题，确保客户满意，从而建立客户的忠诚度。

（3）提升客户的忠诚度

当客户成为企业的会员后，无论在商品交易价格或者某项特色服务上，都享有比普通消费者更高一层的服务待遇，而这个强烈对比，无形中刺激了相当一部分顾客的加入，由此也促进了销售的实际增长。当然，成为会员的这部分顾客群逐渐产生了优越感，在日常的人际交往中又会成为商场的免费宣传窗口，提高会员的数量。

这种由客户以口碑推荐所带来的销售也叫做链式销售，由会员进行链式销售可以为企业建立和维护大量长久稳定的基本客户，获得稳固忠实的客户群。

（4）可观的会费收入

会员俱乐部一般要求客户入会时交纳一定额度的入会费用。入会费相对个人虽是一笔小数目，但对于企业来说，却因为积少成多而成为一笔相当可观的收入。会费收入一方面增加了企业的收益，另一方面，又可以吸引会员长期稳定地消费。

【同步案例9-1】

沃尔玛的会员制营销

1996年8月，沃尔玛在中国的第一家山姆会员店在深圳开业。山姆会员店规定，消费者想要来购物，首先得交纳一定的会费，在成为会员后才有资格进入。个人会员可以办理一个主卡和两个副卡，费用分别为150元和50元。

也就是说，在成为山姆会员后，主卡持有者一年内最少要在山姆会员店内购物达到3000元以上才能把所交的会费赚回来，而副卡会员一年也至少要消费1000元以上才能保证成为山姆会员不亏本。在山姆会员店开业的初期，有很多消费者表示不理解，对"买东西先交钱"的商业模式感到不可思议。

当时，只要成为商家的会员，无论是缴费还是免费，都可以享受比普通消费者更优惠的价格优势。会员在购物时可以凭会员卡享受5%~10%的优惠折扣，独享部分商品的购买权。而非会员消费者，不仅不能享受价格优惠，甚至没有购买部分商品的权利。以100元商品为例，会员购买比非会员购买节省十多元钱，两者之间的差距十分诱人，这无疑刺激了相当一部分消费者的参与欲望。

正是这一家占地3.5万平方米、营业面积只有1.4万平方米、员工只有500人的深圳山姆会员店，每年却创造了10亿元人民币销售收入的奇迹，并创下了全球山姆会员店单日销售额170万美元的最高纪录。

问题： 这家山姆会员店为何会创建如此奇迹？

分析提示： 山姆会员店的会员除享受折扣商品外，还可享受"会员权益计划"提供的各种生活上的便利及优惠。除了物美价廉、品种齐全的名牌商品之外，山姆会员店还提供各式各款的食品、本地某些餐厅和休闲娱乐场所的折扣，并以此提出"一站式购物"理念。更重要的是，沃尔玛山姆店提供给会员的并不仅仅是"低价"，还有归宿感和忠诚感，会员可以从中获得许多利益。正是它所提供的这些人性化服务，使其吸引了大量顾客，创造了收入奇迹。

9.1.2 网络会员制营销

1. 网络会员制营销定义

网络会员制营销，是一个网站的所有人在自己的网站上推广另一个商务网站的服务和商品，并依据实现的销售额取得一定比例佣金的网络营销方式，也称"网络联盟""联属网络营销""会员制计划"等。网络会员制营销是通过利益关系将无数个网站连接起来，将商家的分销渠道扩展到互联网的各个角落，同时为会员网站提供一个简易的赚钱途径。也就是说，某些网站加入商家的会员计划；浏览者访问商家的会员的网站，然后点击该商家的广告并链接到商家网站购物；商家付给会员网站销售佣金。

会员制营销由亚马逊公司（Amazon.com）首创。亚马逊于1996年7月发起了一个"联盟"行动，其基本形式是一个网站注册为亚马逊的会员（加入会员程序），然后在自己的网站放置各类产品或广告标志的链接，以及亚马逊提供的商品搜索功能，当该网站的访问者点击这些链接进入亚马逊网站并购买某些商品之后，根据销售额的多少，亚马逊会付给这些网站一定比例的佣金——这就是网络会员制营销的雏形。网络会员制营销流程图如图9-1所示。

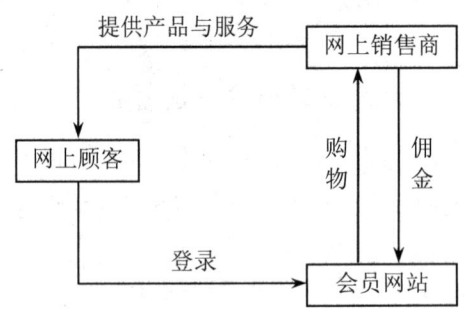

图9-1　网络会员制营销流程图

2. 网络会员制营销的基本原理

如果说互联网是通过电缆或电话线将所有的电脑连接起来，因而实现了资源共享和物理距离的缩短，那么，会员制计划则是通过利益关系和电脑程序将无数个网站连接起来，实现商品的多渠道销售，并为会员网站带来盈利。

会员制营销听起来似乎很简单，但是在实际操作中要复杂得多。因为，一个成功的会员制计划涉及到网站的技术支持、会员招募和资格审查、会员培训、佣金支付等多个环节。简单说来，亚马逊在1996年7月的"联合"行动已经描述了会员制营销的基本原理。

从会员制营销的基本思路也可以看出，一个会员制营销程序应该包含一个提供这种程序的商业网站和若干个会员网站，商业网站通过各种协议和电脑程序与各会员网站联系起来，因此，在采取会员制营销中存在一个双向选择的问题，即选择什么样的网站作为会员，以及会员如何选择商业网站的问题。

3. 网络会员制营销系统构成

（1）网上销售商

网上销售商即会员制网络营销计划的提供商，主要是大型电子商务企业。

（2）会员

会员即会员制计划的加入者，主要是一些网站。

（3）网上顾客

网上顾客即在会员网站登录，并通过会员网站上的链接进入到网上销售商的网站，购买产品或服务的网上浏览者。

（4）会员制解决方案提供商

会员制解决方案提供商即为网上销售商提供会员制计划解决方案的网络服务商。

4. 网络会员制营销的功能

（1）按效果付费，节约广告费用

广告主的广告投放在加盟会员网站上与投放在门户网站不同的是，这种模式并非按照广告显示量支付广告费用，而是根据用户浏览广告后所产生的实际效果付费，如点击、注册、直接购买等，这样不会为无效的广告浏览支付费用。因此，网络广告费用更为低廉。更多的会员网站对商家的网站进行链接，但是只有在消费者通过会员网站进入商家网站并进行浏览、点击并购买商品时才算是一次有效链接，这样商家才会付费，因此大大节约了商家的费用。

（2）扩展了商家的网上销售渠道

网络会员制最初就是因网上销售渠道的扩展取得成功而受到肯定，其应用向多个领域延伸，并且都获得不同程度的成功。

（3）创造了流量转化为收益的机会

对于加盟的会员网站来说，通过加盟网站会员制计划获得网络广告收入或者销售佣金，将网站访问量转化为直接收益。

（4）丰富了加盟会员网站的内容和功能

一般情况下，会员网站会因为可以直接链接商家的网站，而使得更多的消费者从这个网站进入商家网站，从而提升网站的知名度。如果在这些网站上添加一些广告内容的点缀，能发挥意想不到的作用，不仅让网页内容看起来更丰富，也为用户获取更多信息提供了便利。

（5）利用病毒性营销的思想，形成强有力的网络推广资源

网络会员制营销从某种意义上说，它利用了病毒性营销的思想，联盟会员主动进行推广。病毒性营销的价值是巨大的，一个好的病毒性营销计划，远远胜过投放大量广告所获得的效果。

（6）有助于主力网站的品牌塑造

主力网站通过发展会员网站，以较小的花费在较短的时间内树立起自己的网上品牌，实现网上销售额的快速增长。

（7）为会员网站和消费者创造更多价值

网上消费者能从会员制网络营销中获得实惠，会员网站也通过加入会员制网络营销计划，从起点较低的内容网站迅速转变为电子商务网站，实现营业收入。

5. 开展网络会员制营销最基本的条件

企业开展网络会员制营销前，需要有一个提供这种计划的商业网站（以下简称网站）和一批加盟的会员网站（以下简称会员），计划的成功与失败，自然也就取决于商业网站和会员

之间的关系以及各自的表现。

（1）网站对会员制计划的影响

网站是计划的提供者和规则的制定者，担负着最为重要的责任。首先，要提供完善的技术保证，至少应该包括方便的在线加盟程序、稳定的用户购买行为跟踪记录、可靠的在线销售统计资料查询等几个方面；第二，网站对会员制计划的推广也非常重要，推广力度与加盟会员的数量有直接关系，而会员数量在一定程度上决定了网站通过会员最终获得的收益；第三，提供适当比例的佣金并按时支付给会员。佣金的比例也许并没有固定的标准，取决于不同产品的利润状况和同行之间的平均佣金水平，但至少可以肯定，过低的佣金不会吸引会员参与。同时，一个不能按时支付佣金的网站同样会让会员失去信心；第四，重点发展金牌会员。最好的会员是那些拥有比较专业、有较大访问量的网站，但事实上，大部分会员拥有的是普普通通的网站。

（2）会员对会员制计划的影响

会员是否能够通过会员制计划取得收益，取决于自己的实力和努力。第一，会员自身的条件。用户通过会员的网站链接完成购物，其前提条件是，会员网站拥有一定的访问量，且访问者有可能成为网上消费者。否则，无论参与多少个网站的会员计划，也无论推荐多少种商品，都相当于开设在荒山野岭人烟稀少之处的商店，结果可想而知。另一方面，会员网站起到介绍人的作用，介绍人是否值得信任对用户的购买决策同样具有重要影响；第二，加入适合自己特点的会员制计划。提供会员制计划的网站可能很多，但并非每个网站都适合你；第三，努力推广网站的产品。利用一切可能的机会，像推广自己的产品一样推广网站的产品。

（3）网站和会员之间的关系

网站和会员之间的关系主要表现在网站对会员的培训、咨询、服务等方面，有时候这种关系成为制约整个计划发展的重要因素，比如在线帮助系统不完善，而网站对会员的询问又不能提供及时、准确的回复。

网站和会员之间的相互关系，表面上类似于传统销售渠道中厂商和代理商之间的关系。但是，在整个会员制计划当中，会员都处于绝对的弱势，基本上受制于网站。

6. 网络会员制的价值

网络会员制营销的价值并不仅仅限于销售，其实际价值可以从两个方面来分析：

一方面，从开展会员制计划的公司（称为商业网站）来看，会员制营销已经被证明是网上营销战略的成功模式，从理论到实践都已经比较完善。因此，许多国际知名的公司都已经将会员制纳入营销计划之中。除了可以直接增加销售额之外，网络会员制营销对品牌推广的价值也是显而易见的，拥有大量会员，实际上也相当于把网络广告投放到了所有会员网站上，也是一种节约在线广告支出的重要途径。

另一方面，对于加盟的会员网站来说，其可能拥有大量的访问者，但自身不具备直接开展电子商务的条件，或者不希望自行开展商品买卖或者提供具体的服务，通过参与会员制计划，可以依附于一个或多个大型网站，将网站流量转化为收益，虽然获得的不是全部销售利润，而只是一定比例的佣金，但相对于自行建设一个电子商务网站的巨大投入和复杂的管理而言，无须面临很大的风险，这样的收入也是合理的。加盟会员制营销的网站，也并不限于小型网站，或不具备自行开展电子商务的网站。即使正在开展电子商务的网站，甚至自己也在开展会员制计划的网站，也可以通过加入会员计划来扩充商品的种类，并获得额外的收入。事实上，电子商务网站加盟会员制计划，获得成功的可能性会更大一些，因为相对于个人网站或没有电子商务经验的小型网站而言，它们具有更多的销售经验、更大的访问量和更合理的产品组合。

7. 我国网络会员制营销的主要问题

（1）会员培训和服务

现阶段我国还没有完整配套的网络会员培训制度，大多数的网站对会员网站不关心，只会坐享其成，这样会员的忠诚度特别低，容易造成网站用户流失。特别是当消费者通过会员网站进入主站却发现网页不存在，会大大影响企业的品牌形象。

（2）商业网站的信用

有时消费者通过会员网站进入商家并进行购买物品，但是商家却对这种情况进行隐瞒，从而减少广告支出费用。长此以往，使得会员网站对商家失去信心。

（3）会员网站存活时间

在网络发展迅速的今天，每天都会有大量的网站出生，也有大量的网站死亡。对于网站的生命周期，特别是一些规模较小的网站，其网站存活时间很难预料，也会对整个会员制计划产生影响。

（4）缺乏第三方监督机制

我国网络会员制营销明显不如国外发展迅速，主要原因是信誉及监管力度不够，大多数会员网站对此缺乏信心，所以建立第三方监管机制是亟待解决的事情。

9.2 会员制营销的实施要点

9.2.1 网络会员制营销实施应考虑的问题

1. 会员制营销的目标

建立企业会员制计划，首要目标在于增加销售、提高访问量、吸引更多注册用户来增加网上社区的价值等。

如果是为了增加销售额，比例佣金计划可能是最好的选择。如果是为网站吸引访问量，可运用点击佣金计划，但一定要保证吸引的是相关联的访问量，这样，当访问者到主网站时，才能获得有价值的内容。会员制计划只是起到网站的门户作用，而无法取代访问者对充实的内容、吸引人的布局和效果的需要。如果目的是为在线服务或社区增加成员，应为注册提供一种激励，为了鼓励其他人加入，要提供一些额外的激励。

2. 目标会员

在开始建立计划之前，需要进行会员分析来决定目标会员的构成。可以采用广泛撒网的方法来获取需要的会员。一个较为有效的办法是把现有用户中的一部分转换为会员。

3. 佣金结构

为了达到目标，需要考虑给会员付多少佣金，每次点击付多少佣金，给每个新注册用户付多少佣金，佣金占销售额的百分比是多少等。这是一个比较棘手的问题，定位太高可能得不偿失，定位太低又没有吸引力。如果销售一种低利润产品或是高价值产品，要么提供预先规定的金额，要么提供销售额的一小部分。此外，在制定佣金结构时，还要考虑竞争对手的佣金方案。

4. 预算

建立一个会员制计划费用可多可少，这由方案的复杂性决定。建立会员制计划有三种方式可供选择：一是自己开发，花钱少但时间较长，如亚马逊和当当网上书店的会员制计划；二是聘请一个会员制解决方案提供商，只需 1～6 个星期即可建立定制的计划，但花钱较多；三是选择投资费用低的第三方工具，第三方工具软件能提供便宜、完整、便于使用的会员制计划方案。除了开发费用外，还得分配相应的资源到升级、维护、支付和会员报告等方面。

5. 怎样推销计划

推销计划与推销 Web 站点相似但并不完全相同。在网上有一些杰出的会员目录能用来免费推销自己的会员制计划，如 Associate Program、Associate-It 和 Refer-It 等。还可让会员解决方案提供商来帮助扩大宣传，这种形式是需要付费的。

6. 竞争者

会员制计划能增加访问量、销售额和品牌意识，这是开展会员制计划的三个决定性的原因。为了竞争中取胜，要花时间找出竞争者在提供什么，然后提供更好的条件给自己的会员。这不是说必须要有高的佣金计划，而是要提供更有力的专题、更友好的会员条款。例如，更灵活的链接选择、更好的网上报告工具、更少的限制等，更重要的是一定要有创造性。

7. 渠道冲突

必须考虑会员制计划如何与其他业务关系相结合。特别要考虑现有的分销网络如何成功地与会员网络相共存。可以向分销商建议使用会员制计划，以便为客户提供基于 Web 的自助服务，使客户可以访问那些分销商没有兴趣或资源进行直接销售的产品。

9.2.2 网络会员制的运作步骤

（1）建立会员数据库。
（2）组建专门的组织部门，细化会员管理。
（3）联合企业定期开展会员交流会、座谈会，了解会员心声，搭建好会员互动平台，提高会员对企业的信任和忠诚度。
（4）尝试与企业内外客户联合运作，增强会员制的营销力度，吸引更多会员，积累更多信息。
（5）借用网络平台定期向会员发布有效信息。
（6）设立专门的会员热线电话接受会员的咨询，受理会员的投诉，听取会员的意见。

【小知识 9-2】

网络会员制营销应考虑的问题

如果企业的网站因为营销活动而带来较多的访问量，那么可以考虑采用会员制营销来争取更多的访问量。在选择会员制程序时，应该尊重网络会员制营销的基本原理，即与企业网站的核心业务内容有关；可以将会员制程序集成到企业的网站内容中去；与网站访问者的兴趣有关；考虑到会员网站的需要；可以反应出企业网站的价值；可以取得较好的效果。

9.2.3 网络会员制营销的实施策略

1. 了解竞争对手

了解其他实施会员制的竞争对手网站，想办法让自己的计划更吸引人。尤其给联盟会员提供比竞争对手更高的佣金。

2. 网站要提供完善的技术保证

至少应该包括方便的在线加盟程序、稳定的用户购买行为跟踪记录、可靠的在线销售统计资料查询等几个方面。

3. 网站应加强对会员制计划的推广

推广力度与加盟会员的数量有直接关系，而会员数量在一定程度上决定了网站通过会员最终获得的收益。

4. 网站应提供适当比例的佣金并按时支付给会员

佣金的比例也许并没有固定的标准，它取决于不同产品的利润状况及同行之间的平均佣金水平，但至少可以肯定，过低的佣金不会吸引会员参与，同时，一个不能按时支付佣金的网站同样会让会员失去信心。

5. 网站应重点发展金牌会员

最好的会员是那些拥有比较专业的、有较大访问量的网站。但事实上，大部分会员拥有的是普普通通的网站。用更高的佣金和红利奖励高级会员，实行坡度佣金制度，销售特别多的会员将享受额外高的奖励。

6. 回头客佣金制度

如果某会员带来的购买者下次进行重复购买，该会员可以再次获得佣金，如此累计。这类服务适合每年续费的产品，例如，主机租赁。这种佣金制度，无疑会使企业的计划非常吸引人。

7. 提供终生佣金制度

长期有效的佣金政策，使得会员将它作为一项长期事业来经营，也能减少短期内没有成效而被放弃的情况。

8. 为加盟会员提供销售支持

网站要为会员提供最大支持，例如，帮助加盟会员成功销售产品，为会员做电子杂志广告，提供促销信/促销广告，提供具有品牌宣传效果的电子书、会员案例推荐、E-mail 相关课程，提供产品宣传文章。

9. 为加盟会员提供新闻邮件

通过 E-mail 会员通讯，在邮件中与会员分享销售技巧，与会员保持良好、亲密的接触。对会员邮件在第一时间作出反馈，不仅提高工作效率，也让加盟会员感到网站对他们的重视，不能让会员产生被冷落感。

10. 准确跟踪会员销售情况

如果加盟会员带来了良好的销售，而网站的程序没有记录下来，将使网站的口碑变得极为糟糕，会员制程序迟早会出现问题。

11. 参与会员制论坛

加入会员制论坛讨论，与其他会员分享各种专业性体会。遵守论坛纪律和规则，在网站的帖子中加入会员制签名。

12. 正确处理商业网站与会员之间的关系

网站和会员之间的关系主要表现在网站对会员的培训、咨询、服务等方面，有时候这种关系会成为制约整个计划发展的重要要素，比如在线帮助系统不完善，而网站会员的询问又不能提供及时、准确的回复。网站和会员之间的相互关系，在表面上看起来类似于传统销售渠道中厂商和代理商之间的关系,但是,在整个会员制计划当中,会员都处于绝对的弱势,和网站之间根本不是出于平等的地位,基本上受制于网站,如果是因为网站和会员的关系影响了会员制计划最终的成功,最主要的责任毫无疑问应该归于网站一方。

【同步案例 9-2】

微生活的终结

2013 年腾讯推出微生活,目的是要为线下商家打造一个移动和社交化的数字化用户管理系统,通过微生活,实现数字化用户管理、社交化精确营销和微客服、多客服等增值应用,在不降低利润的情况下挖掘现有用户的消费潜力。

微生活带给消费者群体的优惠类似于会员卡,商家则可以通过微生活平台掌握相关信息,实现精确的会员管理、产品营销和数据分析,这是立足于 CRM 服务的微生活所独有的特殊技能。然而,由于腾讯不具备线下基因,微生活在开展线下业务时非常吃力,没有实现预期目标。

2014 年,随着腾讯入股大众,意味着腾讯营销战略做了调整,将做不了或不好做的业务放给参股的公司,终结了微生活的未来。

(资料来源:搜狐 IT,宋宣:微生活驾崩,腾讯 O2O 业务瘦身完成,http://it.sohu.com/20140607/n400537201.shtml,2014-06-07)

问题: 微生活为什么没有了未来?

分析提示: 从移动互联网发展的大方向上来看,广大的用户群依旧是一款产品生存的根基。微生活虽然能够带给消费者类似于会员卡的优惠,但是,更倾向于为商家提供 CRM 服务,而大众点评倾向于消费者群体。大众点评的团购则以拉动顾客数量的方式换取商家让利,从而使消费者无需进入会员制的循环也可以享受优惠。

本章小结

会员制营销包括传统会员制和网络会员制营销两种类型。传统会员制营销多以"俱乐部"的形式出现,以发行"会员卡"吸引消费者加入。传统会员制包括四大类型:公司会员制、终身会员制、普通会员制、内部信用卡会员制。传统会员制营销可以维持长期稳定的顾客关系、可以进行互动交流、提升客户的忠诚度并可以获得可观的会费收入。

网络会员制营销多以"网络联盟"的形式出现,通过利益关系将无数个网站连接起来,将商家的分销渠道扩展到互联网的各个角落,同时为会员网站提供一个简易的赚钱途径。网络会员制由网上销售商、会员、网上顾客及会员制解决方案提供商构成。

在网络会员制的实施过程中,要树立自身的会员制营销目标、确定目标会员、制定佣金结构、做好费用预算、制定推销计划、借鉴竞争对手的做法、避免渠道冲突,帮助网站通过多个渠道进行推广。

网络会员制的运作步骤包括:建立会员数据库;组建专门的组织部门,细化会员管理;联合企业定期开展会员交流会、座谈会,了解会员心声;尝试与企业内外客户联合运作,增强会员制的营销力度,吸引更多会员,积累更多信息;借用网络平台定期向会员发布有效信息;设立专门的会员热线电话接受会员的咨询,受理会员的投诉,听取会员的意见。

网络会员制营销在实施过程中,需要考虑诸多因素,也需要综合多种手段进行:了解竞争对手；提供完善的技术保证；加强对会员制计划的推广；提供适当比例的佣金并按时支付给会员；重点发展金牌会员；回头客佣金制度；提供终生佣金制度；为加盟会员提供销售支持；为加盟会员提供新闻邮件；准确跟踪会员销售情况；参与会员制论坛；正确处理商业网站与会员之间的关系等。

主要概念和观念

□ 主要概念

传统会员制营销　网络会员制营销

□ 主要观念

传统会员制的四大类型　传统会员制营销的价值　网络会员制营销的基本原理
网络会员制营销的价值　网络会员制营销的实施策略

习题与训练 9

一、理论自测题

1. 单项选择题

（1）传统会员制营销主要通过（　　）形式让用户加入自己的会员计划。
　　A. 论坛　　　　　B. 网络　　　　　C. 俱乐部　　　　　D. 小组

（2）会员制营销以（　　）为中心，企业通过与会员互动式的沟通和交流，可以发掘出客户的意见和建议。
　　A. 客户　　　　　　　　　　　B. 利益
　　C. 开展会员制的企业　　　　　D. 产品

（3）一个成功的网络会员制计划涉及到网站的技术支持、会员招募和资格审查、会员培训、（　　）等多个环节。
　　A. 佣金支付　　　　　　　　　B. 网站规模大小
　　C. 会员联系　　　　　　　　　D. 产品选择

2. 多项选择题

（1）传统会员制的主要类型有（　　）。
　　A. 公司会员制　　　　　　　　B. 终身会员制
　　C. 普通会员制　　　　　　　　D. 内部信用卡会员制

（2）网络会员制营销系统由（　　）构成。
　　A. 网上销售商　　　　　　　　B. 会员
　　C. 网上顾客　　　　　　　　　D. 会员制解决方案提供商

（3）网络会员制营销的主要功能包括（　　）。
　　A. 范围广，定位准　　　　　　B. 大大扩展了商家的网上销售渠道

　　　　C．创造了流量转化为收益的机会　　　D．按效果付费，节约广告主的广告费用
　3．判断题
　　（1）网络会员制营销多以会员俱乐部的形式出现。　　　　　　　　　　　（　　）
　　（2）网上消费者能从会员制网络营销中获得实惠，会员网站也通过加入会员制营销计划实现营业收入。这是一个实现双赢的过程。　　　　　　　　　　　　　　　　　（　　）
　　（3）网络会员制营销从某种意义上说，它利用了病毒性营销的思想，联盟会员主动进行推广。　　　　　　　　　　　　　　　　　　　　　　　　　　　　　　　　　（　　）
　4．简答题
　　（1）简述传统会员制营销的形式。
　　（2）简述网络会员制营销的价值。
　　（3）简述网络会员制营销的运作步骤。

二、实务自测题

　1．单项业务
　分别选取一个传统会员制营销和网络会员制营销的案例进行分析比较。
　2．复合业务
　针对某个开展网络会员制营销的企业，分析其所使用的营销策略。

三、案例分析题

麦包包的"会员俱乐部"

　　2010年，麦包包正式开始会员经营。五年来，不断钻研会员经营的门路，想方设法地创意会员互动和优惠活动，例如，退订流程中的可爱插图，定期发给会员的"寄给麦友的信"，"天下无贼"系列网络防骗指南等，都受到了消费者的好评。

　　目前，麦包包已经拥有1000多万会员，全新会员俱乐部的成立，在会员等级体系和会员权益方面做了全新优化，是麦包包给予会员的一个专属通道，也是享受会员特权、参与会员活动的集结地。会员可以享受到针对VIP客户的一系列个性化服务和会员特权，除此之外，最新推出一项会员回馈计划——麦豆计划：消费者可以通过使用麦豆，在麦包包官网抽取精美礼品、换取免费包包，还能在购物时不限量抵扣现金。

　　麦包包还将每月的22日设立为"麦友日"，以不同程度的优惠活动来回馈众多会员的长期支持；而麦包包微博平台和晒包频道的应用，不仅为会员们提供了展示自己和包包的平台，也为麦包包与会员之间的交流架起了又一座新桥梁。网站首页如图9-2所示。

　　麦包包不仅在其货品上获得了良好口碑，而且，高效的会员互动稳固了其市场占有率。

　　（资料来源：行行出状元，"会员营销"时代7大成功的营销案例，http://info.hhczy.com/article/20140718/22335-2.shtml，2014-07-18）

　　问题：
　　（1）分析麦包包开展网络会员制营销的成功之处。
　　（2）请谈谈网络会员制营销的开展要点。

图 9-2 麦包包网站首页

分析要求：学生分析案例提出的问题，拟出《案例分析提纲》；小组讨论，形成小组《案例分析报告》；班级交流，教师对各小组《案例分析报告》进行点评；在班级展出附有"教师点评"的各小组《案例分析报告》，供学生比较研究。

三、单元实训

为一家企业设计会员制营销方案

【实训目标】

引导学生参与会员制营销的网络实践；通过对会员制营销方案的策划使学生将本章内容融会贯通，培养专业实战能力。

【实训内容】

搜集相关资料，自己选择某个公司，为其策划会员制营销方案（形式不限）。

【实训时间】

在讲授本章时选择两个课时的上机时间。

【操作步骤】

（1）将班级每4~6位同学分成一组，每组确定1人负责。

（2）学生按组选择某个企业，搜集相关资料，进行分工协作。

（3）写出会员制营销策划方案。

（4）各组在班级进行交流、讨论。

【成果形式】

实训作业：撰写《会员制营销策划方案》。

任务10　跨境电商营销

通过本章学习，应该达到以下目标：

理论目标：了解发展跨境电商的意义，熟悉选择跨境电商第三平台的方法，掌握制定跨境电商营销方案的步骤。

实务目标：了解我国发展跨境电商的政策，熟悉跨境电商试点城市的不同模式，熟悉跨境电商第三方平台的不同特点，掌握制定跨境电商营销方案的策略与技巧。

案例目标：运用所学跨境电商的相关案例，培养和选择适合跨境电商第三方平台的能力，提高开展跨境电商业务的能力。

实训目标：引导学生参加针对开展跨境电商业务各个环节步骤的实践操作，在切实体验企业选品、平台选择、商品描述、物流选择、营销推广等活动中，培养专业能力与职业核心能力；通过践行职业道德规范，促进健全职业人格的塑造。

引例：

利用国外社交媒体，让流量翻番增长

在深圳华强北的赛格科技园区，有四个刚毕业的大学生。他们挤在一间不大的办公室里，每天都加班到很晚。他们积极联系工厂的货源，关注行业的最新动态和变化，利用各种社交媒体和平台拓展着新市场。

2014年5月，这四个年轻人一起创办了一家公司，主要经营手机配件。经过努力，他们每个月的营业额超过了十几万美金，在敦煌网手机配件行业销售也排到了前三的地位。

学生军网上开店最开始就必须要找对产品，一定要做精准定位的产品，能很快见到收益。手机配件这一领域对他们而言有两大有利因素：手机配件起步资金比较低、属于损耗品、需求量大；深圳华强北手机配件产品丰富，有地理优势。

作为时尚的年轻人，从事跨境电商的四个人也带有浓厚的"新潮劲"。四个人的英语都比较好，他们充分利用了国外社交媒体SNS（全称Social Networking Services，即社会性网络服务）的平台，并通过Facebook和YouTube这些社交渠道去推广他们的产品，取得了流量和销售额翻番的良好效果。要在某个社区做营销，一定要先去了解这个社区的特性，明白什么样的话题会在社区当中能被很好地传播，用户对什么信息反感等。利用SNS网站的分享和共享功能，通过快速传播的手段，流量翻番增长，让产品被更多的人知道。

（资料来源：雨果网，"跨境B2B创业者"之郑建荣：利用好国外社交媒体，轻松让流量翻番增长，http://www.cifnews.com/Article/13142，2015-2-10）

四名刚毕业的大学生在敦煌网上从事跨境电商B2B，业务取得成功。其营销活动主要包

括选品，产品优化，分析经营数据中的曝光度和点击量的转化率，提升客户体验等店铺内的营销活动；同时积极参与敦煌网平台的各种促销活动。本任务将系统阐述开展跨境电商的意义，如何选择跨境电商平台，如何进行跨境电商营销活动，以获得经济效益。

10.1 发展跨境电商的意义

10.1.1 跨境电商的定义

跨境电子商务，是指分属不同关境的交易主体，通过互联网方式达成交易，完成运营和支付结算，并通过跨境物流送达商品、完成交易的一种国际商业活动。跨境电商也被称为"无国界贸易"。目前根据跨境电商模式的不同，平台提供支付结算、跨境物流送达、金融贷款的服务内容均有不同。

10.1.2 跨境电商的分类

1. 按照商业模式分类

在跨境电商市场按照商业模式划分，跨境电商平台分为 B2B、B2C 以及 C2C 三种类型。

（1）B2B 平台

B2B 跨境电商平台所面对的最终客户为企业或集团客户，提供企业、产品、服务等相关信息。目前，中国跨境电商市场交易规模中 B2B 跨境电商市场交易规模占总交易规模中 90%以上。在跨境电商市场中，企业级市场始终处于主导地位。

（2）B2C 平台

B2C 类跨境电商是指分属不同关境的企业卖方针对最终客户以网上零售的方式，将产品售卖给个人消费者。如企业为个人提供在线医疗咨询、在线商品购买等。

（3）C2C 平台

C2C 是指分属不同关境的个人卖方对个人买方开展在线销售产品和服务。

C 类跨境电商市场正在逐渐发展，且在中国整体跨境电商市场交易规模中的占比不断升高。在未来，C 类跨境电商市场将会迎来大规模增长。

2. 按照服务类型分类

（1）信息服务平台

信息服务平台主要是为境内外会员商户提供网络营销平台，传递供应商或采购商等商家的商品或服务信息，促成双方完成交易。代表企业有阿里巴巴国际站、环球资源网、中国制造网。

（2）在线交易平台

在线交易平台不仅提供企业、产品、服务等多方面信息展示，并且可以通过平台线上完成搜索、咨询、对比、下单、支付、物流、评价等全购物链环节。在线交易平台模式正在逐渐成为跨境电商中的主流模式。代表企业有敦煌网、速卖通、DX、炽昂科技（FocalPrice）、米兰网、大龙网。

3. 按照平台运营方式分类

（1）第三方开放平台

平台型电商通过线上搭建商城，并整合物流、支付、运营等服务资源，吸引商家入驻，为其提供跨境电商交易服务。同时,平台以收取商家佣金以及增值服务佣金作为主要盈利模式。代表企业有速卖通、敦煌网、环球资源、阿里巴巴国际站。

(2) 自营型平台

自营型电商通过在线上搭建平台,平台方整合供应商资源通过较低的进价采购商品,然后以较高的售价出售商品,自营型平台主要以商品差价作为盈利模式。代表企业有兰亭集势、米兰网、大龙网、炽昂科技。

【教学互动 10-1】

互动问题:

跨境电商在传统电商的基础上有哪些变化?在学习的时候,需要我们有哪些知识储备?

要求:

同教学互动 1-1。

10.1.3 我国跨境电商的发展

1. 我国跨境电商的发展历程

1999 年阿里巴巴实现用互联网连接中国供应商与海外买家后,中国对外出口贸易就实现了互联网化。在此之后,共经历了三个阶段,实现从信息服务,到在线交易、全产业链服务的跨境电商产业转型。

(1) 跨境电商 1.0 阶段(1999～2003)

跨境电商 1.0 时代的主要商业模式是网上展示、线下交易的外贸信息服务模式。跨境电商 1.0 阶段第三方平台主要的功能是为企业信息以及产品提供网络展示平台,并不在网络上涉及任何交易环节。此时的盈利模式主要是通过向进行信息展示的企业收取会员费(如年服务费)。跨境电商 1.0 阶段发展过程中,也逐渐衍生出竞价推广,咨询服务等为供应商提供一条龙的信息流增值服务。

在跨境电商 1.0 阶段中,阿里巴巴国际站平台以及环球资源网为典型代表平台。其中,阿里巴巴成立于 1999 年,以网络信息服务为主,线下会议交易为辅,是中国最大的外贸信息黄页平台之一。环球资源网 1971 年成立,前身为 Asian Source,是亚洲较早的提供贸易市场资讯者,并于 2000 年 4 月 28 日在纳斯达克证券交易所上市,股权代码 GSOL。

在此期间还出现了中国制造网、韩国 EC21 网、Kellysearch 等大量以供需信息交易为主的跨境电商平台。跨境电商 1.0 阶段虽然通过互联网解决了中国贸易信息面向世界买家的难题,但是依然无法完成在线交易,对于外贸电商产业链的整合仅完成信息流整合环节。

(2) 跨境电商 2.0 阶段(2004～2012)

2004 年,随着敦煌网的上线,跨境电商 2.0 阶段来临。这个阶段,跨境电商平台开始摆脱纯信息黄页的展示行为,将线下交易、支付、物流等流程实现电子化,逐步实现在线交易平台。

相比较第一阶段,跨境电商 2.0 更能体现电子商务的本质,借助于电子商务平台,通过服务、资源整合有效打通上下游供应链,包括 B2B(平台对企业小额交易)平台模式,以及 B2C(平台对用户)平台两种模式。跨境电商 2.0 阶段,B2B 平台模式为跨境电商主流模式,通过直接对接中小企业商户实现产业链的进一步缩短,提升商品销售利润空间。2011 年敦煌网宣布实现盈利,2012 年持续盈利。

在跨境电商 2.0 阶段，第三方平台实现了营收的多元化，同时实现后向收费模式，将"会员收费"改以收取交易佣金为主，即按成交效果来收取百分点佣金。同时还通过平台上营销推广、支付服务、物流服务等获得增值收益。

（3）跨境电商 3.0 阶段（2013 至今）

2013 年成为跨境电商重要转型年，跨境电商全产业链都出现了商业模式的变化。随着跨境电商的转型，跨境电商 3.0 "大时代"随之到来。

首先，跨境电商 3.0 具有大型工厂上线、B 类买家成规模、中大额订单比例提升、大型服务商加入和移动用户量爆发五方面特征。与此同时，跨境电商 3.0 服务全面升级，平台承载能力更强，全产业链服务在线化也是 3.0 时代的重要特征。

在跨境电商 3.0 阶段，用户群体由草根创业向工厂、外贸公司转变，且具有极强的生产设计管理能力。平台销售产品由网商、二手货源向一手货源好产品转变。

对于 3.0 阶段的主要卖家群体正处于从传统外贸业务向跨境电商业务艰难转型期，生产模式由大生产线向柔性制造转变，对代运营和产业链配套服务需求较高。另一方面，3.0 阶段的主要平台模式也由 C2C、B2C 向 B2B、M2B 模式转变，批发商买家的中大额交易成为平台主要订单。

跨境电商行业可以快速发展到 3.0 阶段，主要得益于以下几个方面：

首先，得益于中央及各地政府的高度重视。在中央及各地政府大力推动的同时，跨境电商行业的规范和优惠政策也相继出台。如《关于跨境贸易电子商务进出境货物、物品有关监管事宜的公告》（海关总署 2014 年第 56 号）、《关于进一步促进电子商务健康快速发展有关工作的通知》（发改办高技[2013]894 号）、《关于促进电子商务健康快速发展有关工作的通知》（发改办高技[2012]226 号）《关于开展国家电子商务示范城市创建工作的指导意见》（发改高技[2011]463 号）等多项与跨境电商相关政策的出台，在规范跨境电商行业市场的同时，也让跨境电商企业开展跨境电商业务得到了保障。

其次，在海外市场，B2B 在线采购已占据半壁江山。有相关数据指出，在美国，B2B 在线交易额达 5590 亿美元，是 B2C 交易额的 2.5 倍。在采购商方面，59%的采购商以在线采购为主，27%的采购商月平均在线采购 5000 美元，50%的供货商努力让买家从线下转移到线上，提升利润和竞争力。

第三，移动电商的快速发展也成就了跨境电商 3.0 阶段的快速到来。2013 年，智能手机用户占全球人口的 22%，首次超过 PC 比例，智能手机达 14 亿台。同时，亚马逊公布，2013 年圣诞购物季使用移动端进行购物的用户占比达 50%。在美国比价网站 PriceGrabber 调查中显示，2013 年感恩节购物季，40%的消费者会在进商场前进行网上比价，50%的消费者表示在商场会使用智能手机进行网上比价。

移动电商的快速发展得益于大屏智能手机和 Wi-Fi 网络环境的改善使用户移动购物体验获得较大提高，用户移动购物习惯逐渐形成。另一方面，电商企业在移动端的积极推广和价格战促销等活动都进一步促进移动购物市场交易规模大幅增长，预计 2016 年将达到 7362.4 亿元。方便、快捷的移动跨境电商也为传统规模型外贸企业带来了新的商机。

2. 我国开展跨境电商试点

从 2012 年 12 月开始，由中国发改委、海关总署共同开展的中国跨境贸易电子商务服务试点工作全面启动。旨在通过试点工作，总结制定跨境贸易电子商务涉及的通关、结汇和退税等方面的管理办法及标准规范，促进国家跨境贸易电子商务的发展。我国跨境电商的发展历程如图 10-1 所示。

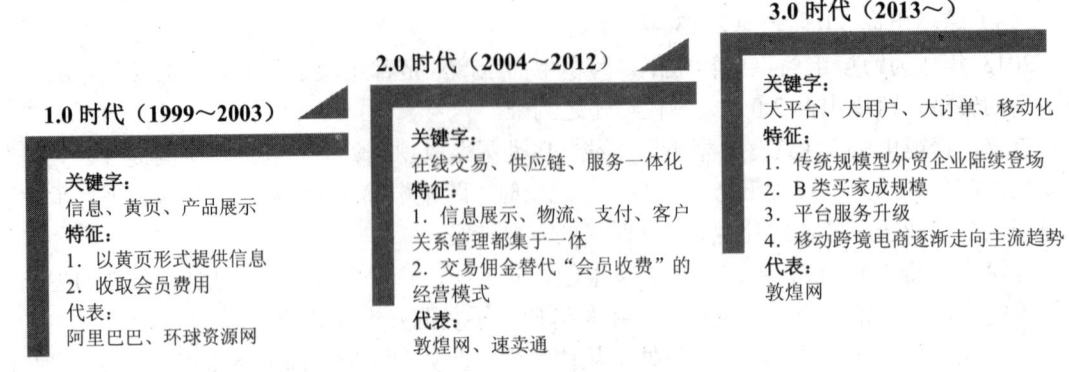

图 10-1 我国跨境电商的发展历程

第一批试点城市为上海、重庆、杭州、宁波、郑州，它们具有良好的经济和外贸基础，具备开展跨境电子商务服务试点的条件。通过先行先试，试点城市依托电子口岸建设机制和平台优势，实现外贸电子商务企业与口岸管理相关部门的业务协同与数据共享，借此解决制约跨境贸易电子商务发展的瓶颈问题。

试点城市不仅在政策上获得国家支持，还在经济资本上获得极大支撑。目前，郑州试点城市拥有两个中央政策性试点项目，4 个地方应用性试点项目，共获批总投资 1.7 亿元，获国家补助资金 3040 万元。

2014 年 1 月，深圳、苏州、青岛、长沙、平潭、银川、牡丹江、哈尔滨、西安 9 个城市成为第二批跨境贸易电子商务服务试点城市。

试点城市积极进行创新模式的开发及应用，上海实施了进口包裹清关模式，宁波实施了网购报税模式、出口包裹清关模式，杭州实施了出口包裹清关模式，杭州实施了直邮进口模式，郑州实施了出口转内销模式、报税进口集货模式和报税进口备货模式，重庆实施了人民币结汇模式，深圳实施了跨境电子商务资金结算模式，创新模式的应用都取得了较好的实践效果。

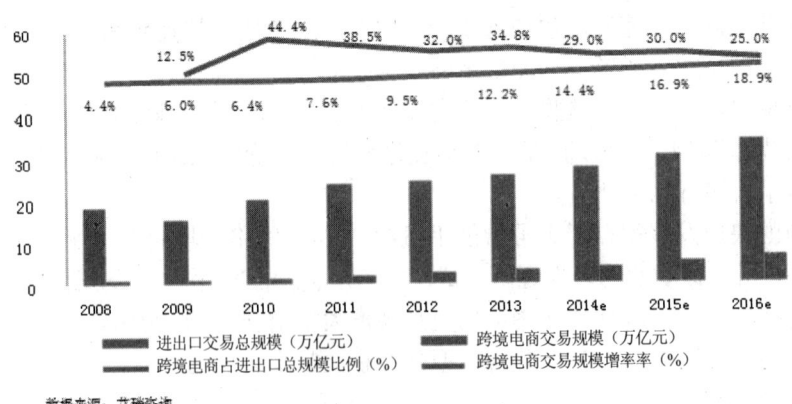

图 10-2 2008-2016 年中国进出口贸易及跨境电商市场交易规模

10.2 常见跨境电商第三方平台

10.2.1 亚马逊

1. 亚马逊平台简介

亚马逊公司（Amazon，简称亚马逊），是美国最大的一家网络电子商务公司，位于华盛顿州的西雅图。是网络上最早开始经营电子商务的公司之一，亚马逊成立于1995年，一开始只经营网络的书籍销售业务，现在则扩及了范围相当广的其他产品，已成为全球商品品种最多的网上零售商和全球第二大互联网企业，在公司名下，也包括了AlexaInternet、a9、lab126和互联网电影数据库（Internet Movie Database，IMDB）等子公司。

亚马逊及其他销售商为客户提供数百万种独特的全新、翻新及二手商品，如图书、影视、音乐和游戏、数码下载、电子和电脑、家居园艺用品、玩具、婴幼儿用品、食品、服饰、鞋类和珠宝、健康和个人护理用品、体育及户外用品、玩具、汽车及工业产品等。

2004年8月亚马逊全资收购卓越网，使亚马逊全球领先的网上零售专长与卓越网深厚的中国市场经验相结合，进一步提升客户体验，并促进中国电子商务的成长。

亚马逊的营销策略主要有：

（1）产品策略

亚马逊根据所售商品的种类不同，分为三大类：书籍、音乐和影视产品，每一类都设置了专门的页面。同时，在各个页面中也很容易看到其他几个页面的内容和消息，它将其中不同的商品进行分类，并对不同的电子商品实行不同的营销对策和促销手段。

（2）定价策略

亚马逊采用了折扣价格策略。所谓折扣策略是指企业为了刺激消费者增加购买，在商品原价格上给以一定的回扣。它通过扩大销量来弥补折扣费用和增加利润。亚马逊对大多数商品都给予了相当数量的回扣。

（3）促销策略

常见的促销方式，也即企业和顾客以及公众沟通的工具主要有四种。它们分别是广告、人员推销、公共关系和营业推广。在亚马逊的网页中，除了人员推销外，其余部分都有体现。

在亚马逊的主页上，精美的多媒体图片，明了的内容简介和权威人士的书评都可以使人有身临其境的感觉。

不仅在亚马逊的网页上有大量的多媒体广告，而且在其他相关网络站点上也经常可以看到它的广告。例如，在Yahoo!上搜索书籍网站时就可以看到亚马逊的广告。

广告还有一大特点就在于其动态实时性。每天都更换的广告版面使得顾客能够了解到最新的出版物和最权威的评论。

亚马逊千方百计地推销自己的网点，不断寻求合作伙伴（associate）。由于有许多合作伙伴和中间商，从而使得顾客进入其网点的方便程度和购物机会都大大增加，它甚至慷慨地做出了如下的承诺：只要你成为亚马逊的合作伙伴，那么由贵网点售出的书，不管是否达到一定的配额，亚马逊将支付给你15%的介绍费。

这是其他合作型伙伴关系中很少见的。目前，亚马逊的合作伙伴已经有很多，包括Yahoo!

和 Excie 在内的五个最经常被访问的站点已经成为亚马逊的合作伙伴。

亚马逊专门设置了一个 gift 页面，为大人和小孩都准备了各式各样的礼物。这实际上是价值活动中促销策略的营业推广活动。它通过向各个年龄层的顾客提供购物券或者精美小礼品的方法吸引顾客长期购买本商店的商品。另外，亚马逊还为长期购买其商品的顾客给予优惠，这也是一种营业推广的措施。

亚马逊专门的礼品页面，为网上购物的顾客（包括大人和小孩）提供小礼品这既属于一种营业推广活动，也属于一种公共关系活动；再有，是做好企业和公众之间的信息沟通，它虚心听取、搜集各类公众以及有关中间商对本企业和其商品、服务的反映，并向他们和企业的内部职工提供企业的情况，经常沟通信息；公司还专门为首次浏览网站的顾客提供一个页面，为顾客提供各种网上使用办法的说明，帮助顾客尽快熟悉，这也是一种搞好公共关系的方法。

（4）亚马逊经常会免去一些客户的运费，当客户在大学校园或是满了一定金额的订单。

（5）亚马逊配有自己的配送中心，支持的付款方式多样，并且为了回报消费者，部分商品都是免配送费的。

2. 亚马逊平台特点

（1）在亚马逊平台上产品是通过展示、搜索以及分类的方式显示的。

（2）亚马逊不提供任何拍卖模式的服务。

（3）亚马逊的产品列表已经列出了大部分日常商品。对于这类商品，卖家不再需要添加图片，商品名称以及描述。只需要找到已经存在的同类商品，然后将销售的产品数量及价格添加进去。

（4）在亚马逊上，一旦你将商品添加到某个列表，它将会一直显示，直到你的存货售完或者删除该商品。你不需要不断地更新列表或重新列出商品。在产品售出前，你可以根据竞争者的售价随时修改你的产品价格。除此之外，不用对你的产品列表进行任何修改。

（5）亚马逊对大部分商品有 30 天无条件退换政策。亚马逊根据产品的类别、重量以及买家的要求提供给卖家比较有限的快递时间和价格。

（6）在亚马逊平台上收费分为个人卖家和专业卖家，专业卖家每个月收取 30 美金，个人卖家在产品发布上有较多的限制。

（7）在亚马逊平台上，销售服装类目需要特别申请销售权限。

（8）亚马逊为卖家提供免费的运营服务。

10.2.2 eBay

1. eBay 简介

eBay 公司成立于 1995 年 9 月，是目前全球最大的网络交易平台之一，为个人用户和企业用户提供国际化的网络交易平台。eBay.com 是一个基于互联网的社区，买家和卖家在一起浏览、买卖商品，eBay 交易平台完全自动化，按照类别提供拍卖服务，让卖家罗列出售的东西，买家对感兴趣的东西提出报价。

超过九千五百万来自世界各个角落的 eBay 会员，在这里形成了一个多元化的社区，他们买卖上亿种商品，从电器到电脑，到家居用品，到各种独一无二的收藏品。eBay 还有定价拍卖模式，买家和卖家按照卖家确立的固定价格进行交易。

eBay 在全球的服务站点包括在美国的主站点和在奥地利、澳大利亚、比利时、巴西、加拿大、中国、法国、德国、香港、印度、爱尔兰、意大利、韩国、马拉西亚、墨西哥、荷兰、新西兰、菲律宾、波兰、新加坡、西班牙、瑞典、瑞士、台湾、英国和阿根廷等的 40 个全球站点，用户覆盖 160 多个国家。eBay 总部设在美国加利福尼亚州，目前拥有 4000 名员工，在英国、德国、韩国、澳大利亚、中国和日本等地都设有分公司。

eBay 一成立就开始盈利，从 1998 年股票上市开始，eBay 股票一直是纳斯达克前十名之一，众多投资者都看好它的盈利模式。

eBay 是第一代跨境零售的首选平台，因为它积累了大量的国外优质买家以及方便的第三方支付 PayPal。在 eBay 的影响下，EMS 出台了"国际 E 邮宝"业务，对于跨境电商有极大的帮助。

2. eBay 的特点
- eBay 是 B2C 的鼻祖，与淘宝的模式类似。
- eBay 对产品质量要求较高。
- 旗下的支付网站 PayPal 对国内的卖家较为严苛。
- eBay 的进入门槛较高。
- eBay 上产品佣金最低 5%。
- eBay 上面免注册费，需要提供销售商品的发票，银行账单或者水电账单等。
- 上架产品需要收取刊登费。

10.2.3 速卖通

1. 速卖通简介

全球速卖通是阿里巴巴旗下面向全球市场打造的在线交易平台，被广大卖家称为国际版"淘宝"。速卖通于 2010 年 4 月上线，经过 3 年多的迅猛发展，目前已经覆盖 220 多个国家和地区的海外买家，每天海外买家的流量已经超过 5000 万，最高峰值达到 1 亿；已经成为全球最大的跨境交易平台。但由于多国为了保护本国电商，限制或禁止本国人员跨境网购。在 2014 年"双 11"速卖通当天成交 680 万个订单，比去年增长 60%，截至美国太平洋时间 11 月 11 日 24 点，速卖通订单最多的国家和地区包括俄罗斯联邦、巴西、以色列、西班牙、白俄罗斯、美国、加拿大、乌克兰、法国、捷克共和国、英国，订单总量超 680 万。

全球速卖通覆盖 3C、服装、家居、饰品等共 30 个一级行业类目。其中优势行业主要有：服装服饰、手机通讯、鞋包、美容健康、珠宝手表、消费电子、电脑网络、家居、汽车摩托车配件、灯具等。

"速卖通卖家"是阿里巴巴专门为速卖通卖家开发的一款手机办公软件，包含国际版旺旺、站内信、新订单提醒等功能。

"速卖通卖家"主要功能：
- 可以登录 AliExpress 查看并回复站内信，让卖家更加及时方便地回复买家留言。
- TradeManage 消息，随时随地和买家进行实时沟通，让卖家不再错过订单。
- 系统消息实时提醒，查看消息变得更加方便、及时。

在全球速卖通上有三类物流服务，分别是邮政大小包、速卖通合作物流以及商业快递。其中 90%的交易使用的是邮政大小包。

2. 速卖通的特点
- "价格为王",价格低才能有优势。
- 平台准入门槛低。
- 目标顾客群主要以发展中国家、欠发达国家为主。
- 平台佣金与 eBay 和亚马逊相比较低。
- 商品同质化竞争相对比较激烈。

10.2.4 敦煌网

1. 敦煌网简介

敦煌网 2004 年正式上线,是中国国内首个实现在线交易的跨境电商 B2B 平台,以中小额外贸批发业务为主,致力于帮助中国中小企业通过跨境电子商务平台走向全球市场,开辟一条全新的国际贸易通道,让在线交易变得更加简单、更加安全、更加高效。敦煌网在自上线以来,实现了小额外贸、网货中心、全球支付系统 DHpay、跨境电商移动平台等多项业务、服务、模式的首创和创新,在不断满足用户需求和完善线上外贸业务的同时,也让敦煌网成为了跨境电商市场中的创新者和领先者。

目前,敦煌网已经具备 120 多万家国内供应商在线,2500 万种商品,遍布全球 224 个国家和地区的 550 万买家的规模。在十年发展过程中,敦煌网实现了在物流、资金流和信息流三大环节的平台整合。其是商务部重点推荐的中国对外贸易第三方电子商务平台之一,工信部电子商务机构管理认证中心已经将其列为示范推广单位。

敦煌网采取佣金制,免注册费,只在买卖双方交易成功后收取费用。其主要模式为在线交易平台型跨境 B2B 平台。

(1) 在线交易平台

敦煌网提供第三方网络交易平台,中国卖家通过商铺建设、商品展示等方式吸引海外买家,并在平台上达成交易意向,生成订单,可以选择直接批量采购,也可以选择先小量购买样品,再大量采购。并且提货源、海外营销、在线支付和国际物流、保险、金融、培训为一体的供应链整合服务体系,实现一站式外贸购物体验。

(2) 网货中心平台

2013 年 11 月 26 日,义乌市政府和敦煌网联合打造的"义乌全球网货中心"(Virtual Warehouse)正式上线。这被认为是区域政府和跨境电商平台合作,通过"帮、扶、带"的方式,推动当地企业实现转型,建立线上线下打通的全球渠道的一个创举。2013 年,网货中心模式推进到东莞、宁波等货源地。全球网货中心,旨在集合当地商务及商品信息,打造一个线上虚拟仓库与线下实体仓库及物流集散中心相结合的外贸货源开放库,并通过一系列技术手段将此开放库与以敦煌网为代表的国内外各大电商平台相连接,依托各平台的巨大流量,实现开发库中商品和国内外市场的对接,并形成销售。

(3) 在线物流业务

敦煌网于 2013 年上半年推出"在线发货"物流服务,通过线上申请、线下发货的方式,简化了发货流程,为外贸商家提供更为便捷的快递服务。妥投时间为 5～7 天,覆盖了全球 107 个国家及地区。而敦煌网综合物流平台 DHLink 与全球四大物流公司签约,目前可覆盖超过 190 个国家和地区,DHLink 在物流渠道、价格等方面均具有明显优势。

在线发货分为两种运输方式，仓库发货和国际 e 邮宝。仓库发货使卖家享受低廉的物流折扣，卖家将货品发往指定仓库，在线支付物流费用后，仓库将统一调配，集中发货。目前敦煌网仓库覆盖长三角、珠三角、西南地区重庆。

（4）供应链金融服务

敦煌网贷款为全平台企业和个人卖家开放。针对企业卖家，先后推出与建行合作的"e 保通"、与招行合作推出的敦煌网生意一卡通、与民生银行合作推出的敦煌新 e 贷白金信用卡。除此之外，敦煌网还推出了不需要提供担保的信用贷款以及与 P2P 平台合作针对敦煌网卖家的 P2P 平台敦煌专属贷款。敦煌网供应链金融服务帮助敦煌网卖家实现资金快速周转，不再出现货款压滞。

2. 敦煌网的优势

（1）专注性：在线交易模式

敦煌网以交易服务为核心，在免费为买卖双方提供信息发布平台的基础上，主要提供物流、支付、翻译等服务，通过整合产业链，为买卖双方顺利完成在线交易奠定基础。

（2）专业性：专业打造中小企业国际交易平台

作为国际贸易领域 B2B 电子商务的创新者，敦煌网充分考虑了国际贸易的特殊性，全新融合了新兴的电子商务和传统的国际贸易，为国际贸易的操作提供专业有效的信息流、安全可靠的资金流、快捷简便的物流等服务。同时，敦煌网着手信用体系建设，营造交易的安全环境，帮助买家卖家扩大交易规模。

（3）丰富性：丰富的资源优势

敦煌网进入行业较早，积累了大量的 VIP 买家及忠实卖家，拥有一定的先发优势；深入货源基地获得一手货源，已有 2500 万商品在线售卖。

（4）创新性

1）第一家创立跨境电商在线交易模式，建立并推行为成功付费的理念；

2）第一家成立诚信安全部，建立完善的风险控制体系；

3）第一家对接全球三十多家物流提供商，提供多条海外专线；

4）第一家上线全球支付系统 DHpay，对接全球三十多种支付方式；

5）第一家联合银行推出针对中小企业的互联网金融贷款产品"e 保通"；

6）第一家推出跨境电商移动平台、买家端 APP 和卖家端 APP；

7）第一家与中国物品编码中心签署协议，打造亚洲第一个拥有全球"身份证"跨境电商 B2B 交易平台；

8）第一家为传统企业量身定制网货中心模式，使企业零成本做跨境电商。

【教学互动 10-2】

互动问题：

作为全球第二的互联网公司亚马逊，在进入中国市场后，发展遇到的问题是什么，该如何解决？

要求：

同教学互动 1-1。

10.3 跨境电商营销方案

10.3.1 跨境电商营销推广思路

随着互联网技术发展的成熟以及联网成本的低廉,互联网将世界各地的企业、团体、组织以及个人跨时空联结在一起,使得他们之间信息的交换变得"唾手可得"。市场营销中最重要也最本质的是组织和个人之间进行信息传播和交换。跨境电商营销推广是在网上把自己的产品或者服务利用网络手段与媒介推广到目标国家和地区的目标消费群体。使自己的企业能获得更高的利益。

跨境电商店铺以速卖通为例,店铺自主营销活动包括限时限量折扣、全店铺打折、全店铺满立减和店铺优惠券活动。限时限量折扣的活动名称需简单明了,如推新款、打造活动款等;折扣开始时间为美国太平洋时间,活动时间设置一个星期为宜。促销数量为十个左右。同时利用好店铺的店招和横幅的宣传作用,利用店铺首页推荐位这个资源位提高曝光率。最后要进行店铺分享活动,做站外营销。

经过一段时间的经营,积累了一定的销量以后,制定推广方案的思路如下:

首先,通过选品、优化产品、打造爆款等方法引入自然流量,在做好自然流量引入的基础上,继续选择一些免费的合适的店铺活动方式,增加流量;然后,采用直通车付费推广方式;其次,委托专业公司进行推广;最后,通过社交媒体进行推广。

【教学互动10-3】
互动问题:

首先建立一个重点推广计划,选择行业类目,选取三个关键词测试,遵循搜索指数高、竞争指数低的原则,找到买家热情高、卖家竞争小的关键词。图10-3中三个关键词表达意思不同,3号关键词搜索指数最高,竞争最少,暂且认为是最好。

1号关键词	搜索指数:195 竞争指数:183 产品总数:6287 (前三个)销售总和:1331
2号关键词	搜索指数:134 竞争指数:210 产品总数:15935 (前三个)销售总和:285
3号关键词	搜索指数:211 竞争指数:47 产品总数:1361 (前三个)销售总和:23

图 10-3 不同关键词的选品

为什么3号关键词搜索指数最高,竞争指数最低,销量反而最少呢?
要求:
同教学互动1-1。

10.3.2 跨境电商营销推广方案设计

1. 速卖通直通车推广

速卖通直通车是阿里巴巴全球速卖通平台会员通过自主设置多维度关键词，免费展示产品信息，通过大量曝光产品来吸引潜在买家，并按照点击付费的全新网络推广方式。速卖通直通车首次使用最少需要充值 500 元人民币，而且一旦充值就不允许退出，也不允许提现。充值之后就可以随时打开直通车。选择需要推广的商品，关键词竞价排名，按点击收费。热门的关键词要想排到第一页，每次点击需要几元甚至十几元。直通车可以控制每天消耗的金钱数额，比如设定每天消耗上限为 100 元，那么当天已经花费 100 元后，推广的商品将停止展示，也就不会产生更多的花费。这样可以避免一下子花掉过多的推广费。

速卖通直通车推广的优点在于，直通车是速卖通官方推出的，任何人都可以申请开通直通车。可以增加产品的曝光展示数量。速卖通直通车推广的缺点在于，直通车竞价排名竞争激烈，往往需要较高的投入，很"烧钱"，而能否达到与之相对应的推广效果却无法保证。

2. 委托专业推广公司

（1）速卖通专业推广公司简介

速卖通有专业的推广公司。由于速卖通面向海外市场，因此速卖通推广和其他推广的主要区别在于受众不同。速卖通推广公司一般都拥有大量的海外买家资源，能够有针对性地引入海外买家流量，增加商品和店铺的浏览量，并且把需要推广的商品加收藏，加购物车，店铺加收藏等，提高商品和店铺人气，从而提高商品的搜索排名。

推广的切入点。一个速卖通店铺中往往有数百种甚至上千种商品，推广应该有针对性地选择少量有潜力的商品，打造一两款爆品。爆品的销量可以占据整体销售额的 50%以上，还可以起到引流的作用，带动其他商品的销售。

推广原理。自然搜索点击次数对于一家网店至关重要，一般是第一大流量来源。而搜索点击与搜索排名密切相关。除了标题吻合度，商品人气是决定排名高低的最重要因素。商品人气取决于商品浏览量（PV）、商品被加入收藏的次数、被加入购物车的次数、被购买的次数等等。如果可以提高这些指标，商品人气自然会上升，商品的搜索排名也会相应提高。

（2）推广公司的选择

由于速卖通的顾客群体在海外，这与国内的大部分电商网站不同。因此在选择推广公司时，要注意他们是否拥有海外客户群体资源，能否保证是海外 IP 的访问。国内比较知名的速卖通推广公司是"爆品推广"，也是国内首家速卖通推广公司。他们拥有大量海外买家资源，可以引入大量国外流量、全国外 IP、全国外买家账号、海外操作。主要通过增加商品 PV（PageView）、增加商品收藏数量、增加店铺收藏数量、将商品添加至购物车、将商品信息直接发送至买家站内信中等综合方法，提高商品的人气，从而提升商品的搜索排名，增加曝光量，吸引更多顾客的购买。

（3）推广效果

登录速卖通卖家后台，数据纵横可以看到推广效果。在实时数据中可以看到实时的商品 PV、加收藏次数、加购物车次数。在商品分析、商铺分析中也可以看到相关的数据。大部分的商品在推广后都能够取得较大幅度的搜索排名提升。

【同步案例 10-1】

可靠的供应链助力打造爆款

深圳市环球易购电子商务有限公司在 2009 年，主要是做 eBay、Amazon、独立 B2C 网站的跨境电商业务。2014 年 8 月份，正式进驻速卖通平台。公司的产品品类趋向综合多元化，多个平台资源均可选择性共享。速卖通上主营的还是消费类电子产品，并且非服装品类的产品都有海外仓做支持，目前，公司在美国、英国、德国、法国、意大利、西班牙、澳洲等地都提供了海外仓服务。另外，家居和汽摩配件产品的市场潜力很大，是企业十分看重并要深挖的一个大品类。

如此丰富的品类离不开有实力并可靠的供应链支持。企业一贯坚持和认同与直接的生产企业进行合作，当然也非常欢迎品牌的正式代理商、正规贸易商进行洽谈和合作。对于直接的生产企业来说，必须要满足：极强的配合意愿、有产品质量控制和保证能力、可持续供货的能力、极优的性价比、有自主研发和产品创新能力等考量标准。这些均是长期合作需要考量并能打造爆款不可或缺的因素。

就以 2014 年的"双 11"全球大促来说，一项爆款的打造必有诸多方面的因素。速卖通购物平台上的引流很厉害，而且自身资源比较多，选品上可以找出最有优势或是应季的一些优势产品，再加上速卖通小二的帮忙，最终提交了性价比最优的产品。产品选择之后，供应链也是至关重要的一环。企业最初保守计划备货 5000 件，后来备了 1 万件，哪里知道 2 小时之后货就被定完了，便紧急跟工厂继续追加定货，最后订货量追加到近 5 万件。如果没有这样强有力的供应链资源保障，和海外仓的物流优势，很难保证这类爆款的交易顺利进行。

（资料来源：雨果网，速卖通案例分享②：可靠的供应链助力打造爆款，http://www.cifnews.com/Article/13158，2015-2-11）

问题： 供应链是如何帮助打造爆款的？

分析提示： 注重供应链管理和资源整合，品牌营销和运作管理，流程优化和制度建立。与直接的生产企业进行合作。对于直接的生产企业来说，必须要满足：极强的配合意愿、有产品质量控制和保证能力、可持续供货的能力、极优的性价比、有自主研发和产品创新能力等考量标准。这些均是长期合作需要考量，并能打造爆款的不可或缺因素。

3. SNS 推广

（1）国外 TOPSNS 网站

利用 SNS（社交网站）进行推广也是一种方法。既然是做外贸，就要知道外国人喜欢上哪些社交网站。

Facebook。Facebook 是世界最大的社交网站，多年来一直稳居 Alexa 排行榜第二名（2015 年 1 月），Facebook 仅次于 Google.com，是全世界 PV 第二高的网站，在我国国内无法访问。

Twitter。Twitter（中文名：推特）是微博的始祖。微博作为传递消息最快最方便的方法之一，一直深受国内外用户的喜爱。国外用户使用最多的微博网站就是 Twitter.com，它每天的访问量也很高，高居世界第八，在我国国内无法访问。

VK。vk.com 是俄罗斯最大的社交网站，以俄罗斯及原苏联国家的用户为最多。主要买家市场在俄罗斯的企业，VK 的世界排名为 22 位，在我国国内无法访问。

Pinterest。Pinterest 是美国以图片分享为主的社交网站，在国内可以正常访问。Pinterest

近年来上升势头很快，已经蹿升到 Alexa 世界排名第 29 位。Pinterest 采用的是瀑布流的形式展现图片内容，无需用户翻页，新的图片不断自动加载在页面底端，让用户不断地发现新的图片。Pinterest 堪称图片版的 Twitter，网民可以将感兴趣的图片在 Pinterest 保存，其他网友可以关注，也可以转发图片。

（2）SNS 推广方法

由于 SNS 网站的火爆，在各类 SNS 网站上进行推广的商家也不断增加。可是对于国内的电子商务卖家来说，到国外的 SNS 网站进行推广的难度不小。

第一，访问限制。上述 4 个国外知名的社交网站，有 3 个都被屏蔽，无法访问。

第二，语言局限。做外贸的人应该大部分有英语基础，可是就算能看得懂，要想写出漂亮的英文来宣传自己的商品也不是易事。

第三，粉丝少。SNS 推广的关键在于粉丝数量要多，你发出去的信息才能被更多人看到，被转发，被喜欢，被分享等。而国内的卖家首先很难访问国外的知名 SNS 网站，即便上去了，也会因为语言文化的差异，难以获得众多的粉丝。

如果能解决上述问题，SNS 将是一个很好的免费推广渠道。然而这往往需要一段很长的时间，尤其是粉丝数量的积累，难以一蹴而就。如果硬生生地把广告发上去，一般都难以获得预期的推广效果。SNS 推广也可以外包给专业的推广公司，这些公司一般都有些粉丝众多的"大号"，花不多的钱，就可以将自己的商品信息展示给众多 SNS 活跃用户，还会一传十、十传百，吸引珍贵的站外流量访问自己的店铺。

当然，除了上述方法外，速卖通卖家还可以通过微博、博客、播客、微信、在线论坛等社会化媒体来进行产品和店铺推广。

【小知识 10-1】

跨境电子商务与"买全球、卖全球"

跨境电子商务从进出口方向分为：出口跨境电子商务和进口跨境电子商务。从交易模式分为 B2B 跨境电子商务和 B2C 跨境电子商务。2013 年 E 贸易的提出。跨境电子商务分为：一般跨境电子商务和 E 贸易跨境电子商务。

"买全球、卖全球"，是积极顺应潮流、充分利用国际国内两种资源、两个市场，优化资源配置，实现优势互补，加快构筑现代市场体系，是稳增长、调结构、强基础、促改革、惠民生的有效经济举措。

本章小结

跨境电商推广方案的思路第一，通过选品、优化产品、打造爆款等方法引入自然流量，在做好自然流量引入的基础上，继续选择一些免费的合适的店铺活动方式，增加流量；然后，采用直通车付费推广方式；其次，委托专业公司进行推广；最后，通过社交媒体进行推广。

跨境电商推广方案有速卖通直通车推广、委托专业推广公司、SNS 推广。速卖通直通车是阿里巴巴全球速卖通平台会员通过自主设置多维度关键词，免费展示产品信息，通过大量曝光产品来吸引潜在买家，并按照点击付费的全新网络推广方式。直通车优点是速卖通官方推出的，任何人都可以申请开通直通车。直通车缺点是需要较高的投入，很"烧钱"，推广效果也无法保证。速卖通推广公司一般都拥有大量的海外买家资源,能够有针对性地引入海外买家流量,增加商品和店铺的浏览量,并且把需要推广的商品加收藏、加购物车、店铺加收藏等,提高商品和店铺人气,从而提高商品的搜索排名。SNS(全称 Social Networking Services,即社会性网络服务)社交媒体推广,需要到国外 TOPSNS 网站注册,掌握当地语言,熟悉当地风俗与消费喜好,吸引粉丝。

主要概念和观念

□ 主要概念

跨境电商营销　速卖通直通车推广　SNS 推广

□ 主要观念

跨境电商出口　跨境电商进口　买全球、卖全球

习题与训练 10

一、理论自测题

1．名词解释

跨境电商　速卖通　店铺自主营销　速卖通直通车推广　SNS 推广

2．单项选择题

(1)以下哪个平台属于在线交易类平台(　　)。
    A．阿里巴巴国际站　　　　　　B．速卖通
    C．环球资源网　　　　　　　　D．中国制造网

(2)以下哪个企业是全球第二大互联网企业(　　)。
    A．eBay　　　　　　　　　　　B．速卖通
    C．亚马逊网站　　　　　　　　D．敦煌网

(3)俄罗斯最大的社交网站是(　　)。
    A．Facebook　　　　　　　　　B．Twitter
    C．QQ　　　　　　　　　　　　D．VK

3．多项选择题

(1)跨境电商根据产业终端用户类型不同可以分为(　　)。
    A．B2C　　　　B．B2B　　　　C．C2C　　　　D．O2O

(2)以下属于跨境电商第三方平台的是(　　)。
    A．易趣　　　　　　　　　　　B．亚马逊网站
    C．速卖通　　　　　　　　　　D．淘宝网

(3)速卖通店铺自主营销活动包括(　　)。
    A．限时限量折扣　　　　　　　B．全店铺打折

C．全店铺满立减　　　　　　　　D．店铺优惠券

4．判断题

（1）跨境电商被称为"有国界贸易"。　　　　　　　　　　　　　　　（　　）

（2）在亚马逊平台上，销售服装类目需要特别申请销售权限。　　　　（　　）

（3）速卖通是从事跨境电商的唯一平台。　　　　　　　　　　　　　（　　）

（4）速卖通直通车推广可以增加产品曝光率，非常经济。　　　　　　（　　）

（5）一个速卖通店铺中往往有数百种甚至上千种商品，推广应该有针对性地选择少量有潜力的商品，打造一两款爆品。　　　　　　　　　　　　　　　　　　　　　　（　　）

5．简答题

（1）跨境电商有哪些类型？

（2）跨境电商常见的平台有哪些？

（3）跨境电商营销推广思路有哪些？

二、实务自测题

1．单项业务

以小组为单位在速卖通上注册卖家店铺，具体包括以下几方面的内容：

（1）注册认证；

（2）熟悉产品发布流程；

（3）熟悉交易规则。

2．复合业务

请列出企业开展跨境电商营销的方式。假定你是一家手机壳生产商，请阐述如何在速卖通、敦煌网、亚马逊、eBay上收集相关产品促销的信息，并确定自己的跨境电商营销方式整合方案。

三、案例分析题

Ianker海外品牌运营分析

一、网站简介

（1）网站主要为产品展示，用户口碑建设，吸引流量并导入到平台，主要平台为Amazon和eBay。

（2）产品自有品牌Anker已经拥有一定的知名度，主要产品为智能手机电池、USB设备、移动电源和键盘鼠标等。重点市场目前是北美、欧洲、日本和中国。

（3）网站主要的推广渠道为红人博客文章推荐，少量论坛，以及参加一些国际展会。

二、网站各个阶段重点

2010年10月16日注册Ianker.com域名，2011年10月将anker注册为品牌，2012年下半年开始重点投放红人博客，主要流量都是引导至官方网站。

三、网站流量

网站流量为15000/日。

"Anker"这个词在美国和德国搜索量较高。除了英国地区在 10 月份搜索量有下降，其他地区均是上升的趋势，尤其是日本。但从域名搜索的结果就可以看出，搜"anker"这个词并不仅仅是搜索 ianker 的品牌词 anker，所以这部分的域名搜索趋势并不精确。

德国区：首页只有两个 ianker.com 相关结果，一个官网，另一个为 Amazon。

美国区：首页出现三个相关结果，amazon.co.uk、amazon.com 和官网。

欧洲各区域：首页都只有两个相关结果，一个官网，另一个为 Amazon。

日本：域名搜索结果首页除官网和 rakuten.co.jp 在线商城外，其他都是 Amazon 上 anker 相关的结果。

四、外链域名占比

总域名数 592 个，可以看出 Ianker 主要的推广渠道为红人博客。

五、引荐流量

1. 红人博客

1）合作方式

a. 免费寄送产品给红人，红人在博客发布测评 review。

b. 跟网站红人合作主要写推荐性文章，给出链接指向 Amazon，根据引荐或成交给博客主提成。

c. 已购买客户通过个人博客写 review，这部分客户的博客流量并不多。

2）总结

红人博客是网站流量的爆发以及 anker 口碑提升的主要推广渠道。

2. 论坛

1）论坛发帖和回帖

2）论坛总结

a. 论坛这部分虽然有做，但是并没有重点推广。

b. 论坛资源比较散，各个语种都有，其中英语 60%、德语 9%、日语 6%，其他各小语种占比 25%。包括：阿拉伯、西班牙、以色列、希腊、荷兰等。

c. 论坛对于 anker 的作用为产品品牌的辅助推广，到 2013 年开始集中出现做 Amazon 联盟广告的论坛推荐 anker 产品。目前，在 amazon 联盟中搜"battery bank"出现的产品 70%是 anker 的产品，这也是论坛会选择推荐 anker 的原因之一。

六、广告

谷歌广告目前只投放了美国区，且投放量很小，流量占比较低。投放的关键词也比较杂，没有投放重点关键词。目前这部分对网站流量的影响基本没有。

七、在线商城

Anker 在做平台销售的同时，还和各个区域的在线商城有合作，比如：

中国：京东商城

日本：http://gomadic-corp.shop.rakuten.com/

新加坡：http://list.qoo10.sg

科威特：http://kuwait.souq.com

而且在网上有专页说明求合作伙伴、经销商。说明 anker 也在做一些 B2B 的尝试，尤其是与在线商城的合作。

八、社交

社交流量占网站流量比重比较小，约为 1%。

Facebook 目前粉丝量为 3728，并没有重点推广，主要做了一些 giveaway 的活动。

2013 年 3 月份开始陆续每月一次 giveaway，5 月 6 月除外（展会），每次特定一款产品，针对特定国家的人群通过 Facebook 发布消息。4 月份策划 Power Users 的活动，用户申请赢得免费产品，同时相应的需要写产品 review，针对的是红人（喜欢测评，分享有帮助的内容的人群）。这部分内容效果并不明显。

Youtube

粉丝：163，建号时间：2012.11，视频数：30，视频内容：产品 reivew，更新频率不固定。

Youtube 中搜索 anker 会出现许多与 anker 产品相关的视频，大部分视频观看量少，只有非常少部分是大红人做的视频。视频下面的描述中，留的链接大部分是指向 Amazon，这类视频主要是网赚红人做的。

提示：网站重点利用红人博客渠道提升产品知名度，以及用户口碑。借助平台流量以及在线商城的流量推广产品认知度。论坛没有重点推广，虽然也做了一些尝试，但是很散，不系统，没有策略性。

（资料来源：雨果网，跨境电商案例：Ianker 海外品牌运营分析，http://www.cifnews.com/Article/8827，2014-4-12）

问题： Ianker 是如何开展海外品牌运营的？

分析要求： 学生分析案例提出的问题，拟出分析意见，并结合身边实例拟对结论进行运用检验；小组讨论，形成小组《案例分析观点小结》；班级交流，教师对各小组《案例分析观点小结》进行点评，并对各小组运用策略进行评价；在班级展出附有"教师点评"的各小组《案例分析观点小结》，供学生比较研究。

四、单元实训

跨境电商营销能力运用训练

【实训目标】

引导学生参加"跨境电商营销"的实践训练；在实际的跨境电商营销活动中，让学生熟知跨境电商营销推广的步骤，掌握跨境电商营销方案制定的技巧；并根据企业选品、跨境电商平台特点判定该选用何种跨境电商营销推广方式，促进学生全面掌握跨境电商营销的各种方式。

【实训内容】

假如你是一家中小型假发生产商，进入速卖通数据纵横和 google 输入"假发"中英文词条。检索不同国家和地区消费者对假发的消费习惯和购买行为。对收集到的信息进行整理、分析，对本企业产品进行恰当定位，选择合适的目标市场和细分消费群体，为本企业的假发选择合适的跨境电商营销方式。

【实训时间】

在讲授本章时选择课下上机时间。

【操作步骤】

（1）将班级每4～6位同学分成一组，每组确定1人负责。

（2）学生按组在网上收集资料，进入调查，并将调查情况详细记录。

（3）对调查的资料进行整理分析。

（4）各组对调查资料进行分析、讨论，找出本企业的市场优劣势。

（5）依据企业开展网络营销的方式，根据调研分析情况确定本次的营销方式。

（6）各组在班级进行交流、讨论。

【成果形式】

实训课业：撰写《网络市场调研报告》及《网络营销方式选择标准》。

项目三　编写网络营销策划书与效果评价

任务 11　网络营销策划书的编写

通过本章学习，应该达到以下目标：
理论目标： 了解网络营销策划的含义与分类；掌握编写网络营销策划书的基本原则与内容。
实务目标： 具有灵活运用网络营销策划步骤，提高网络营销主题策划的能力。
案例目标： 运用所学的网络营销策划的原则、步骤等研究相关案例，培养和提高开展网络营销策划的能力。
实训目标： 引导学生参加针对网络营销策划业务能力的实践；在切实体验网络营销策划的要素与流程，撰写《网络营销策划实施方案》等有效率的活动中，培养专业能力与职业核心能力。

引例：

营销策划助力黎明重工

河南黎明重工科技股份有限公司，成立于 1987 年，是一家以生产大、中型系列破碎机、制砂机、磨粉机为主，集研发、生产、销售为一体的股份制企业。2003 年，建立了自己的官方网站。建站初期，是粗放化经营，在网站开发、营销推广模式方面，面面俱到、遍地撒网。2005 年，明确其战略发展定位是通过电子商务做国际贸易，重视网络营销。经过多年摸索，积累了开展网络营销的经验，2009 年，从粗放化经营转型为精细化，以询盘为导向，明确成本、销售转化等量化指标，更加凸显网络营销效果；2012 年，管理升级，追求专业化，通过架构重组，实现"模块化管理、专业化分工"。

黎明重工的产品是矿山机械，主要是建筑用的粉碎和制粉设备，公司网站把产品放在首页，营销型特质明显。十余年来，黎明重工网站的经营模式逐渐成熟，其产品出口 130 多个国家。在公司销售额渠道来源比例中，来自电子商务的占比最高达 80%，营销型网站助力公司销售额逐年快速增长。

（资料来源：黎明重工企划部，2015 年 5 月 15 日）

黎明重工作为传统的矿机生产企业，2002 年果断试水电子商务，在建立了自己的官方网站后，建设思路逐渐明晰，网络营销策略两至三年一调整，SEO 优化、渠道拓展、UED 用户体验等多种网络营销手段并用，国内、国际市场、多语种同步开展，分别配置网站开发、市场创新、数据挖掘等专业人才，网络营销策划能够落到实处。黎明重工目前已成长为拥有自我更新、自我优化能力的专业创新型电子商务网站。企业开展网络营销过程中，如何通过网络营销策划，实现既定目标，是本章主要解决的问题。

11.1 网络营销策划的分类

11.1.1 网络营销策划的含义

网络营销策划就是为了达成特定的网络营销目标而进行的操作思路设计和策略、方案规划的过程。

网络营销策划既可以是针对网站的推广,也可以针对网上销售,还可以针对网络服务的提供与优化等,所以,网络营销策划所带来的效果呈现多种形式,诸如网络营销对客户服务的支持、对线下产品销售的促进、对公司品牌拓展的帮助等。

11.1.2 网络营销策划的分类

1. 营销型网站推广策划

营销型网站推广策划的目的是要让尽可能多的潜在用户了解并访问网站,通过网站获得有关产品和服务等信息,为最终形成购买决策提供支持。包括网站定位策划、品牌价值塑造、网站逻辑策划、视觉布局策划、网站 SEO 策划。营销型网站黎明重工首页如图 11-1 所示。

图 11-1 营销型网站黎明重工首页

2. 网上销售策划

企业为拓宽销售渠道,借助网络的交互性、直接性、实时性和全球性特质,为顾客提供方便快捷的网上销售。许多传统企业利用淘宝、京东等平台开辟销售渠道,也有部分企业自己在网上设立商城,自行开展网络销售。

3. 网络服务策划

主要为顾客提供网上联机服务。顾客通过网上服务人员可以远距离进行咨询和售后服务,适用于信息技术型公司。

4. 品牌网络推广策划

在网上建立网络品牌,或是传统企业的品牌形象,加强与顾客的直接联系和沟通,增加顾客的品牌忠诚度，配合企业现行营销目标的实现，并为企业的后续发展打下基础。大部分企业站点属于此类型。

5. 效率策划

主要通过网络营销替代传统营销手段，全面降低营销费用，提高营销效率，促进营销管理和提高企业竞争力。如戴尔、海尔等站点属于此类型。

6. 综合型网络营销策划

同时达到上面目标中的若干种。如亚马逊通过设立网上书店作为其主要销售业务站点，同时创立世界著名的网站品牌，并利用新型营销方式提升企业竞争力。它既是销售型，又是品牌型，同时还属于提升型。

【教学互动 11-1】

互动问题：

11月11日从光棍节变身网络狂欢盛宴，2009年总销售额1亿元，2010年的总销售额近10亿元，2014年已达571亿元，请从网络营销策划角度谈谈双十一购物狂欢节的启示。

要求：

同教学互动1-1。

11.2 网络营销策划书的编写原则与内容

11.2.1 网络营销策划书的编写原则

网络营销策划不仅是企业在竞争中求生存、求发展的管理利器，而且被视为竞争取胜的法宝，可按不同的分类具体实施，实施时应遵循创新原则、系统原则、人本原则和效益原则。

1. 创新原则

作为企业营销活动的核心工作，网络营销策划是一个创造性的思维活动过程，它不仅是一门科学，同时还是一门精湛的艺术，需要丰富的实战经验和策划人对工作的深刻感悟，以创造性的新思路、新创意、新策划取胜。如果网络营销策划依靠鹦鹉学舌的方法，照搬、模仿、抄袭别人固有的模式的话，就无法实现真正意义上的策划。

《孙子兵法》中的"兵无常势，水无常形"道出了网络营销策划的真髓，应随具体情况而发生改变，运用创造性的思维，要善于依据客观变化了的条件来努力创新，不能抱残守缺，因循守旧。

策划的核心内容是要求策划的创意新、内容新、表现手法也要新，给人以全新的、新颖的创意。创意语言要新，是要注意从生活中提炼警句、名言，使广告词既幽默又有哲理性，寓含人情味、寓含心意。表现手法要新，是要有新的艺术构思、格调和形式。

【同步案例 11-1】

猫眼电影改变了用户的消费习惯

在中国，每卖出5张电影票就有1张来自猫眼电影。

从2012年开始，猫眼电影对接全国各家售票系统和影院，实现在线选座购票。2013年，猫眼电影所覆盖的影院数量是几百家，当时每10张电影票中有1张来自这里。2014年，猫眼电影所覆盖影院的数量增长10倍，全国80%的影院都已经能够通过在手机App里买到票，消费者大约有2亿人。这样的事实说明中国电影票市场已完成从线下到线上的迁移。

用户观看电影的习惯发生了不可扭转的变化，中国的电影院卖了几十年的票，而现在，用户的首选将不是直接去影院买票，而是通过移动互联网和手机App，这是一个巨大的变化。

猫眼电影用2年时间改进用户体验，吸引用户，最终人们在一件事上的习惯被彻底改变。

问题： 猫眼电影为何能够成功？

分析提示： 以前电影的营销方式是线下发布会、广告牌，互联网时代转变为在微博、微信等互联网媒体中造势，前者是最传统也是效率最低的方式，根本不清楚信息被多少人看到，后者尽管知道有多少人看到信息，但是不知道引发了多少交易。在线售票这种打通信息到交易的方式，让整件事以更高的效率流动起来，最终电影营销将与票房直接关联起来，未来有可能会实现营销行业梦寐以求的精准的、可测量的营销。

（资料来源：中国电子商务研究中心，猫眼电影：如何打通票房和营销？http://b2b.toocle.com/detail--6200522.html，2014-09-27）

2. 系统原则

网络营销策划是一个系统工程，其系统性具体表现为两点，一是网络营销策划工作是企业全部经营活动的一部分，网络营销策划工作的完成有赖于企业其他部门的支持和合作，并非网络营销一个部门所能解决的，如产品质量、产品款式、货款收回等，就分别需要生产部门、设计部门、财务部门的配合。二是进行网络营销策划时，要系统地分析诸多因素的影响，如宏观环境因素、竞争情况、消费需求、本企业产品及市场情况等，将这些因素中的有利一面最大限度地综合利用起来，为企业营销策划服务。

坚持系统原则，就是要把市场营销策划作为一个整体来考察，以系统整体与部分之间的相互依赖、互相制约的关系，进行系统综合分析，选择最优方案，以实现企业追求的目标。

开展网络营销策划工作，必须强调网络营销策划活动的整体性、全局性和效益性，实现整体大于部分之和的目的，发挥各要素简单相加实现不了的功能和作用。

3. 人本原则

人本原则是指网络营销策划以人力资源为本，通过发掘人的积极性和创造性，为企业策划提供动力与保障。其中，人力资源既包括企业内部的管理者与员工，也包括广大的网络消费者。

（1）调动与激发企业内部人员的积极性和创造性

在企业实施网络营销策划的过程中，应有"以人为本"的理念，因为企业的行为是企业人的行为，不能脱离员工孤立地设计网络营销策划活动。同时，所有网络营销策划活动的落实，最终要由员工的具体工作来体现。全体员工的积极参与，可以使策划工作中出现的各种问题，得到有效、快速的解决。

（2）企业行为与消费者的利益有机地结合

企业的网络营销策划活动，必须体现"以消费者为中心"的思想。网络营销策划，不仅要为消费者服务，而且还要让消费者满意。只有让消费者满意，才能有助于培养忠诚的顾客群。

（3）企业发展要与社会发展相协调

企业的生存与发展，无法游离于社会环境之外，因此，企业的发展必须与社会发展相一致，维护环境生态的平衡，形成"天人合一"的境界，保持社会的可持续发展，维护全人类的根本利益。

4. 效益原则

效益原则是指在网络营销策划活动中，要以成本控制为核心，获取企业行为与策划行为两方面的经济效益与社会效益。

网络营销策划的终极目标是通过策划活动，取得良好的效益，包括经济效益和社会效益。企业之所以开展网络营销策划活动，均是有特定目的的，无论是要降低成本，提高效率，还是要提高市场占有率，或者是为了树立良好的企业形象，无一不是为了达到提高效益的目的。

【同步案例 11-2】

小米客服营销的 9:100 万

"9:100 万"是小米的粉丝管理模式。小米手机的微信账号后台客服人员有 9 名，这 9 名员工的工作是每天回复 100 万粉丝的留言。虽然小米自己开发的微信后台，是可以自动抓取关键词回复的，但小米微信的客服人员还是会进行一对一的回复。正是通过这样的客服营销方式，小米大大地提升了用户的品牌忠诚度。

当然，除了提升用户的忠诚度，微信做客服也给小米带来了实实在在的益处。微信同样使得小米的营销、CRM 成本开始降低。过去小米做活动通常会群发短信，100 万条短信发出去，就是 4 万块钱的成本，微信作为客服的作用可见一斑。

问题： 客服营销为什么可以转化为效益？

分析提示： 在人机交流中，小米的粉丝与普通消费者的心理一样，希望自己受到重视，一对一的服务不仅仅是人性化的体现，更重要的是粉丝的品牌忠诚度增加，同时，因为微信的平台免费使用，更让小米在经济效益上受益匪浅。

11.2.2 网络营销策划的步骤

企业网络营销策划包括以下十个步骤。

1. 界定问题

企业开展网络营销策划工作过程中，往往面对一大堆发展中的问题，这就需要先对存在的诸多问题进行界定，通过简化把主要的、而且是重要的问题凸显出来，最终确定企业必须迫切解决的首要问题与主要问题。

2. 市场调研

市场调研是网络营销策划工作的基础。其目的在于了解企业的营销环境，为企业的营销策划提供真实可靠的信息。这既包括企业外部环境的调研，也包括企业内部环境的调研，还包括线上线下的调研，其主要内容有市场形势、产品情况、竞争形势、分销情况、宏观环境等。

3. SWOT 分析

SWOT 分析即通过评价企业的优势（Strengths）、劣势（Weaknesses）、竞争市场上的机会（Opportunities）和威胁（Threat），用以在制定企业的发展战略前对企业进行深入全面的分析以及竞争优势的定位。一个好的网络营销策划必须在市场调查的基础上对市场、竞争对手、行业动态有一个较为客观的分析，主要包括以下三方面内容，即机会与风险的分析、优势与弱点分析、结果总结。分析情况是一次去粗取精、去伪存真的过程，是营销策划的前奏。

4. 确定目标

企业要将自己的产品或品牌打出去，必须有自己得力的措施，制定切实可行的计划和目标,这个目标包括企业整体目标和网络营销目标。能否制定一个切合实际的目标是网络营销策划的关键。有的网络营销策划方案大有"浮夸"之风,脱离实际,制定目标过高,其结果也必然与实际相差千里;而有的营销策划则显得过于保守,同样也会影响营销组合效力的发挥。

5. 制定网络营销战略

必须围绕已制定的目标进行统筹安排,结合自身特点制定可行的市场营销战略。网络营销战略包括目标市场战略、网络营销组合策略、网络营销预算等。

6. 确定网络营销方案

将战略肢解,将产品、价格、促销、渠道细分处理,将目标进度及人员分配规划好,这些都是制定网络营销策划战术的关键。营销活动的开展从时间上到协调上需要制定一个统筹兼顾的行动方案,要求选择合适的产品上市时间,同时要有各种网络促销活动的协调和照应,而各个网络促销活动在时间和空间上也要做到相互搭配、错落有致。

7. 预测成效

包括预算与预期效果。要编制一个类似损益报告的辅助预算,在预算书的收入栏中列出预计的单位销售数量以及平均净价;在支出栏中列出划分成细目的生产成本、储运成本及市场营销费用。收入与支出的差额就是预计的赢利。经企业领导审查同意之后,它就成为有关部门、有关环节安排采购、生产、人力及市场营销工作的依据。

8. 设计应急举措

在这一阶段,网络营销策划人员的任务,是为经过效益预测感到满意的战略和行动方案构思有关的控制和应急措施。设计控制措施的目的,是便于操作时对计划的执行过程、进度进行管理。典型的做法是把目标、任务和预算按月或季度分开,使企业及有关部门能够及时了解各个时期的销售实绩,找出未完成任务的部门、环节,并限期做出解释和提出改进意见。设计应急措施的目的是事先充分考虑到可能出现的各种困难,防患于未然。可以扼要地列举出最有可能发生的某些不利情况,指出有关部门、人员应当采取的对策。

9. 撰写文案

就是将网络营销策划的最终成果整理成书面材料,即网络营销策划书。其主体部分包括现状或背景介绍、分析、目标、战略、战术或行动方案、效益预测、控制和应急措施,各部分的内容可因具体要求不同而详细程度不一。

10. 实施总结

网络营销策划书在实施过程中,需要做好组织、指挥、控制与协调活动,以便实现企业的预期目标。为此,企业必须根据策划的要求,合理分配企业的人力、物力、财力。

【教学互动 11-2】

互动问题:

A店铺是一个淘宝三金冠家居店铺,卖的产品都是一些几块钱的小东西,降价有难度,用什么活动策划能够提高店铺销售额?

要求:

同教学互动 1-1。

11.3 网络营销策划书的编写

11.3.1 网络营销策划文案的编写

成功的网络营销策划书具有六大特点,包括粗略过目就能了解策划的大致内容;使用浅显易懂的语言,允分体现对方的利益和要求;策划书展现的内容与同类策划书相比,有相当明显的差异性与优越性;图文并茂,加强策划书的表现效果;全文条理清晰,逻辑分明,令阅读者看完策划书后,能够按照策划书的内容有计划、有步骤地执行下去;策划书能够充分体现企业的勃勃生机和企业的基本特征。

1. 网络营销策划文案的作用

(1)准确、完整地反映网络营销策划的内容;

(2)充分有效地说服决策者;

(3)作为执行和控制的依据。

2. 网络营销策划文案撰写的原则

(1)逻辑思维原则。策划的目的在于解决企业营销中的问题,应按照逻辑性思维的结构来编制策划书。

(2)简洁朴实原则。要注意突出重点,抓住企业网络营销中所要解决的核心问题,深入分析,提高可行性的相应对策,针对性强,具有实际操作指导意义。

(3)可操作原则。编制的策划书是要用于指导营销活动,其指导性涉及营销活动中每个人的工作及各环节关系的处理。因此,其可操作性非常重要。

(4)创意新颖原则。要求策划的创意新、内容新、表现手法也要新,给人以全新的感受。新颖的创意是策划书的核心。

3. 网络营销策划文案的结构与内容

策划书没有一成不变的格式,它依据产品或营销活动的不同要求,在策划的内容与编制格式上也有变化。但是,从网络营销策划活动一般规律来看,其中有些要素是共同的。网络营销策划书的基本结构可分为以下十项。

(1)封面

策划书的封面可提供以下信息:策划书的名称;被策划的客户;策划机构或策划人的名称;策划完成日期及本策划适用时间段;编号。

(2)前言

前言或序言是策划书正式内容前的情况说明部分,内容应简明扼要,最多不要超过 500字,让人一目了然。其内容主要是接受委托的情况、本次策划的重要性与必要性、策划的概况,即策划的过程及达到的目的。

(3)目录

目录的内容是策划书的重要部分。目录让人读后可以了解策划的全貌,具有与标题相同的作用。

(4)概要提示

通过概要提示就能理解策划内容的要点。概要提示也需简明扼要,篇幅不能过长,一般控制在一页纸内。其内容不是简单地把策划内容予以列举,而是单独组成一个系统,其遣词造句要仔细斟酌,发挥出一滴水见大海的效果。

(5) 正文

正文是营销策划书中最重要的部分,具体包括以下几方面内容:

网络营销策划的目的。网络营销策划目的部分,主要是对本次营销策划所要实现的目标进行全面描述,它是本次营销策划活动的原因和动力。

市场状况分析。包括宏观环境分析、产品分析、竞争者分析、消费者分析,以上市场状况的分析是在市场调研取得第一手资料的基础上进行的。

市场机会与问题分析。网络营销方案是对市场机会的把握和策略的运用,分析市场机会就是网络营销策划的关键。只要找准了市场机会,策划就成功了一半。主要包括网络营销现状分析,即对企业产品的现行网络营销状况进行具体分析,找出网络营销中存在的具体问题点,并深入分析其原因;市场机会分析,根据前面提出的问题,分析企业及产品在市场中的机会点,为网络营销方案的出台做准备。

确定具体网络营销方案。针对网络营销中问题点和机会点的分析,提出达到网络营销目标的具体行销方案。网络营销方案主要由市场定位和 4P's 组合两部分组成,具体体现两个主要问题:一是本产品的市场定位是什么,二是本产品的 4P's 组合具体是怎样的,具体的产品方案、价格方案、分销方案和促销方案是怎样的。

(6) 预算

这是整个网络营销方案推进过程中的费用投入,包括网络营销过程中的总费用、阶段费用、项目费用等,其原则是以较少投入获得最优效果。用列表形式标出网络营销费用是常用的方法,其优点是醒目易读。

(7) 进度表

把策划活动起止全部过程拟成时间表,具体到何日何时要做什么都标注清楚,作为策划进行过程中的控制与检查。进度表应尽量简化,在一张纸上拟出。

(8) 人员分配及场地

此项内容应说明具体网络营销策划活动中,各个人员负责的具体事项、所需物品和场地的落实情况。

(9) 结束语

结束语在整个策划书中要发挥与前言的呼应作用,使策划书有一个圆满的结束,不致使人感到太突然。

(10) 附录

附录的作用在于提供策划客观性的证明。因此,凡是有助于阅读者对策划内容理解、信任的资料都可以考虑列入附录。附录的另一种形式是提供原始资料,如消费者问卷的样本、座谈会原始照片等图像资料。附录也要标明顺序,以便阅读者查找。

11.3.2 网络营销策划书实例

某网站的推广计划将网站第一个推广年度分为 4 个阶段,即网站策划建设阶段、网站发布初期、网站增长期、网站稳定期,该网站制订的推广策划主要包括下列内容:

(1) 网站推广目标

计划在网站发布一年后达到每天独立访问用户 2000 人，注册用户 10000 人。

(2) 网站策划建设阶段的推广

也就是从网站正式发布前就开始了推广的准备，在网站建设过程中从网站结构、内容等方面对 Google、百度等搜索引擎进行优化设计。

(3) 网站发布初期的基本推广手段

登录 10 个主要搜索引擎和分类目录、购买 2~3 个网络实名、与部分合作伙伴建立网站链接。另外，配合企业其他的营销活动，在部分媒体和行业网站发布企业新闻。

(4) 网站增长期的推广

当网站有一定的访问量之后，为继续保证网站访问量的增长和品牌提升，在相关行业网站投放广告，在若干相关电子刊物上投放广告，与部分合作伙伴进行资源互换。

(5) 网站稳定期的推广

结合企业新产品促销，不定期发送在线优惠券，参与行业内的排行评比等活动，以期获得新闻价值；在条件成熟的情况下，建设一个中立的与企业核心产品相关的行业信息类网站来进行辅助推广。

(6) 推广效果的评价

对主要网站推广措施的效果进行跟踪，定期进行网站流量统计分析，必要时与专业网络顾问机构合作进行网络营销诊断，改进或者取消效果不佳的推广手段，在效果明显的推广策略方面加大投入比重。

这个案件不是一个完整的网站推广策划，虽然是概况地列出了部分重要的推广内容，但是，从这个简单的网站推广策划中，仍然可以得出几个基本结论：

第一，制作网络推广策划书有助于在网站推广工作中有的放矢，并且有步骤、有目的地开展工作，避免重要的遗漏。

第二，网站推广是在网站正式发布之前就已经开始进行了的，尤其是针对搜索引擎的优化工作，在网站设计阶段就应考虑到推广的需要，并做必要的优化设计。

第三，网站推广的基本方法对于大部分网站都是适用的，也就是所谓的通用网站推广方法，一个网站在建设阶段和发布初期通常都需要进行这些常规的推广。

第四，在网站推广的不同阶段需要采用不同的方法，也就是网站推广方法具有阶段性特征。有些网站推广方法可能长期有效，有些则仅适用于某个阶段，或者临时性采用，各种网站推广方法往往是相结合使用的。

第五，网站推广是网络营销的内容之一，但不是网络营销的全部，同时网站推广也不是孤立的，需要与其他网络营销活动相结合进行。

第六，网站进入稳定期后，推广工作不应停止，但由于进一步提高访问量有较大难度，需要采用一些超常规的推广策略。

【小知识 11-1】

网络营销效果评估内容与指标

效果评估内容：

(1) 公司网站建设是否成功，有哪些不足；

（2）网站推广是否有效；
（3）网上客户参与度如何，分析原因；
（4）潜在客户及现有客户对公司网上营销的接受程度如何；
（5）公司对网上反馈信息的处理是否积极有效；
（6）公司各部门对网络营销的配合是否高效。

评估指标主要有：

网站访问人数、访问者来源地、访问频率、逗留时间、反馈信件数、反馈内容、所提意见等。

本章小结

网络营销策划就是为了达成特定的网络营销目标而进行的操作思路设计和策略、方案规划的过程。网络营销策划的分类包括营销型网站推广策划、网上销售策划、网络服务策划、品牌网络推广策划、效率策划和综合型网络营销策划。

网络营销策划不仅是企业在竞争中求生存、求发展的管理利器，而且被视为竞争取胜的法宝，可按不同的分类具体实施，实施时应遵循创新原则、系统原则、人本原则和效益原则。

网络营销策划包括十个步骤，即界定问题、市场调研、SWOT 分析、确定目标、制定营销战略、确定营销方案、预测成效、设计应急举措、撰写文案、实施总结。

营销策划书的基本结构由封面、前言、目录、概要提示、正文、预算、进度表、人员分配及场地、结束语、附录共计十部分组成。

主要概念和观念

□主要概念

网络营销策划　网上销售策划　网络服务策划　品牌网络推广策划　效率策划　综合型网络营销策划

□主要观念

网络营销策划的原则　网络营销策划的步骤　网络营销策划书

习题与训练 11

一、理论自测题

1．单项选择题

（1）关于网络营销策划以下说法正确的是（　　）。

　　A．网络营销策划就是企业网站推广策划

　　B．网络营销策划不仅仅是企业网站推广策划

C. 网络营销策划是专指网上销售策划
D. 网络营销策划包括网站推广策划和网络服务策划
(2) 网络营销策划的第一步是（ ）。
A. 界定问题　　　　　　　　B. 市场调研
C. SWOT 分析　　　　　　　D. 确定目标
(3) 网络营销策划以人力资源为本，通过发掘人的积极性和创造性，为企业策划提供动力与保障，这是（ ）。
A. 创新原则　　　　　　　　B. 系统原则
C. 人本原则　　　　　　　　D. 效益原则

2．多项选择题
(1) 网络营销策划应遵循的原则是（ ）。
A. 创新原则　　　　　　　　B. 系统原则
C. 人本原则　　　　　　　　D. 效益原则
(2) 在网络产品市场的生命周期中，成长期的营销策略是（ ）。
A. 加强促销　　　　　　　　B. 树立产品形象
C. 调整价格　　　　　　　　D. 拓展新的市场
(3) 网络促销的对象是（ ）。
A. 产品的使用者　　　　　　B. 购买的决策者
C. 高收入者　　　　　　　　D. 购买的影响者

3．判断题
(1) 网络营销策划实施中，执行最重要，总结可有可无。　　　　　　　　（ ）
(2) 网络营销策划可以依靠模仿别人固有的模式。　　　　　　　　　　　（ ）
(3) 网络营销策划要提前考虑到有可能发生的某些不利情况，并提出对策。（ ）

4．简答题
(1) 网络营销策划分哪几步完成？
(2) 网络营销策划书编写时通常包括哪些内容？

二、实务自测题

1．单项业务
根据网络营销策划书编写的格式与方法，完成一项新产品投放市场的网络营销策划案，并将策划案写成书面材料提交。

2．复合业务
请列出网络营销策划的步骤和相关策略。假定你是北京一家饮料生产商，想开拓全国市场，请阐述如何利用网络营销策划知识，来设计自己的网络营销策划方案。

三、案例分析题

逸阳一跃成为国内女裤的龙头企业

背景与情境：逸阳是郑州云顶服饰有限公司旗下的女裤品牌，其消费对象为 25~45 岁的白领女性,其定位是时尚、简约、个性。2011年,逸阳看到了电子商务市场广阔的发展前景,相信"创新,是时代的主旋律",在经过精心的策划和前期缜密筹备之后,正式成立逸阳电子商务运营中心,入驻淘宝。

开展电子商务之初,逸阳开发、完善网络销售产品,组建团队,开展网络市场拓展。逸阳淘宝旗舰店为官方直营,正品保障,100%真品,实物拍摄;7天无理由退换货,7天保障购物无忧;享受便捷购物,支持货到付款;新款裤装,每周上演。

几个月后,逸阳网上销售额成几何倍数增加,日均成交件数最高达2000条。到2011年7月份,逸阳网上销售额达3000万元,网上采购额所占比重、网上销售额所占比重、网上支付额所占比重稳定持续增长,产生的经济效益和社会效益都非常明显。

同年11月11日,2012中国女裤流行时尚发布会暨逸阳十周年庆典在嵩山禅宗音乐大典震撼上演,开创中国服装行业禅宗圣地走秀之先河。禅与逸阳的完美结合,是逸阳至简理念的完美诠释,也体现了逸阳"简约、时尚、个性"的品牌理念。

逸阳电商两年时间创造淘宝女裤行业第一,进入天猫女装排名Top15。目前,逸阳电商着手新媒体,截至2014年6月,微淘、微信、微博平台累计粉丝达70万以上。

逸阳开展电子商务之后,骄人的业绩使其在行业内脱颖而出,成为国内女裤的龙头企业。

(资料来源:逸阳电子商务运营中心,2012-5-15)

问题:

(1)逸阳从事电子商务时间不长,为什么成效会不同凡响?

(2)逸阳电商相信"创新,是时代的主旋律",未来其网络营销策划应该如何创新?

分析要求: 学生分析案例提出的问题,拟出分析意见,并对分析意见进行归纳总结;小组讨论,形成小组案例分析讨论总结;班级交流,教师对各小组《案例分析观点总结》进行点评,在班级展出附有"教师点评"的各小组《案例分析观点小结》,供学生比较研究。然后由学生自选一个项目,对评析后的观点加以运用。

四、单元实训

网络营销策划书编写训练

【实训目标】

引导学生参加网络营销策划书编写的实践训练;在实际的网络营销策划活动中,让学生熟知网络营销策划的步骤,掌握网络营销策划的相关实践操作;并编写网络营销策划书,促进学生全面掌握策划书的写作技巧。

【实训内容】

让学生自选一个企业或自行设计一种产品,结合该企业或自己的产品设计一套网络营销策划方案,并在初步设计好后,编写正式的网络营销策划书。

【实训时间】

在讲授本章时选择课下时间。

【操作步骤】

(1)将班级每4~6位同学分成一组,每组确定1人负责。

(2)学生按组选择企业或设计产品,进入网上调查该企业或该同类产品的状况。

（3）分析调查所得的资料，找到该企业或产品所处的市场位置。
（4）各组针对分析情况进行讨论，做出本企业或产品的网络营销推广策划案。
（5）根据讨论设计的结果，编写成网络营销策划书。
（6）各组在班级进行交流、讨论。

【成果形式】

实训课业：撰写《网络营销策划书》。

任务 12　评价网络营销的效果

通过本章学习,应该达到以下目标:

理论目标: 了解网络营销评价的概念和作用,掌握网络营销评价的步骤,熟悉网络营销评价的指标体系。

实务目标: 了解网络营销评价的指标体系,掌握网络营销评价的操作步骤,掌握网络广告实施效果评价报告的编写。

案例目标: 运用所学网络营销评价的相关案例,培养和提高网络营销评价的操作能力、网络广告效果评价报告编写的能力。

实训目标: 引导学生参加网络营销效果评价的实践操作,在切实体验和实际操作中掌握其相关技巧,培养网络营销的核心职业能力,提升专业能力;通过评估报告的编写,促进学生文案写作能力和创新能力的提高。

引例:

BrandPlus 网络营销效果评估

BrandPlus 是艾瑞基于 iUserTracker 网络用户行为的连续性研究数据,针对中国网络品牌广告效果进行精准评估的数据产品和服务,能够多维连续评估网络广告效果和影响因素,指导广告投放策略。09 年上半年,体育广告主首选综合门户网站进行广告投放和整合传播。广告投放结束后,广告主 L 希望了解其在网络媒体 X 上的广告投放收效如何,重点关注广告投放对品牌、赞助活动的价值提升,以及对用户后续行为的影响。

网络营销效果评估研究框架介绍:①组别:测试组——监测周期内看到过广告的用户定义为测试组,对照组——监测周期内未看到广告的用户定义为对照组。②UV(Unique Visitor)指按 IP 计算的独立访问用户数量。③PV(Page View)指按页面计算的网站浏览频率。④VL(Visit Length)指用户访问网页时的页面停留时间。

评估体系介绍:①品牌效果评估体系:品牌态度评估,研究内容包括品牌认知情况、品牌知名度对比、品牌偏好对比、品牌美誉度对比、品牌购买率/再购率对比等;品牌形象评估,研究内容包括广告印象对品牌影响、品牌形象提升对比等;品牌信息联结,研究内容包括广告语认知、活动赞助认知等。②互动行为监测体系:关键词检索,研究内容包括关键词检索人数、频率、人均水平等;关键路径访问,研究内容包括关键路径访问 UV、页数、时长。

本次网络营销效果评估,艾瑞通过网民网络行为 Log 日志,监测受众接触广告后的连续性互动行为,同时,结合及时的在线调研了解广告受众的真实心理反应,通过对照组和测试组的两组数据进行对比分析,全面评估受众接触广告后在品牌认知、品牌知名度、品牌形象认知等方面的变化情况,帮助媒体向广告主展示广告投放价值,同时为广告主在选择媒体投放时提供数据参考。该广告效果评估模型的最大特点就是能够从行为和心理两个层面对广告效果进行综合评估，更加全面地反应了广告的投放效率。

（资料来源：http://news.iresearch.cn/observation/105860.shtml，艾瑞网，《BrandPlus 网络营销效果评估案例精选》，2009-11-02）

BrandPlus 的网络营销效果评估证明，企业进行网络营销活动时，都要对活动进行效果的总结和评价，使得对网络营销活动有一个准确的判断，从而更好地把持营销活动的方向。在网络营销活动的评价方面，各个网络公司所采取的评价方法并不完全一样，对于评价所设定的指标也不完全一致。这样就有出现评价结果不一致的可能，所以，网络企业应该提高网络营销的评价水平。

12.1 网络营销效果的评价步骤

12.1.1 网络营销评价的概念

所谓评价，是指按照已经确定的目标对象的属性进行测定的行为，即明确活动价值的过程。评价必须有明确的目的，但评价过程本身并不是目的，评价的终极目标是为了便于企业进行决策。

网络营销评价是指借助一定的定量和定性的指标，对企业开展的网络营销活动的各个方面（包括网站访问量、个人信息政策、顾客服务和产品价格等）进行评价，以达到总结和改善网络营销活动，提高企业网络营销水平的目的。

企业网络营销部门的工作内容之一就是评估和控制网络营销活动，网络营销活动的评估是为了评价所执行的网络营销计划和方案是否有效。当评价的结果表明未能达到预期目标时，就要调整网络营销计划和具体的方案，从而对网络营销活动进行适当控制。网络营销手段可以精确纪录、追踪网民在网上的每项活动，这是其他任何媒体所无法比拟的。

12.1.2 网络营销评价的作用

由于网络运行有其独特的规律性，而网络营销所利用的媒介是网络空间，所以，网络营销评价的工作系统同其他工作系统相比就略有不同，那么，相比之下网络营销评价对于网络营销企业及其网站的发展起着决定作用。

（1）通过对网络营销系统运行状况的评价，了解网络营销工作的效果，形成对系统的各个组成部分的良性刺激，带动系统正常持续发展；同样，该评价可以检查网络营销系统运行状况与设定目标之间的差异，并且随时进行纠正，以确保网络营销系统正常运转，使得网络营销企业持续健康发展。

（2）通过权威机构的评价宣传，可以迅速扩大网络营销企业及其网站以及产品的品牌知名度，从而提升网络营销企业的价值，盈利更多。

12.1.3 网络营销评价的步骤

1. 确定网络营销的总体目标和分阶段目标

通过相关的调研，分析行业的特点和本企业的情况，制定适合本企业网络营销发展的营销策划书,为整个营销活动提供总体以及分阶段的目标,从而指导整个企业的发展。

2. 选择合适的评价方法

对网络营销的评估通常采用对比的方法,其方法有两种,一是横向对比,通过与具有相同商业模式的网络营销企业进行比较,来估计网络营销企业的相对价值;二是纵向对比,通过对比其他具有相同商业模式的网络营销企业在某一成长阶段的评价标准来对本网络营销企业进行评价估值。

3. 确定评价标准

根据确定的网络营销策划书,在实际操作上确定具体的标准和工作范围,应该说,每一个关键点的标准都是可以确定的。在网络营销评价实际运作时,企业根据自身状况还会有更适合的标准,只要目的明确,寻找标准不是很困难的事情。

4. 网络营销效果与标准进行对比,检查策划目标实现情况

根据目标和标准之间的对比,判断网络营销的实际效果,总结经验教训,补足差距,促进网络营销系统的正常运作。

5. 制定评价报告

评价报告应该包括:①评价目的,是指导评价方向的依据,以及进行评价工作的出发点。②评价标准体系,这是实际评价工作过程中进行数据采集的方面。③运行实际效果数据以及数据分析,进行相关数据的采集、整理和分析工作。④综合评价,对数据分析的结果进行描述和说明。⑤存在问题与对策,找出数据所体现的自身优势与劣势,提出对策。

【同步案例 12-1】

大众点评联合艾瑞咨询,打造 O2O 广告价值评估模型

2014 年初,互联网 O2O 行业的"鼻祖"——大众点评联合艾瑞咨询集团,建立了一个全新的 O2O 广告价值评估模型,突破性地把线下销售收入纳入到线上广告评估体系,即用数据量化本地生活服务商户投放线上广告对其线下门店收入的实际影响。此次模型依消费者行为习惯,分析了消费者从"关注"开始到"到店消费"整个过程的核心行为要素。最终通过曝光量、到店转化率、单次消费金额的统计建模得出广告投放收益,量化了大众点评的具体影响力。其中,"到店转化率"利用大数据建模的方式实现,并辅以大众点评 APP 问卷定投获取的 2 万人的调研结果、艾瑞咨询集团 75 万人规模的调研平台的问卷投放进行了模型测算校准,通过多轮模型测试调整确保模型最优,并实现到店转化率的有效预测,如图 12-1 所示。

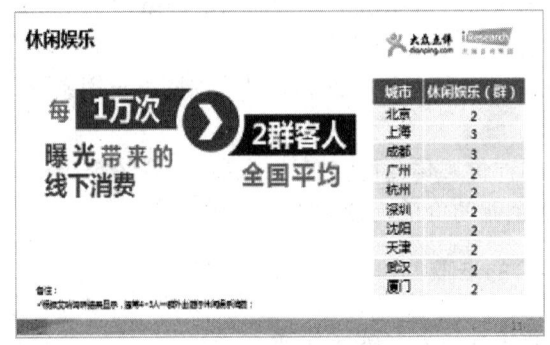

图 12-1 休闲娱乐:每一万次曝光带来 2 群客人进入线下商户消费

（资料来源：http://report.iresearch.cn/html/20140725/235342.shtml）

问题： 如何有效的进行网络广告效果评估？

分析提示： 百货业之父约翰·沃纳梅克曾说："我知道我的广告费有一半浪费掉了，但是很遗憾的是我不知道哪一半被浪费了"。一直以来，互联网广告的效果闭环停留在线上数据层面，无法有效形成线下效果的评估体系。如何选择广告平台、进行广告收益评估成为生活服务类商户进行O2O实践的重要步骤。

12.1.4 网络营销企业经营能力的指标

网络营销企业的经营能力是由管理者能力和经营实力水平两方面构成，下面就这两方面分别加以阐述：

1. 衡量管理者能力方面的指标

（1）创新精神与能力

由于因特网世界是人造的虚拟世界，创新或者创意是因特网企业的生存前提，无论是雅虎的网络门户模式、亚马逊的网络超市模式，还是易趣和淘宝的网上拍卖模式，不断的创新思维是网络企业增长的原动力。

雅虎创造了一个类似电话号码簿的搜索引擎，它将全球网址分成新闻、娱乐、科学等14个门类，使人们在面对信息海洋时找到了登堂入室之门，而且一般的门户分层只有两到三层，而雅虎有十几层。亚马逊网上书店模式，使之只以5600万美元的固定资产就战胜了Barnes&Noble（世界最大书店）下属235个年销售额为500万美元的超市的总和，而且亚马逊还在不断地开拓超市新空间。

淘宝网充当了交易双方的中间人，为买卖双方提供了良好的交易平台；同时，通过"支付宝"网上支付工具和交易后买卖双方的信用等级评价，也使得买卖双方付款变得更加便利，解决了在虚拟世界中买卖双方的信用问题，这种模式类似于网上的交易市场和跳蚤市场。

（2）管理理念水平

在这个时刻需要创意来提升企业价值的虚拟世界里，可以说思路决定出路。如果一家网络营销企业的管理层仍然用实体产品企业的思路来管理网络世界的话，必将遭到虚拟世界的无情拒绝。所以说，管理层对于管理理念的更新和提升，也对网络企业的发展起到了关键的作用。

（3）实施战略规划的能力

实施战略规划的能力即执行力情况，是衡量管理团队能力的另一个重要指标。执行力包括了管理层对业界变化的预见能力、对战略进行调整的速度以及实施新战略的情况，其中，对于变化的预见能力很重要。因为这可以缩短调整和实施战略的时间，所以，强而有力的执行力要求管理层能够灵活应对现行的战略并作出改变。

2. 衡量网络营销企业实力的标准

（1）数据信息的利用能力

包括了收集和处理消费者行为信息的能力以及不断开发网站功能的能力，具体包括：停留时间、日均访问量、消费者较为关注的网站内容等。

（2）客户服务质量

这是根据企业为其网上业务提供的支持服务的范围和质量来进行评价，关键是看能否为消费者提供个性化的服务；同样，从网络营销企业自身来说，开放的网络结构意味着向顾客提供自有品牌之外的其他多个品牌的多种产品,而开放的结构将有助于增加选择的多样性,增强顾客对网站的依赖度并增加停留时间;再者,顾客从网站订货至货物到达顾客手中所需要的时间长短,构成了服务质量的重要方面,也是衡量企业实力的重要指标。

(3) 现有企业的规模、客户基础以及发展潜力

这是针对正在转型的电子商务企业而言的,企业的规模和客户基础是企业转型的重要资本和发展源泉,也是考察一家企业是否具备发展潜力的重要指标。

(4) 网络营销企业盈利是否多元化

盈利来源的多元化指一个企业在其原有的网络业务之外增加收入来源的能力——即扩大业务范围,尽量提供一站式服务的能力。提供一站式服务由产品线的宽度和深度决定,产品线的宽度强调的是不相关的产品种类的丰富程度,例如与日常生活这一主题有关的吃穿住行等产品类别的丰富性;而产品线深度强调的是互补产品种类的齐全程度,如与汽车消费有关的购买、维修、保险以及汽配等系列产品的齐全性,提供多样选择是网络经济的主要优点之一。现今社会,消费或者交易方式便利是吸引消费者、增加停留时间、扩大销售额的原因之一。网络营销企业通过提供一站式服务尽可能解决消费者消费过程中出现的所有要求,这将体现极大的便利。

(5) 先行优势

由于率先进入市场而取得的优势,由于这种优势有利于企业吸引注意力、创建品牌或者提高盈利能力,所以对于产品区别不大的企业间的竞争尤其重要,不过这种优势的持续时间要根据具体情况来定。

【小知识 12-1】

网络营销的效果评价体系

资深网络营销专家杨维新认为,网络营销的效果评价体系应从三个层面进行。

第一层面:订单量、电话咨询量、会员注册量、报名参加量、投票数量。

这个层面的指标,是企业最直接关心的营销结果或者说是根本营销指标,这类指标的决定变量中,网站的内容、产品的价格、企业的服务、销售人员的反应速度和能力水平占有较高的权重。

第二层面:独立 IP 和 PV、Alexa 排名、PR。

这个层面的指标,对于网络营销服务商来说,是验证营销结果的核心指标。这些指标是第一层面指标的前提保证,没有这些指标,第一层面的指标无从谈起。

第三个层面:关键词排名、页面收录量、外链数量、cpc 数量。

这个层面的指标,是网络营销最基础的指标,它们是技术人员、媒介主管最关心的部分。它们也是第一、第二层面指标的基础保障。

(资料来源:艾瑞网,杨维新:网络营销的效果评价体系,http://column.iresearch.cn/b/200906/108953.shtml,2009-6-21)

12.1.5 网络营销评价途径

网络营销企业在不同时期对网络营销系统的评价目的是不同的,有时是要提升系统水平,有时是要通过评价提升网络营销系统的知名度,有时是要针对经营方面的某一问题进行研讨,

所以，针对网络营销企业不同的功能需要，网络营销评价的途径也各不相同。

1. 网络营销企业通过自己的网站，运用一定的调研方法，进行数据收集与评价

对于大多数网站来说，可以运用统计软件、程序包等来取得和分析相关数据。目前相关的程序比较多。要注意分析和研究来自于下列资源的信息：服务器、网络以及操作系统的日志文件，用户注册数据库，交易系统数据库，第三方服务机构提供的数据报表。

2. 由第三方服务机构进行评价

在网络营销评价领域中，第三方评价是比较有影响力的，由于第三方评价服务机构是专业网络营销评价组织，所以，它的专业性更强、评价参考的标准更丰富、评价内容也比较广泛，其评价结果的社会认可度也比较高。当然，选择第三方评价服务机构进行评价的原因是看中其专业性和权威性。第三方评价服务机构的服务机制也有差异，有的采用会员制，有的采用企业申请，有行业权威机构受理的形式，也有的专门为特定的企业进行网络营销系统评价服务。例如：

（1）中国互联网络信息中心（CNNIC）

中国互联网信息中心是中国权威的网络评估机构，它提供网站的第三方流量认证与其他方面的网络评价工作。1998 年 8 月，中国互联网网络信息中心接受搜狐公司的委托，采用 Webtrends 公司的 Log Analyzer 软件，对访问者流量进行认证，并推行了访问者流量新标准。此后，中国互联网络信息中心又分别对广州视窗、上海热线、中国证券报等多家网站进行访问者流量的认证。

（2）Consumer Reports Online

Consumer Reports Online 由消费者联盟（CU）发布管理，消费者联盟是一个独立的、非营利性测试和信息组织。自从 1936 年起，消费者联盟的使命一直是检验产品，向公众发布监测报告，并保护消费者权益。消费者联盟的非盈利性质有助于其在公众心目中的公正形象，主要刊物《消费者报告》杂志有 460 万用户，还有数百万消费者通过《消费者报告》在线网站了解相关信息，在线付费用户数量达到 37 万人。

（3）Forrester PowerRanking

Forrester PowerRanking 是一个独立的研究咨询公司，Forrester 强力评价是在线用户调查与专家公正分析的结果，这种独特的组合为电子商务网站提供了一个全面的评价。PowerRanking 为消费者提供客观研究调查以帮助他们为选择领先的网站提供较好的决策，对于电子商务网站来说，得到了在市场地位的公正评价。

评价方法：Forrester PowerRanking 采取专家实际购物测试与消费者调查资料相结合的方式，两类数据结果将赋予权重，消费者资料为 2/3，而专家购物资料为 1/3，最后得分以百分制表示。

（4）Open Rating

Open Rating 的特色在于为网站的买卖提供服务，让双方以销售的观点互相比较，主要是针对 B2B 和拍卖市场，Open Rating 的评价同时也面向各种形式和规模的消费品零售商，比其他评价网站覆盖更多的企业，得到更多的详细反馈的信息。

【教学互动 12-1】

互动问题：

一个完整、简单的、结构性的五步网络营销效果评估模型，以帮助数字分析人员和营销

人员对目标进行结构性的思考。第一步确定商业目的。第二步明确每个目的包含的目标。第三步确认关键绩效指标（Key Performance Indicators，KPI）。第四步通过确认目标的各项KPI来设置成功的指标。第五步，最后一步是对用户/行为/产出进行细分。网络营销效果评估模型如图12-2所示。

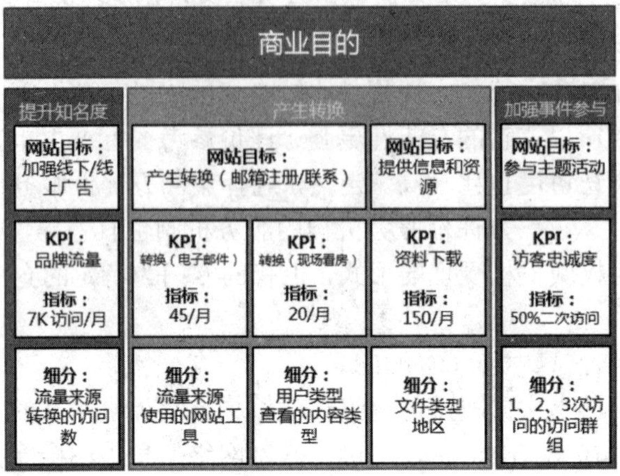

图12-2 网络营销效果评估模型

通过这个模型，结合特定行业背景，可以决定什么样的访客群体对企业来说很重要，企业期望的访问者行为有哪些，销售主要集中于哪一个来源，企业试图吸引哪些访客，在企业的网站上什么是重要的，以获得最佳的细分群组。

（数据来源：网站分析，"网络营销（数字营销）效果评估模型"，http://www.analyticskey.com/ web-marketing-mesurement-model/，2012-7-15）

要求：

（1）教师不直接提供上述问题的答案，而引导学生结合本节教学内容就这些问题进行独立思考、自由发表见解，组织课堂讨论。

（2）教师把握好讨论节奏，对学生提出的典型见解进行点评。

12.2 网络广告的实施效果评估报告

网络广告效果评估不仅仅是在一个广告投放完成之后的总结，更应该贯穿始终，因为网络观众的多样性与易变性，网络运营商在投放广告的时候要不时地对不同的广告类型、网站选择进行调试，通过不同的广告调试的广告效果来确定最为合适的广告媒体投放方案，为此，企业要定期撰写网络广告效果评估报告。

12.2.1 网络广告实施效果评估报告格式

尽管网络广告效果评估报告会因项目和读者的不同而有所差异，但报告要把广告效果信息传递给决策者的功能和要求是不能改变的。当然，许多企业在其业务实践中都形成了具有自己特点的报告格式，不同的专著和教科书也会对报告格式提出自家的建议。本书这里列出的写作格式，供撰写者从业时参考，一份完整的网络广告效果评估报告可分为前文、正文和结尾。

1. 前文

（1）标题页

标题页包括的内容有报告的标题或主题、副标题、报告的提交对象、报告的撰写者和发布（提供）的日期。

对企业内部的广告效果评价，报告的提交对象是企业某高层负责人或董事会，报告的撰写者是内部的评估机构；对于社会评估服务，报告的提交对象是评估项目的委托方，报告的撰写者是提供评估服务的广告评估机构，这种情况有时需要写明双方的地址和人员职务。

（2）前言

前言是该评估项目的简要介绍，这部分内容包括报告的可靠依据、目的和范围、评价的基本方法及对有关方面的致谢等。

（3）目录表

一般的报告都应编写目录，以便读者查阅特定的内容，目录包含报告所分章节及其相应的起始页码。通常只编写两个层次的目录，较短的报告也可以只编写第一层次的目录，需要注意的是，报告中的表格和统计图都要在目录中列明。

（4）摘要

摘要一定要写明为何要开展广告效果评价，考虑到了该问题的哪些方面，有何结果，建议怎么做。摘要是评估报告的重要部分，必须写好，许多高层管理人员通常只阅读报告的摘要，可见摘要很可能是评估者影响决策者的唯一机会。

摘要应该放在前文的后面，长度不超过两页为好，因此作者要仔细斟酌哪些东西是足够重要的，需要在摘要中写明。摘要不是报告正文各章节的等比例浓缩，它要写得自成一篇短文，既要概括评价结果的主要内容，也要简明、重点突出。

摘要通常包括四个方面的内容，首先，要申明报告的目的，包括重要的背景情况和项目的具体目的；接着，要给出最主要的结果，有关每项具体目的的关键结果都必须写明；再往下是结论，这指的是建议在发现结果基础上的观点和对于结果含义的解释；最后是建议，或者提议采取的行动，这是以结论为基础顺理提出的。许多情况下，管理人员不希望在报告中提出建议，因此，是否在摘要中提出建议需要依报告的特定情况而定。

2. 正文

（1）引言

引言对为何开展此项广告效果评估和它旨在发现什么做出解释，引言中包括基本的相关背景材料。这些内容和材料应该足可以讲清楚为什么值得做这个项目，当然，不重要的历史情况应予省略，究竟写到什么程度要看报告提交对象的需要。在介绍本项目旨在发现什么问题时，对于问题的表达可以采用在评估建议书中的提法，这里提到的每个问题在以后正文的某一部分应该提供相应的结果。

（2）网络广告的评价方法、数据分析指标

本部分内容主要撰写网络广告效果的影响因素、网络广告效果的评价方法、网络广告效果的数据分析指标三项内容，关于本部分内容将在后面详述。

（3）结果

结果在正文中占较大的篇幅，这部分应按某种逻辑顺序提出紧扣评估目的的一系列项目发现。发现结果可以以叙述形式表述，以使得项目更为可信，但不可过分吹嘘。在讨论中可以配合一些总结性的图和表，这样可以更加形象化，然而详细和深入分析的图和表宜放到附录中。

（4）局限性

完美无缺的评估是难以做到的，所以必须指出评估报告的局限性，讨论评价报告的局限性是为了给正确评价广告效果提供现实的基础。在报告中，应避免将成果加以绝对化，虽然承认它的局限性和应用前提是科学的态度，但是也没有必要过分强调它的局限性。

（5）结论和建议

结论是基于评估结果的意见，而建议是提议应采取的相应行动，因此建议的阐述应该较为详细，而且要辅以必要的论证。

3. 结尾

结尾即评估报告的附录，附录通常包括较为复杂的技术说明、一些次关键数据的计算、较为复杂的统计表和参考文献等。

12.2.2 网络广告的评价方法、数据分析指标

报告正文中第二部分是重点且复杂的内容，所以在这里特别详述。

1. 网络广告效果的影响因素

网络广告经过创意、策划和实施后，能取得怎样的效果，是广告主非常关心的。而且网络广告的投放费用在企业的全部营销费用中占很大的比例，因而网络广告投放完毕后的效果评估就是很重要的任务。网络广告投放后其效果受到多方面的影响，主要的影响因素如下：

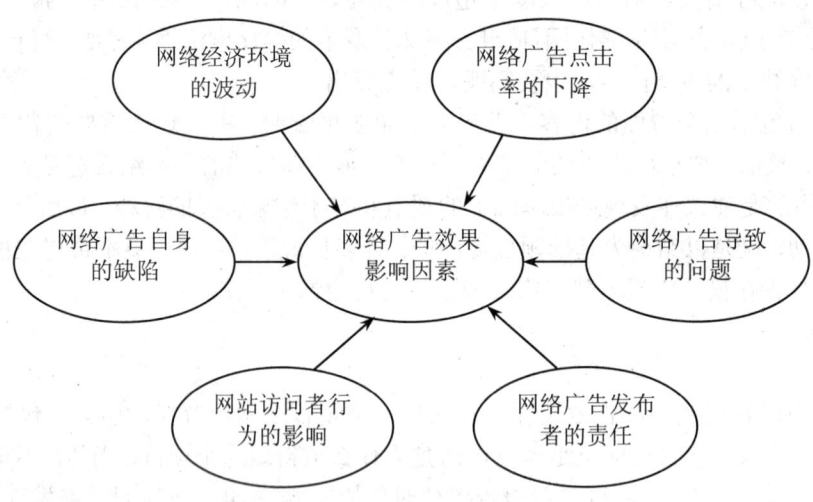

图 12-3　影响网络广告效果的因素

2. 网络广告效果的评价方法

网络广告效果的评价对网络广告实施具有重要的意义，恰当地评估有助于确定广告策划的优劣，能检测网络广告的投放效果。但是目前还缺乏网络广告的评估标准，因而在一定程度上成为了制约网络广告发展的瓶颈，因此，网络广告的效果评估已经成为网络广告发展中亟待解决的问题。

（1）对比分析法

无论是 Banner 广告，还是邮件广告，由于都涉及到点击率或者回应率以外的效果，因此

除了可以准确跟踪统计的技术指标外，利用比较传统的对比分析仍然具有现实意义。当然，不同的网络广告形式，对比的内容和方法也不一样。对于 E-mail 广告来说，除了产生直接反应之外，利用 E-mail 还可以有其他方面的作用，例如 E-mail 关系营销有助于我们与顾客保持联系，并影响其对我们的产品或服务的印象。

（2）加权计算法

加权计算法就是在投放网络广告后的一定时间内，对网络广告产生效果的不同层面赋予权重，以判别不同广告投放所产生的差异。这种方法实际上是对不同广告形式、不同投放媒体、不同投放周期等情况下的广告效果比较，而不仅仅是反映某次广告投放所产生的效果。显然，加权计算法要建立在对广告效果有基本检测统计手段的基础之上。

（3）点击率与转化率

点击率是网络广告最基本的评价指标，也是反映网络广告最直接、最有说服力的量化指标，不过随着人们对网络广告了解的深入，点击它的人反而越来越少，除非特别有创意或者有吸引力的广告。造成这种状况的原因可能是多方面的，例如网页上广告的数量太多而无暇顾及；浏览者浏览广告之后，已经形成第一印象无须点击广告；仅仅几个链接的网址，在其他时间才访问网站等，因此，平均不到 1% 的点击率已经不能充分反映网络广告的真正效果。

3. 网络广告效果的数据分析指标

网络广告效果数据分析指标包括广告展示量、广告点击量、广告到达率、广告二跳率、广告转化率共五个。

（1）展示量一般为广告投放页面的浏览量，广告展示量的统计是 CPM 付费的基础，展示量通常反映广告所在媒体的访问热度。

（2）广告点击量统计是 CPC 付费的基础，广告点击量通常反映广告的投放量。

（3）广告到达量与广告点击量的比值称为广告到达率，广告到达量是指网民通过点击广告进入推广网站的次数。广告到达率通常反映广告点击量的质量，是判断广告是否存在虚假点击的指标之一，广告到达率也能反映广告着陆页的加载效率。

（4）广告二跳率通常反映广告带来的流量是否有效，是判断广告是否存在虚假点击的指标之一，广告二跳率也能反映着陆页面对广告用户的吸引程度。

（5）转化是指网民的身份产生转变的标志，例如网民从普通浏览者升级为注册用户或购买用户等。转化标志一般指某些特定页面，例如注册成功页、购买成功页、下载成功页等，这些页面的浏览量称为转化量。广告用户的转化量与广告到达量的比值称为广告转化率，广告转化量的统计是进行 CPA、CPS 付费的基础，广告转化率通常反映广告的直接收益。

【同步案例 12-2】

网络公关的效果评估

企业和公关公司一直被网络公关效果评估困扰，当前的一些评估方式：主要表现为发布篇次、被转载数、评论数、浏览量、排行榜等。一篇好的文章和一个好的新闻事件，会在很长时间内被反复转载。一篇文章有多少人把它分享到了微博、SNS 中去，可以进行数据统计收集并进行评估。一篇爆炸性的网络新闻发出后，会引起平面、电视、广播等媒体的热烈讨论，此时可以通过百度指数、Google 趋势等数据进行评估，或者委托第三方调研公司，调查品牌或者产品的知名度及美誉度变化情况。一些新闻网站会有一个根据 24 小时、48 小时访问流量的新闻自动排序。以上是对互联网公关传播效果本身的衡量指标。

（资料来源：艾瑞网，魏家东：说说网络公关的效果评估，http://column.iresearch.cn/b/201407/679108.shtml，2014-7-15）

问题：有效的网络公关效果评估指标有哪些？

分析提示：目前浏览量等指标一般媒体平台很少对外公开，尤其对于单篇新闻，页面上也很难看出来。在评估网络公关对效果的意义上，以量为据的方式不是最好的评估方法，但在传播中以量为据这种方法是最基础的 KPI 设定方式。如果一个项目同一阶段有很多传播手段，其界定就显得很模糊，除非是只用了单一手段传播，考量便容易得多。

本章小结

网络营销评价是指借助一定的定量和定性的指标，对企业开展的网络营销活动的各个方面进行评价。网络营销评价的步骤为：确定网络营销的总体目标和分阶段目标，选择合适的评价方法，确定评价标准，网络营销效果与标准进行对比，检查计划目标实现情况，制定评价报告。

衡量网络营销企业经营能力的指标，包括：衡量管理者能力方面的指标、衡量网络营销企业实力的标准。

针对网络营销企业不同的功能需要，网络营销评价的途径也各不相同。网络营销评价途径有：网络营销企业通过自己的网站，运用一定的调研方法，进行数据收集与评价；由第三方服务机构进行评价。

网络广告效果评估不仅仅是在一个广告投放完成之后的总结，更应该贯穿始终，因为网络观众的多样性与易变性，网络运营商在投放广告的时候要不时对不同的广告类型、网站选择进行调试，通过不同的广告调试的广告效果来确定最为合适的广告媒体投放方案。为此，企业要定期撰写网络广告效果评估报告。本文中的网络广告评估报告包括前文、正文、结尾三部分。

主要概念和观念

☐ **主要概念**

网络营销评价　网络营销企业盈利多元化　加权计算法

☐ **主要观念**

网络营销效果评价步骤　网络营销企业经营能力指标　网络广告实施效果评估报告

习题与训练 12

一、理论自测题

1. 名词解释

网络营销评价　网络营销评价的途径　网络广告效果数据分析指标

2．单项选择题

（1）网络营销评价的目的是（　　）。
　　A．控制网络营销活动　　　　　　B．执行网络营销计划
　　C．提高企业网络营销水平　　　　D．调整网络营销计划

（2）下列不是网络广告效果数据分析指标的是（　　）。
　　A．Alexa 排名　　　　　　　　　B．展示量
　　C．到达率　　　　　　　　　　　D．二跳率

（3）下列哪一项不属于网络广告效果的评价方法（　　）。
　　A．对比分析法　　　　　　　　　B．加权计算法
　　C．广告图形设计　　　　　　　　D．点击率与转化率

3．多项选择题

（1）网络营销评价的步骤包括下列哪些项（　　）。
　　A．确定网络营销的总体目标　　　B．选择合适的评价方法
　　C．确定评价标准　　　　　　　　D．制定评价报告

（2）网络营销评价报告应该包括（　　）。
　　A．评价目的　　　　　　　　　　B．评价标准体系
　　C．运行实际效果数据以及数据分析　D．综合评价

（3）网络营销企业经营能力的指标有（　　）。
　　A．衡量企业网络营销网站建设和产品的品牌形象的指标
　　B．衡量管理者能力的指标
　　C．衡量网络营销企业实力的标准
　　D．衡量网站技术水平的评价指标

4．判断题

（1）网络营销评价对于网络营销企业及其网站发展起着决定作用。　　　　（　　）
（2）广告转化率通常反映广告的直接收益。　　　　　　　　　　　　　　（　　）
（3）网站访问者行为不属于网络广告效果的影响因素。　　　　　　　　　（　　）

5．简答题

（1）网络营销效果评价有什么作用？
（2）网络广告效果的评价方法有哪些？
（3）衡量网络营销企业经营能力的指标有哪些？

二、实务自测题

1．单项业务

使用网络广告效果的评价方法、网络广告效果的数据分析指标，完成一项企业网络广告效果评估，让学生掌握网络广告的评估操作，并撰写网络广告评估报告。

2．复合业务

请列出网络营销效果评估的操作步骤、评价方法和评价指标体系。假定你是一家电子商务企业的营销主管，请阐述如何利用营销效果评估知识，来确定自己的网络营销评估方案。

三、案例分析题

某连锁百货公司营销活动效果评估

某连锁百货公司曾策划实施了主题为"春舞半边天,美如花绽放"的三·八妇女节系列促销活动。由于本次活动切入时机准、促销力度深、影响范围广,有效打击了各竞争对手,强势提升了市场份额,因而取得了较为显著的促销效果,从活动结束后各门店汇总的销售数据看,较去年同期都有较大幅度的上升,现就此活动做简要评估。

1. 各门店促销期(3月5日~8日)销售完成情况及与去年同期相比:数据显示,促销期间各百货门店完成销售2668.64万元,去年同期完成销售1685.26万元,同比增长了43.07%。从各门店看,活动期间销售增长幅度最大的是B店,同比增长79.75%,其次是C店、A店,同比去年分别增长了43.37%、40.9%,其余门店销售同比也均不同程度地有所上升。

2. 各门店促销期间各大类商品销售完成情况及与去年同期比:本次活动是以服饰、珠宝为主要促销对象,促销期间完成销售935.82万元,去年同期完成销售655.27万元,同比增长42个百分点;从针纺类商品看,促销期间完成销售398.69万元,去年同期完成销售269.01万元,同比增长48个百分点;从鞋帽类商品看,促销期间完成销售318.96万元,去年同期完成销售274.96万元,同比增长16个百分点;从珠宝工文类商品看,促销期间完成销售510.86万元,去年同期完成销售300.19万元,同比增长70个百分点,上升幅度最大。上述资料同样显示,本次活动达到了预期促销效果。

(资料来源:促销活动效果评估案例分析,http://wenku.baidu.com/view/3b71c236ee06eff9aef807bd.html)

问题:

(1)该连锁百货公司为什么要进行营销效果评估?

(2)该连锁百货公司用什么方法进行营销效果评估?

分析要求:学生分析案例提出的问题,拟出分析意见,并把结论放入营销实践中检验;小组讨论,形成小组《分析讨论意见总结》;班级交流,教师对各小组《分析讨论意见总结》进行点评,并对各小组在案例中运用的本章知识进行评价;最后在班级对各小组讨论结果进行评比、展出,供学生比较学习。

四、单元实训

网络营销效果评估和网络广告效果评估报告撰写训练

【实训目标】

引导学生参加"网络营销效果评估"的实践训练;在实际的营销效果评估活动中,让学生熟知网络营销评估的步骤,掌握网络营销评估的方法;并根据广告效果评估编写评估报告,促进学生全面掌握营销效果评估和广告效果评估的相关操作。

【实训内容】

让学生自选一家电子商务企业,结合自己所选的企业,进行网络营销效果评估和网络广告效果评估,并撰写网络广告效果评估报告。

【实训时间】

在讲授本章时选择课下时间。

【操作步骤】

(1) 将班级每4~6位同学分成一组,每组确定1人负责。

(2) 学生按组选择一家电子商务企业,并对企业情况进行分析。

(3) 各组针对分析情况对该企业进行网络营销经营能力评估。

(4) 各组利用评估指标对该企业进行网络广告效果评估。

(5) 各组撰写一份网络广告效果评估报告。

【成果形式】

实训课业:撰写《网络营销效果评估方案》及《网络广告效果评估报告》。

参考文献

[1] 程小永,李国建. 微信营销解密. 北京:机械工业出版社,2013.
[2] 王易,蓝尧. 微信这么玩才赚钱. 北京:机械工业出版社,2013.
[3] 刘徽. 实战网络营销宝典. 北京:电子工业出版社,2014.
[4] 淘宝大学. 数据化营销. 北京:电子工业出版社,2012.
[5] 布洛根,史密斯. 信任代理. 沈阳:万卷出版公司,2011.
[6] 博古斯基,温莎. 自营销:如何传递品牌好声音. 杭州:浙江人民出版社,2012.
[7] 王国玲,王韦. 网络营销项目化教程. 北京:中国轻工业出版社,2012.
[8] 陈永东. 企业微博营销策略、方法与实践. 北京:机械工业出版社,2013.
[9] 杨帆. SEO攻略 搜索引擎优化策略与实战案例详解. 北京:人民邮电出版社,2014.
[10] 王丽丽. 网络营销. 北京:北京交通大学出版社,2012.
[11] 王楗楠,王洪波. SEO网站营销推广全程实例. 北京:清华大学出版社,2015.
[12] 张书乐. 价值百万的网络营销. 北京:电子工业出版社,2011.
[13] 李开复. 微博:改变一切. 上海:上海财经大学出版社,2011.
[14] 罗岚. 网店运营专才. 第二版. 南京:南京大学出版社,2014.
[15] 新奇e族. 网络营销技巧·策略·案例. 北京:化学工业出版社,2013.
[16] 新奇e族. 微博营销技巧·策略·案例. 北京:化学工业出版社,2013.
[17] 淘宝大学. 网店推广. 北京:电子工业出版社,2013.
[18] 淘宝大学. 电商运营. 北京:电子工业出版社,2012.
[19] 杨立钒. 网络广告理论与实务. 北京:中国电力出版社,2014.
[20] 涂文洪. 网络广告设计. 北京:机械工业出版社,2013.
[21] 冯晓宁. 国际电子商务实务精讲. 北京:中国海关出版社,2012.
[22] 网络营销教学网站. http://www.wm23.com/.
[23] 艾瑞网. http://a.iresearch.cn/case/4808.shtml.
[24] 梅花网. http://www.meihua.info/.
[25] 百度百科. http://baike.baidu.com/.
[26] 百度营销研究院. http://bim.baidu.com/cs_case3.php.
[27] 好搜百科. http://baike.haosou.com/doc/7488708-7759244.html.
[28] 网络大数据. http://www.raincent.com/content-11-3858-1.html.
[29] 商派. http://www.shopex.cn/case-defaults-1.html.
[30] 中关村在线. http://news.zol.com.cn/article/390266.html.

[31] 中国电子商务研究中心. http://b2b.toocle.com/detail--6200522.html.

[32] 新浪教育. 商院案例：解析《小苹果》的电影营销. http://edu.sina.com.cn/bschool/2014-07-15/1741427460.shtml.

[33] 雨果网. http://www.cifnews.com.

[34] 速卖通大学. 跨境电商——阿里巴巴速卖通宝典. 北京：电子工业出版社，2015.

[35] 豆丁网. 红牛移动 DSP 案例特辑, http://www.docin.com/p-878833152.html.